西牟田崇生編著

家庭の祭祀《まつり》事典

—神棚と敬神行事—

国書刊行会

家庭の祭祀《まつり》事典―神棚と敬神行事―

目次

第一章　家庭の祭祀《まつり》

1　神々とともに歩む日本

(1)　国民もまた神裔《しんえい》

わが国は神のすゐなり神祀《まつ》る昔の手振《てぶ》り忘《わす》るなよゆめ

これは明治四十三年（一九一〇）に「神祇」と題してお詠《よ》みになられた明治天皇の御製《ぎょせい》である。佐々木信綱《のぶつな》博士は『明治天皇御集謹解《ぎょしゅうきんかい》』の中で、右の御製の大意について次のように解《と》かれている。

神祇を敬《うやま》い、祖宗《そそう》を崇《とうと》ばせ給える大御心《おおみこころ》より、神を祀《まつ》る昔の習わしを、決して忘れること勿《なか》れとのたまえるなり。（○以下略）

このことは、皇祖皇宗《こうそこうそう》[1]の神々の子孫としてこの御製《ぎょせい》の作者である明治天皇ただ一人限りのことではなく、われわれ日本人（日本国民）に広く等しく共通する観念《かんねん》といえるのではなかろうか。

わが国は、古来より「神国《しんごく》」また「神洲《しんしゅう》」などと称して来た歴史がある。『古事記』や『日本書紀』の神代巻《じんだいかん》にも解《と》かれているように、わが日本国（豊葦原瑞穂国《とよあしはらのみずほのくに》）は、造化《ぞうか》の神々によって造られた国であり、神々の後裔《すえ》（子孫）である日の御子《みこ》すなわち歴代天皇によって、万世一系《ばんせいいっけい》（天皇の血脈が永遠に欠けることなく変らずに続くこと）の連綿《れんめん》と欠けることのない皇統《こうとう》によって統治《とうち》されてきた国柄《くにがら》である。

その天皇によって統治される日本国民も、君臣《くんしん》（君民《くんみん》）同祖《どうそ》の一体観によって、あるいは皇室から次第次第に分化していったところの、いわば皇室を中心とした総合的な一大家族制度を形成した国家が、わが日本の国であるともいえるのではなかろうか。

　日本古代史の基本的史料としての勅撰《ちょくせん》による六つの歴史書（六国史《りっこくし》といわれる――日本書紀《にほんしょき》・続日本紀《しょくにほんぎ》・日本《にほん》後紀《こうき》・続《しょく》日本後紀・〔日本〕文徳《もんとく》〔天皇〕実録《じつろく》・〔日本〕三代〔天皇〕実録）の最初の書である『日本書紀』は、国史書としてならば「人皇巻《じんのうのまき》」以降（「神武《じんむ》天皇巻」以降）の記述だけでよかった筈《はず》であるが、『古事記』と同様に「神代巻《じんだいのまき》」から筆を起こしていることに注目せねばならない。

『古事記』や『日本書紀』において巻頭に記載された「神代巻」の記述は、それだけで独立した一つの内容を有するということではなくして、その後《あと》に続く「人皇巻」の記述と、決して断絶《だんぜつ》したものではないのである。そこには神代巻を無視してはその後の日本歴史は考えられないという、日本民族の信仰的理念《りねん》が存在しているのである。

「神代巻」と「人皇巻」とは、「天孫降臨《てんそんこうりん》」によって固く結び付いており、そのことによって神代と人代とが一体であることが証明され、わが日本国民は〈神裔《しんえい》〉であるとの認識も自《おの》ずから生じて来たのではなかろうか。そのために、『古事記』や『日本書紀』の「神代巻」の記述は、単なる説話や伝承ではなくして、われわれ日本人の祖先の活動の記録として、日本民族の統合（結合）の拠《よ》り所として、必要欠くべからざる記録とされたのである。

「天孫降臨」によって「神代巻」と「人皇巻」の内容が一体のものとして結ばれていることからすれば、「神代」と「人代」との間には断絶がなく、われわれ日本国民は、みな〈神裔〉であるとの、その国民意識を考えることも可能である。それはまた、日本国民はそれぞれの家の祖神の子孫として、やがては神（家の神）に成り得るという信仰的資質《ししつ》を持った民族であるともいえるであろう。神道信仰においては、神と人とは同格であるとの神観念《かみかんねん》すら成り立つのである。

(2)　神祇第一はわが国の風儀《ふうぎ》

このようにわが国にあっては、国の統治者である天皇も、その臣民《しんみん》である国民に及ぶまで、一様に神の子孫であるとの観念があったところから、子孫としてその祖先の神々を祀《まつ》ることも、古来当然のごとく行なわれてきた。上代からのわが国の国風《くにぶり》として「敬神《けいしん》」・「崇祖《すうそ》」ということを、決して疎《おろそ》かにはしてこなかったのである。この「敬神」・「崇祖」という神国の風儀の最大の実践者、厳修者《げんしゅうしゃ》こそ歴代の天皇自身であり、そのことは古今の各種記録類の中にも多く窺《うかが》い知られている。その中でも、宮中における「敬神」の様子を端的《たんてき》に記したものとして、順《じゅん》徳《とく》天皇（第八四代、在位は建久《けんきゅう》八年〔一二一〇〕～仁治《にんじ》三年〔一二二一〕）が著《あら》わされた『禁秘御抄《きんぴごしょう》』(2)がある。

その巻頭に、

禁中事

一　賢所

凡《およ》そ禁中の作法、神事を先にし他事を後にす、旦暮《あけくれ》敬神の叡慮懈怠《えいりょおこたり》無し、白地《あからさま》にも神宮并《ならび》に内侍所《ないしどころ》の方を御《おん》跡《あと》と為《な》したまは《(わ)》ず、万物出来《よろづものいでく》るに随《したが》って必ず先づ台盤所《だいばんどころ》の棚に置き、女官《にょかん》を召《め》して奉《たてまつ》られる、（原漢文）

【1－1】　皇大神宮御正宮（石階下から板垣南御門を通じて外玉垣南御門を拝す）（神宮司庁提供）

とある一条は、神事を第一として、諸事・庶務を後廻《あとまわ》しにすることや、かりそめにも神宮（伊勢の神宮〔三重県伊勢市宇治館町鎮座〕【1―1】）や内侍所《ないしどころ》（今日の宮中三殿《きゅうちゅうさんでん》の中心である賢《かしこ》所《どころ》）の方角に足を向けるようなことはせず、また新しい品物が奉られた際には、先ず神様にお供えをしてから頂くようになどとのことが説かれている。

神祇第一、神祇優先主義は、将《まさ》に「神国の風儀」そのものであり、宮中の日常生活が祭祀を厳《げん》修《しゅう》するという「敬神」そのものの毎日であったことが窺われる。

諸事に及んで宮中に範《はん》を求めることの多いわれわれ日本国民は、この神祇尊重の心構《こころがま》えは決して忘れてはならないものであり、明治天皇は御製《ぎょせい》において、「神々を祀《まつ》る昔からの手ぶりを決して忘れてはならないし、神々の祭祀（まつり）は必ず斎《い》み慎《つつし》んで臨み、またそのことを怠《おこた》ってはいけない」と諭《さと》されているのである。

手ぶりとは、風俗や習慣など外見的に視《み》ることのできる事柄（外に現われた形式）であるが、神道における祭祀（まつり）というものは、この「形式」が大事な要素でもある。その形式を誤ることなく違《たが》うことなく繰り返すことによって、その祭祀の内側に存在する最も大切な事柄（祭祀の根本的精神）が、次々に受け継《つ》がれ伝えられて行くことになるのである。

このように日本の祭祀は、「外的な形式」と「内的な精神」とが一体不離《いったいふり》のものであり、両者を切り離して別々に理解する時には、祭祀の本来的意義を誤解することになる。だからこそ、明治天皇は「昔の手ぶりをゆめゆめ忘れ疎《おろそ》かにすることのないように」といわれているのである。

(3)　祖先祭祀は繁栄《はんえい》の礎《いしずえ》

「敬神」・「崇祖」の実践的事例として、近代歴史上に一つの忘れてはならない逸話がある。大東亜《だいとうあ》戦争終結直前の昭和二十年（一九四五）八月十四日夜、翌日の自決《じけつ》を覚悟《かくご》した陸軍大臣阿南惟幾《あなみこれちか》陸軍大将が、鈴木貫太郎《かんたろう》内閣総理大臣の許《もと》へ暇乞《いとまご》いに訪《おとず》れた際、鈴木首相は次のような内容のことを、阿南陸相《りくしょう》に話されたという。

しかし、阿南さん、日本の皇室は絶対に御安泰《ごあんたい》ですよ。陛下のことは御心配要《い》りません。今上陛下《きんじょうへいか》（筆者註、昭和天皇）は春と秋の御祖先のお祭りを、必ず御自身で熱心になさっておられるのですから。

鈴木首相は、昭和四年（一九二九）一月二十二日から同十一年（一九三六）十一月までの間、昭和天皇の侍従《じじゅう》長《ちょう》としてお側《そば》にあって陛下の日常間近《まぢか》に奉仕されたその体験から、昭和天皇が毎年春秋の祖先の祭祀（春季皇霊《しゅんきこうれい》祭《さい》・秋季皇霊祭《しゅうき》）を始め年中恒例の諸祭典を必ず熱心に務《つと》めておられたお姿に、皇室さらには将来の日本の不動の姿を感じていたのではないかと思われる。（阿南陸相自身も昭和四年八月一日から四年間、昭和天皇の侍従武官を勤めていたので、在職中はもとよりのこと、その後の両者の間には陸海軍の軍籍を超えた交友が想像される。）

祖先の祭祀を欠くことなく務めることにより、われわれの祖先が創《はじ》めた文化的伝統を、間違《まちが》いなく繰《く》り返して行くことを再認識するとともに、また折々の祭典を奉仕することでそこに新たなる生命力をも加えて行くことによって、日本民族のいよいよの繁栄が約束されて行くのではなかろうか。

「敬神」・「崇祖」の信仰的観念が、これまでの日本人の心に絶えることなく存在したからこそ、幾多《いくた》の国難《こくなん》に遭遇《そうぐう》した際にもその場を見事に脱し得たのであり、日本歴史上最大の危機であった大東亜戦争後のわが国が、今日のような繁栄した社会を迎えることが出来たともいえるのではなかろうか。

今日では従来からの家族形態が崩壊《ほうかい》し、核《かく》家族化の現象が顕著《けんちょ》であり、各家々の「祖先の祭祀《まつり》」の問題も深刻《しんこく》化している。これまでの日本歴史の上に一貫《いっかん》して流れてきた「敬神」・「崇祖」の観念が、社会生活の基盤《きばん》の変化によって、次第に等閑視《とうかんし》されつつあるように思われる。

このような時期であるからこそ、日本人として、天皇と日本国家と日本国民とは、同一の祖先神のもとに国生《う》みがなされ、祖先のお蔭《かげ》によって今日のわが国の発展・繁栄があるということを、改めて認識せねばならないのではなかろうか。

明治天皇の御製にみられる「昔のてぶり忘るなよゆめ」とは、将《まさ》にそのような祖先から受け継がれて来た日本人としての「道の心」（国風《くにぶり》）、それを決して忘れてはならないということを、われわれ日本国民に期待されたものではなかろうか。

日本人の中に、もしもそのようなわが国固有の「道《みち》の心《こころ》」に従いたくない人々が居るとするならば、そういう人々に対しては、江戸時代後期の光格《こうかく》天皇（第一一九代、在位は安永《あんえい》九年〔一七八〇〕～文化一四年〔一八一七〕）が次のような御製を残されている。

神様の国に生まれて神様のみちがいやなら外国《とつくに》へゆけ

と。

2　神棚の祭祀《まつり》と国民の心

(1)　神棚の祭祀《まつり》の起源

毎朝早く起きて、顔を洗い口を漱《すす》ぎ、心身を清らかにしてから家族一同揃《そろ》って神棚や祖霊舎《それいしゃ》（祖先の霊舎《みたまや》―御霊舎《みたまや》とも記す）を拝礼し、さらには仏壇にも手を合わせる人々もあろうし、その後、食卓に着いて朝食を採《と》ってから職場や学校へと出かけて行く。同様に夜はまた、神棚や祖霊舎（御霊舎）を拝した後、家族お互いに就寝の挨拶《あいさつ》をしてから床《とこ》に就《つ》く、といった一日の生活上のけじめが大切である。

しかしながら、現在の社会生活の中では両親と子供だけという核家族的な家庭が、特に都会地にあっては少なくなく、また住宅の構造的な事情から神棚を奉斎《ほうさい》出来ない、というよりも、神棚を奉斎しにくいような住宅構造であることを誇張して、意識的に神棚を奉斎しないといった家庭も存外多いのではなかろうか。そのような家の家族の人々の間には、日本人としての「真《しん》の精神《こころ》」が十分に育《はぐく》まれ、受け継がれているかどうか心配である。

先に述べたように、われわれ日本人は、神々の子孫として天皇とともにわが日本国に生まれ、神々が造られた自然環境の中で、神々の力（お蔭《かげ》）によって日々《にちにち》の生活の平安が約束されて来たのであるから、その神々に、あるいは祖先の神々に対する感謝を、「祭祀《まつり》」として現わすことは、決して不自然ではなかった。

〈神棚の祭祀〉の起源を考えてみると、それは決して新しいものではないといえよう。『古事記』上巻（神代巻）に次のようなことが語られている。

此《こ》の時《とき》、伊邪那岐命《いざなぎのみこと》大《いた》く歓喜《よろこ》ばして詔《の》りたまは《(わ)》く、吾《あれ》は子生《みこう》み生《う》みて、生《う》みの終《はて》に、三貴子《みはしらのうづのみこ》を得《え》たりとのりたまひ《(い)》て、即《すなは(わ)》ち其《そ》の御頸珠《みくびたま》の玉《たま》の緒《を(お)》もゆらに取《と》りゆらかして、天照大御神《あまてらすおほ(お)みかみ》に賜《たま(い)》ひて詔《の》りたまは《(わ)》く、汝《な》が命《みこと》は高天原《たかまのはら》を知《しら》せ、と事依《ことよ》さし賜《たま(い)》ひき、故《か》れ其《そ》の御頸珠《みくびたま》の名《な》を、御倉板挙之神《みくらたなのかみ》と謂《まを(もう)》す、

これは、伊邪那岐命が高天原の統治者《とうちしゃ》として、天照大御神を任命した際に与えられた御頸珠《みくびたま》（玉に穴をあけて緒《お》〔紐《ひも》〕に通して数珠《じゅず》のようにした首飾り）を、天照大御神は「神」として崇《あが》めて、御倉の棚の上に安置したという話

である。このことに関して本居宣長は『古事記伝《でん》』七之巻の中で、御倉板挙之神について、

○御倉板挙之神《ミクラタナノカミ》、こは御祖神《ミオヤノ》の賜《たまひ(い)》し重《オモ》き御宝《ミタカラ》として、天照大御神《あまてらすおほ(お)みかみ》の御倉《みくら》に蔵《ヲ(お)サ》め、その棚《タナ》の上《ウヘ(え)》に安置《マセ》奉《マツリ》て、崇奉《イツキマツ》りたまひ《(い)》し故《ゆゑ(え)》の名《な》なるべし、（平仮名ルビは筆者）

といわれ、さらに続けて、板挙《たな》について同書で、

板《イタ》を高《たか》く岧挙《アゲ》て、物置所《ものおくところ》に構《カマフ》る故《ゆゑ(え)》に、此如《カク》書《か》けるならむ《(ん)》、（平仮名ルビは筆者）

と解釈している。

御祖神からいただいた御宝《みたから》（御頚珠）を聖なるものとして、倉の中に棚を設けてその上に安置したことは、神棚奉斎の起源が神代に求められることを物語っているといえるのではなかろうか。ここにみられる神棚奉斎の原初的形態は、先ず神聖なるものを、他のものと区別して置いたところに一つの特徴があるといえよう。

古典の中にみられるこの神棚奉斎の原初的形態以外には、現在の考古学の成果などをみても、古代の住居址《あと》から神棚のごときものの存在を確認することは不可能であり、また、後世のような炉《いろり》や竈《かまど》などに神霊を奉斎した形式の遺構も見出し得ない。しかしながら、神聖なものあるいは特別なものなどに対して、『古事記』の「御倉板挙之神《みくらたなのかみ》」のように、特別な取り扱いがなされていたであろうことは、後世一般的にいわれる「神棚」の発生がみられるところからも、考えられるのではなかろうか。

(2)　伊勢の神宮と氏神と神棚

【1－2】　初詣風景（金刀比羅宮提供）

このような神棚には、一体どのような神々が祀《まつ》られているのかということについては、後の章（第二章4）で触れるが、神棚は家庭における祭祀《まつり》の中心的な場所として、古い時代から日本人個々人の信仰生活の対象とされて来たといえるのではなかろうか。一家の信仰の中心、拠《よ》り所となるのが「神棚」であり、郷土の住民にとっての信仰の拠り所は「氏神社《うじがみのやしろ》（鎮守《ちんじゅ》の社、産土《うぶすな》の社）」であり、さらに日本国民の信仰の中心といえば、「伊勢の神宮」である。

われわれ日本国民と伊勢の神宮との結び付き、郷土住民と氏神様との結び付き、その根底には個人個人と各々の家の神棚に奉斎された神々との結び付きがある。近時、毎年正月の全国の主要神社への初詣《はつもうで》（【1―2】）参拝者《さんぱいしゃ》の数字は、みるべきものがある。神社として多数の参拝者のあることは大いに喜ぶべきことであるが、それが主要な神社に限られて、地元の氏神様の社頭《しゃとう》に対する地域の人々の関心が、逆に薄らいでいるというのでは、主要神社の社頭の賑《にぎ》わいも決して喜んでばかりもいられない。

さらにまた、氏神の社を始めとして諸所の神社の社頭が賑《にぎ》わっていても、氏子や崇敬者個々人の家の神棚への崇敬心が十分ではないとしたら、たとえば家々の神棚に埃《ちり》や塵《ほこり》などが溜《た》まっていたり、榊立《さかきたて》の榊が枯《か》れたままになっているような状況では、氏神様やその他全国の諸神社の社頭がいかに繁栄していたとしても、残念至極《ざんねんしごく》、憂《うれ》うべきことといわねばならない。

日本人として、日本の国に生《せい》を受けたわれわれにとっては、お互いが帰一《きいつ》すべき真《しん》の信仰は「神社信仰」であり、その中心となるのが伊勢の神宮であることは多言を要さぬであろう。また、郷土人としてはその信仰的中心は氏神の社であり、一家族の信仰的中心は神棚である。したがって、日本人であれば、この神宮と氏神と家庭の神棚は、それぞれ軽重《けいちょう》の別なく併《あわ》せ崇《うやま》うべき存在なのである。

個人の信仰として、先ず家々の神棚の祭祀の鄭重《ていちょう》を期《き》し、氏神さま、そしてその他の神社や伊勢の神宮へと、その信仰を拡大して行くことが大切である。

今日のごとく旅行が自由に出来なかった時代、一生に一度伊勢参宮《さんぐう》（また主要社寺などの参拝）をすることが、庶民にとっては夢であった。夢叶《かな》って参宮の機会が到来《とうらい》した折り、旅立つ前に氏神さまに先ず参拝して、道中《どうちゅう》の安全無事を祈願したのであるが、氏神の参拝に先立ち各家々の神棚を拝してから家を出るという風習が少なからず存在したことも、神棚――氏神――神宮（その他の神社）の相互敬祭《そうごけいさい》にほかならないであろう。われわれ日本人の日々の生活には、大なり小なり神々のお蔭《かげ》を蒙《こうむ》っているということを、決して忘れてはならない。

3　家庭と神棚——氏神祭と家庭祭祀の重要性——

(1)　氏神祭

一家の信仰の中心に神棚があるということは前節において述べた通りであるが、本節において、家庭に神棚を設けてその前で折々に祭祀を営むこと、すなわち「家庭の祭祀《まつり》」について改めて考えてみたい。

日本の社会は、家族制度を基本に発展してきたといえよう。その根本となる個々の家庭生活は、古来神祭りによって成り立っていたといってもよいのではなかろうか。それは、古代社会においてもすでに「氏神祭《うじがみまつり》」として、種々の記録にも明らかに示されている。

「氏神」とは、概ねある氏族の祖先そのものを神として祀《まつ》る例と、その祖先が奉斎《ほうさい》していたある神（々）を、その子孫がそのまま祀り続けた例とに大別出来る。氏神の尊崇（信仰）というものは、われわれ日本民族にとって一種重要な祖先崇拝《そせんすうはい》（祖先信仰）であった。

それぞれの氏の神（々）を祀った社を「氏《うじ》の社《やしろ》（氏神の社）」と称し、「氏の長者《ちょうじゃ》（氏の上《かみ》、いわゆる一族の代表者）がその氏人《うじびと》一同を率《ひき》いて祭祀を行なった。それを「氏神祭」と称したが、何らかの事情で氏の上（氏長者）が欠如《けつじょ》した際には、氏神祭は行なわないという規定もあった。

一族の長（氏の上、氏長者）が氏人を率いて氏神祭を行なっていたことについての早い時期の史料として、『続日本紀《しょくにほんぎ》』巻六の和銅《わどう》七年（七一四）二月九日条に、

従五位下《じゅごいのげ》大倭忌寸《おほ(お)やまとのいみき》五百足《いほ(お)たり》を以《もっ》て氏上《うぢのかみ》と為《な》し、神《かみ》の祭《まつり》を主《つかさど》ら令《し》む、

とみえ、奈良時代の法律である『養老令《ようろうりょう》』[3]の私撰註釈書《しせんちゅうしゃくしょ》で、平安時代に入ってから編纂《へんさん》された『令集解《りょうのしゅうげ》』[4]に収められた「神祇令《じんぎりょう》」[5]の中の、奈良県桜井市三輪鎮座の大神神社《おおみわ》の境外摂社率川神社《けいがいせっしゃいさかわ》（奈良県奈良市子守町鎮座）の三枝祭《さいぐさ》条の註釈に、

伊謝川社《いさかは(わ)しゃ》の祭《まつり》、大神氏《おほ(お)みわうぢ》の宗定《そうさだ》まりて祭《まつ》る、定《さだ》まらざれば祭《まつ》らず、即《すなは(わ)》ち大神《おほ(お)みわ》の族類《ぞくるい》の神《かみ》なり、

との記述がみられる。

率川神社の三枝祭は、大神氏の氏宗《うじのそう》すなわち一族代表者である「氏上」が主催し奉仕すべきものであり、仮に何らかの事情により氏宗（氏上）が欠けている時には、この祭りを行なわないということである。このことは、氏神祭は、氏上（氏長者）が氏人を率いて行なうべきことを、明瞭《めいりょう》に示しているといえよう。

氏神祭の典型として、春日大社（奈良県奈良市春日野町鎮座）の「春日祭《かすがさい》」（【1―3】）がある。現在の春日祭は、毎年三月十三日に宮中からの勅使を迎えて斎行されているが、古くは、毎年二月と十一月の上申日《かみのさるのひ》（月の最初の申の日）が祭日であった。春日祭に限らず、古代の氏神祭は毎年二度行なわれており、その時季《じき》は多く二月と十一月もしくは四月と十一月であった（ここでいう二月・四月などは、現今の旧暦《きゅうれき》の月を指す。以下も同様である）。

二月は仲春《ちゅうしゅん》（旧暦では春は一～三月を指し、そのうち仲〔真ん中〕の月が二月である）で、祈年祭《としごいのまつり》（その年

【1-3】 春日祭（御棚神饌を供える勅使（右）と弁）勅使は古くは藤原氏の氏長者が上卿として奉仕した（春日大社提供）

の穀物の豊作を祈願する祭）のある月。四月は孟夏《もうか》（夏は四〜六月で、四月は夏の最初の月。孟は「最初」という意味である）で、今日ではちょうど梅雨《つゆ》の季節に当り、農耕暦の上では非常に重要な時季である。また十一月は仲冬《ちゅうとう》（冬は十〜十二月で、十一月はその仲〔真ん中〕の月）で、新嘗祭《にいなめのまつり》（その年の初穂を神々に供え、豊かな稔《みの》りに感謝する祭）のある月で、それぞれ農耕暦《のうこうれき》の上では、祭祀を行なうのに重要な意味のある月に当っている。

わが国の古代社会における生活の基盤は、農耕（特に稲作）に頼っており、その年の農作物の豊凶《ほうきょう》により、社会生活の面も多いに左右されるところがあった。そこで農作業の暦《こよみ》に合わせた重要な時季に、秋の豊作を祈願するために国家的な祭祀が営まれるが、そのような時季にそれぞれの氏族においても、その一族の発展・繁栄の意義を含めた氏神祭が行なわれたことは、非常に興味深いものがある。

この氏神祭祀は、時代の進展とともに、各地の産土《うぶすな》神社における祈年祭や新嘗祭と結合し、やがては鎮守《ちんじゅ》の社の春秋二季の祭りとして、広く行なわれるようにもなって行ったのかも知れない。

このような過程をみて来ると、われわれ日本人の家庭というものは、その家の代表者（近代には家長《かちょう》とか戸長《こちょう》などと呼ばれた人々）を中心として結合した家族（一族）が、主としてその祖先の御霊《みたま》と一体化した生活を送るという点に、大きな特色を見出だすことが出来るのではなかろうか。その祖先の霊とともにある生活、ともに結び合う現象こそが、家庭祭祀、あるいは神棚の祭祀であるといえよう。（但し、神棚に奉斎される神々は、必ずしも祖先神のみとは限らないところにも注意せねばならない。）

(2)　家庭祭祀の重要性

一家揃って家庭祭祀（神棚の祭祀）を営むということは、われわれの日常生活の上にも多くの効果が期待される。家庭祭祀の第一の特徴として、家庭内の良い風儀《ふうぎ》（雰囲気《ふんいき》）が醸成《じょうせい》される点がある。毎朝家族一同揃って神棚や祖《そ》霊舎《れいしゃ》（御霊舎《みたまや》）・仏壇などに拝礼してから食卓に着くこと、夜もまた一同揃って神棚に拝礼してから互いに挨拶をした後に床《とこ》に就《つ》く。こういうことを繰《く》り返すことによって、家庭内には生活の秩序《ちつじょ》が出来上がり、子供たちも自然に礼儀作法を習得することが出来るのではなかろうか。【1―4】

第二に、家庭内が平和になり、家族間の信頼関係が高まって行くであろう点が考えられる。それぞれの家の祖先や

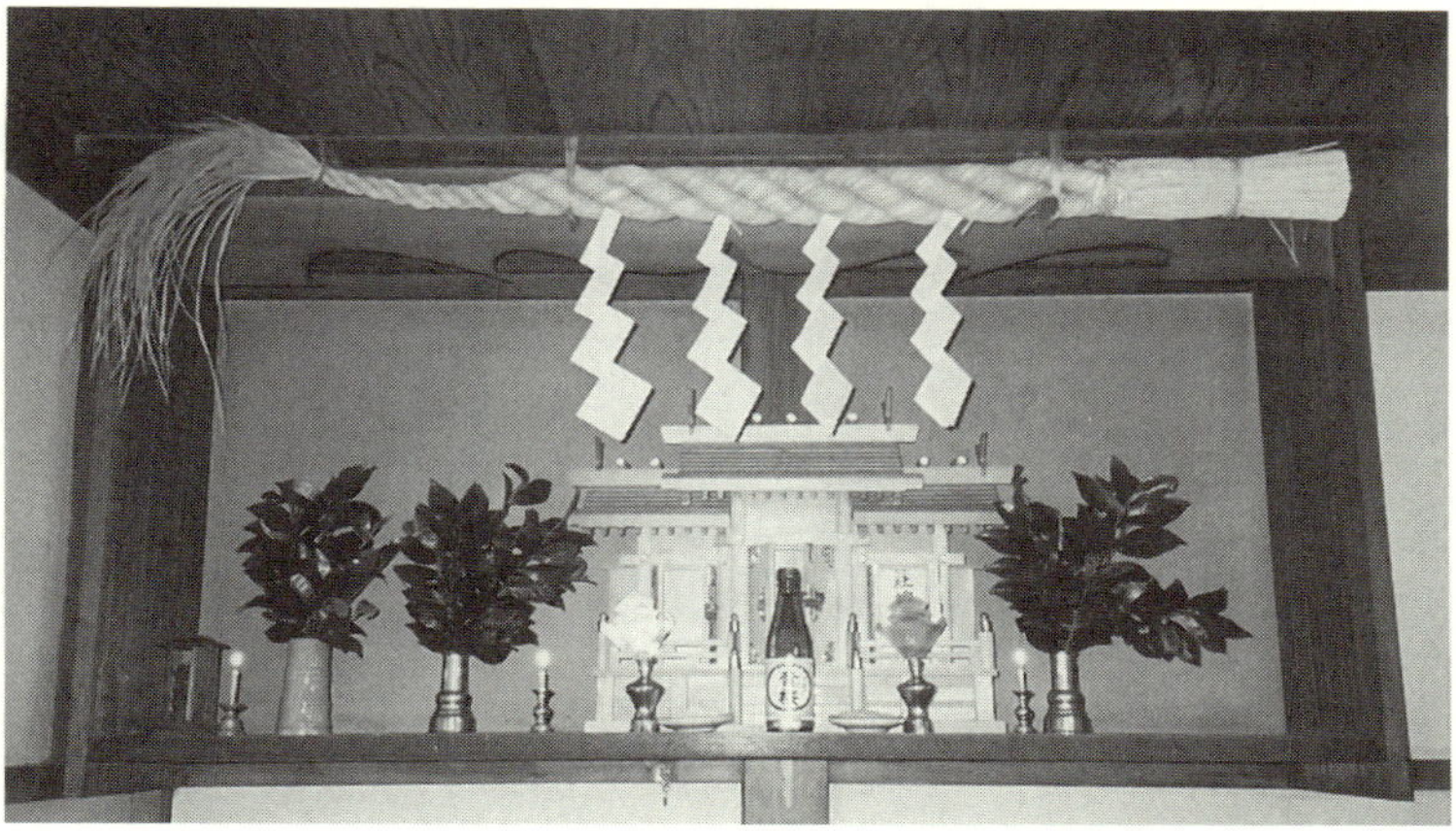

【1-4】 家庭に奉斎された神棚の一例（左端には小型の大黒像も祀られている）（東京都大田区　小宮俊弘家）

他の偉大な神々を真剣に拝することで、それらの神々の前におけるわれわれは本当にささやかな存在であって、お互い同志の主張も自ずから無意味なものであると思えるようになってくるであろう。家庭において、神棚の前で家族皆が心を合わせるならば、その家庭は円満《えんまん》・平和になるであろうし、家族の幸福のためには、お互いの利害を無視して協力し合うという、家族の絆《きずな》がより太いものとなって行くであろう。

第三に、子供の信仰心を養《やしな》い育てることができるということも、家庭祭祀の大きな効果であろう。「三つ児《みご》の魂《たましい》百《ひゃく》まで」という諺《ことわざ》がある。今日子供の躾《しつけ》について、家庭と学校とが互いに責任をなすり合っている感がなくもないように思われるが、一家の長を中心に、家庭内で厳然《げんぜん》とした神棚の信仰を持っているならば、純粋無垢《じゅんすいむく》な子供達はそれを目の当《ま》たりにし、必ずや自覚するものがある筈である。【1―5】

信仰は理屈《りくつ》で教えるよりも、実践《じっせん》生活の中から生れて来るものではなかろうか。特に神道信仰（神社信仰）には、その面が

【1－5】 神棚の拝礼（祖父母とともに神棚・祖霊舎を拝礼する孫）（山形県鶴岡市　太田昭典氏提供）

強く現われているように思える。暫《しば》らく前に、修学旅行の際に多数の文化財を有する神社を、そのコースから除外したことが話題になった。恐らく父母の一部から公教育と宗教（神社信仰）との関連を追求された学校側が、父母との対立を避《さ》けるためであったからなのであろう。このことは、心からの信仰を持たぬ一部の父母の意見が優先された結果であると考えられるが、父母・学校関係者それぞれに、幼少年の頃から正しい信仰的信念が植え付けられていたならば、このようなことにはならなかったのではなかろうか。

信仰から得られる信念は、他人から強制《きょうせい》されるべきものではないから、親が自らの信念で信仰的実践生活を営んでいれば、その姿を後《うしろ》から見ている子供達にも、自然に正しい不動の信念（信仰・精神）が確立されて行くのではなかろうか。このような意味からも、正しい〈家庭の信仰〉、〈神棚の祭祀《まつり》〉の必要性を強調したい。

註（1）「皇祖」は天皇の始祖という意で、わが国の建国草創期《そうそうき》の神々や天皇を総称したもので、具体的には天照大御神《あまてらすおおみかみ》もしくは神武《じんむ》天皇を指す場合と、天照大御神から神武天皇までの代々の神々を指す場合とがみられる。「皇宗」は天

皇の代々の先祖の意で、第二代の綏靖《すいぜい》天皇以降前代の天皇に至る間の歴代の天皇のことである。つまり「皇祖皇宗」とは、神武天皇に至る天皇の代々の祖先神と、綏靖天皇以降前代の天皇に至る間の歴代の天皇すなわち、皇室の祖先の意である。

（2）順徳《じゅんとく》天皇が著わされた鎌倉前期の有識《ゆうしょく》故実書で、二巻又は三巻からなり、『禁秘鈔』ともいわれ、建久三年（一二二一）の成立とされる。宮中の政務・儀式・制度・慣例などについて、古書を参照して九十二項目に亘って叙述されており、その後の公事研究の資料として諸書に引用され、慶安五年（一六五二）には木版本が刊行された。『禁《きん》中《ちゅう》抄』・『順徳院御抄《ごしょう》』・『建暦《けんりゃく》御記』などとも称された。

（3）『養老令』は、養老二年（七一八）藤原不比等《ふひと》らが『大宝律令《たいほうりつりょう》』の中の「令」を改訂したものであり、律（今日の刑法に相当する）十巻とともに成立した令（基本法）十巻で、天平勝宝《てんぴょうしょうほう》九年（七五七）から施行された。律の大部分は散逸したが、令の大部分は『令義解《りょうのぎげ》』に集録されて現存している。『令義解』は、『養老令』の官撰注釈書で十巻三十編からなる。額田今足《ぬかだのいまたり》の建議で勅命により清原夏野《きよはらのなつの》・菅原清公《すがわらのきよきみ》ら十二人により編纂され、天長《てんちょう》十年（八三三）に完成し翌年から施行された。令の実際にあたり、法解釈の基準を公定した書である。

（4）『令集解』は、平安前期の法制書の一で五十巻からなり（現存するのは三十六巻）、貞観《じょうがん》年間（八五九～八七七）頃に惟宗直本《これむねのなおもと》が著《あらわ》した『養老令』の私撰注釈書で、先行する諸註釈書を集大成するとともに、直本自身の説をも加えている。本文中には『大宝令』の注釈書の「古記《こき》」を引用した部分もあり、『大宝令』を復元する上で有力な手がかりとなっている。

（5）「神祇令」は、『大宝令』や『養老令』の篇目《へんもく》（書物の編・章の題目またその表題などの意）の一つで、『大宝令』

は現存しないが『養老令』は第六篇に二十箇条が収載されており、律令国家の公的祭祀の大綱を定めた篇である。わが国の律令は、ほとんどが中国のそれを範《はん》としているが、この「神祇令」のみ日本古来の神祇信仰の伝統を踏まえて、わが国独自のものとなっている。

その内容は、第一条から第九条までは恒例の公的祭祀各々の名称や斎行の時節、各祭祀の大綱を定め、第十一条から第十四条までは即位儀礼の行事の大綱、潔斎《けっさい》の期間とその間の禁忌《きんき》（タブー）を規定し、第十五条から第十七条は祭祀の管理と運営に関する規定を設け、第十八条・第十九条は大祓の行事の大綱を定め、第二十条には神社経済に関する用途と管理の規定が設けられている。

第二章　神棚の祭祀《まつり》

1　神棚奉斎の歴史

一家の信仰の拠《よ》り所としての神棚奉斎の由来については、すでに前章（第一章2の(1)）で述べたように、文献の上では『古事記』上巻にみえる「御倉板挙之神《みくらたなのかみ》」の条が、最古の事例であろう。

それは、神聖なものを他のものと区別して置いておくのに際して、御倉の中に新たに棚を設けてその上に安置したというものであるが、御倉は住居とは別棟の清浄を重んずる建物であり、その内部に棚を設けて神聖な「御頸珠《みくびたま》」を安置したこと、その場所自体を神名としたことなどを併せ考えるならば、後世謂《い》うところの「神棚」の奉斎形式とは、あるいは若干の隔たりを認めるべきかもしれないが、少なくとも神棚奉斎の歴史を考える時、無視する事の出来ない重要な史料である。

『古事記』の中にはまた、後の「竈神《かまどがみ》」的な信仰を示していると考えられる事例もみられる。同書中巻末尾の応《おう》神《じん》天皇条に、

是《ここ》に二神《ふたりのかみ》あり、兄《あに》を秋山之下氷壮夫《あきやまのしたひを(お)とこ》と号《い(い)》ひ、弟《おと》を春山之霞壮夫《はるやまのかすみを(お)とこ》とぞ名《い(い)》ひける、故《か》れ其《そ》の兄《あに》其《そ》の弟《おと》に謂《い(い)》ひけらく、吾伊豆志袁登売《あれいづしを(お)とめ》を乞《こ(え)》へども得婚《ええ》ず、汝此《いましこ》の孃子《を(お)とめ》を得《え》てむ《(ん)》やといへ《(え)》ば、易《よ》く得《え》てむ《(ん)》と答曰《い(う)》ふ、爾《ここ》に其《そ》の兄《あに》の曰《い(わ)》はく、若《も》し汝此《いましこ》の孃子《を(お)とめ》を得《え》て有《あ》らば、上下《かみしも》の衣服《きもの》を避《さ》り、身《み》の高《たけ》を量《はか》りて、甕《みか》に酒《さけ》を醸《か》み、亦山河《またやまかは》の物《もの》を悉《ことごと》に備《そな(え)》へ設《ま》けて、宇礼豆久《うれづく》をこそ為《せ》めと云《い(う)》ふ、爾《ここ》に其《その》の弟《おと》、兄《あに》の言《い(え)》へる如《ごと》、具《つぶさ》に其《そ》の母《はは》に白《まを(もう)》せば、

即《すなは(わ)》ち其《そ》の母布遅葛《ははふぢづら》を取《と》りて、一宿《ひとよ》の間《ほど》に、衣《きぬ》、褌等《はかまども》を服《き》せ、其《そ》の弓矢《ゆみや》を取《と》らせ、其《そ》の嬢子《を(お)とめ》の家《いへ(え)》に遣《や》りしかば、其《そ》の衣服《きもの》も弓矢《ゆみや》も悉《ことごと》に藤《ふぢ》の花《はな》とぞ成《な》れりける、是《ここ》に其《そ》の春山之霞壮夫《はるやまのかすみを(お)とこ》、其《そ》の弓矢《ゆみや》を嬢子《を(お)とめ》の厠《かは(わ)や》に繫《か》けたるを、伊豆志袁登売《いづしを(お)とめ》其《そ》の花《はな》を異《あや》しと思《おも(い)》ひて、将《も》ち来《く》る時《とき》に、其《そ》の嬢子《を(お)とめ》の後《しり》に立《た》て、其《そ》の屋《や》に入《い》りて、

即《すなは(わ)》ち婚《まぐはひ(わい)》しつ、故《か》れ一子《ひとりのこ》を生《う》みたりき、爾《ここ》に其《そ》の兄《あに》に白《い(い)》ひけらく、吾《あ》は伊豆志袁登売《いづしを(お)とめ》を得《え》たりと曰《い(う)》ふ、是《ここ》に其《そ》の兄《あに》い、弟《おと》の得《え》つることを慷慨《うれた》みて、其《そ》の宇礼豆久物《うれづくもの》を償《つぐの(わ)》はず、爾《か》れ其《そ》の母《はは》に愁《うれ(い)》ひ白《まを(もう)》す時《とき》に、御祖《みおや》の答曰《い(え)》へらく、我《あ》が御世《みよ》の事《こと》能《よ》くこそ神習《かみなら(わ)》はめ、又《また》うつしき青人草習《あを(お)ひとくさなら(え)》へや、其《そ》の物償《ものつぐの(わ)》はぬといひ《(い)》て、其《そ》の兄《あに》なる子《こ》を恨《うら》みて、乃《すなは(わ)》ち其《そ》の伊豆志河《いづしがは(わ)》の河嶋《かは(わ)しま》の節竹《よだけ》を取りて、八目《やつめ》の荒籠《あらこ》を作《つく》り、其《そ》の河《かは(わ)》の石《いし》を取《と》り、塩《しほ(お)》に合《あ(え)》へて、其《その》の竹《たけ》の葉《は》に裹《つつ》み、詛《とこ(い)》ひ言《い(わ)》はしめけらく、此《こ》の竹葉《たかば》の青《あを(お)》むが如《ごと》、此《こ》の竹葉《たかば》の萎《しぼ》むが如《ごと》、青《あを(お)》み萎《しぼ》め、又《また》、此《こ》の塩《しほ(お)》の盈《み》ち乾《ひ》るが如《ごと》、盈《み》ち乾《ひ》よ、又《また》、此《こ》の石《いし》の沈《しづ》むが如《ごと》、沈《しづ》み臥《こや》せ、如此《かく》詛《とこ(い)》ひて烟《かまど》の上《うへ(え)》に置《お》かしめき、是《ここ》を以《も》て其《そ》の兄《あに》八年《やとせ》の間《あひ(い)だ》干《かわ》き萎《しぼ》み病《や》み枯《こや》しき、故《か》れ其《そ》の兄《あに》患《うれ(い)》ひ泣《な》きて、其《そ》の御祖《みおや》に請《こ(え)》へば、

即《すなは(わ)》ち其《そ》の詛戸《とこひ(い)ど》を返《かへ(え)》さしめき、是《ここ》に其《そ》の身本《みもと》の如《ごと》くに安平《たひ(い)ら》ぎき、

と、秋山之下氷壮夫《あきやまのしたひおとこ》と春山之霞壮夫《はるやまのかすみおとこ》の兄弟が、伊豆志袁登売《いづしおとめ》と結婚しようとして争った物語が記されており、弟（春山之霞壮夫）が袁登売を得たが、その際兄（秋山之下氷壮夫）は予《かね》てからの弟との約束を果たさなかったので、弟は母と相談して兄を呪詛《じゅそ》したという内容であり、この呪詛（呪《のろ》いの儀礼）を烟《かまど》（竈）の上で行なったところ、大いに効力を発したということが語られている。

この物語を読む時、竈に特殊な霊力が認められるし、それはやがて竈神の信仰へと展開して行くことになるのでは

ないかと思われる。竈神もまた、一家の神棚信仰の一形態をなすものである。

平安時代には、すでにこの竈神の信仰が相当盛んであった様子が、貴族の日記の中に多く窺われる。例えば、兵《ひょう》部卿平信範《ぶのきょうたいらののぶのり》の日記である『兵範記《ひょうはんき》』や、中御門《なかみかど》右大臣藤原宗忠《むねただ》の日記である『中右記《ちゅうゆうき》』などに、竈神奉斎に関する記述がみられる。

『令義解《りょうのぎげ》』巻二の「神祇令《じんぎりょう》」第六の中の月次祭《つきなみさい》条に、「庶人《しょじん》の宅神祭《たくじんさい》」という記述がみられる。この宅神祭については、個人の家の敷地内などに奉斎された屋敷神的な神であるとか、屋内に奉斎された神棚的な神であるとかと、諸説一定するところがない。しかしながら、すでに平安時代頃には庶民の間にあっても、個々の家々の守護神的な神々を奉斎していたであろうことが窺い知られる。

鎌倉時代後期に成立したといわれる歴史書である『百練抄《ひゃくれんしょう》』第四の、後一条天皇長元《ちょうげん》四年（一〇三一）八月五日条に、

祭主輔親《さいしゅすけちか》、去《いぬ》る六月《みなつき》、荒祭宮《あらまつりのみや》の託宣《たくせん》の趣《おもむき》を召問《せ(しょ)うもん》して、申《まを(もう)》して云《いは(わ)》く、斎宮頭《いつきのみやのかみ》藤原相通《すけみち》の妻、宅内《たくない》に大神宮宝殿《ほうでん》を作り、詐《いつわ》りに神威《しんい》を仮《か》り、愚民《ぐみん》を誑惑《きや(よ)うわく》する、其の罪、已《すで》に重し、早く配流《はいる》す可《べ》し者《てへり》、（原漢文）

との記述がみられる。斎宮寮の長官の妻が、その宅内に大神宮の宝殿（神殿）を設けて、神威を詐《いつわ》り人々を誑惑《きょうわく》した（誑《たぶら》かし惑《まど》わした）として、その罪重きが故に、その妻を流罪に処した（隠岐《おき》国に流罪となった）というものである。

ここに記された大神宮宝殿とは、邸内《ていない》（屋敷内）に祀《まつ》られた祠《ほこら》の如きものか、屋内奉斎の神棚の如きものなのか分明ではないが、今日では神棚に奉斎される神々の中心である伊勢大神宮であるが、かつての時代にあってはその勧《かん》請《じょう》・奉斎などは、安易には許されていなかったということが知られる一条である。

現在の神棚奉斎形式の直接的な起源と考えられるものは、中世末期頃から盛んに行なわれるようになった、伊勢大神宮の「御祓大麻《おはらいたいま》」の配布に伴なう、その奉斎場所としての「大神宮棚《だいじんぐうだな》」の成立ではなかろうか。

「御祓大麻」（「御祓様」・「御祓さん」などとも称した）は、仏寺において「大般若経《だいはんにゃきょう》」の一部や、「仁王経《にんのうきょう》」百巻・「般若心経《はんにゃしんぎょう》」千巻などを読誦《どくしょう》し、その巻数の証《あかし》を信者である檀那《だんな》に贈っていた形式を、伊勢大神宮や諸神社においても真似《まね》たもので、大祓の祝詞（「大祓詞《おおはらえことば》」）を読誦して御祈禱の巻数《かんすう》と称し、その証《あかし》として頒布したものである。

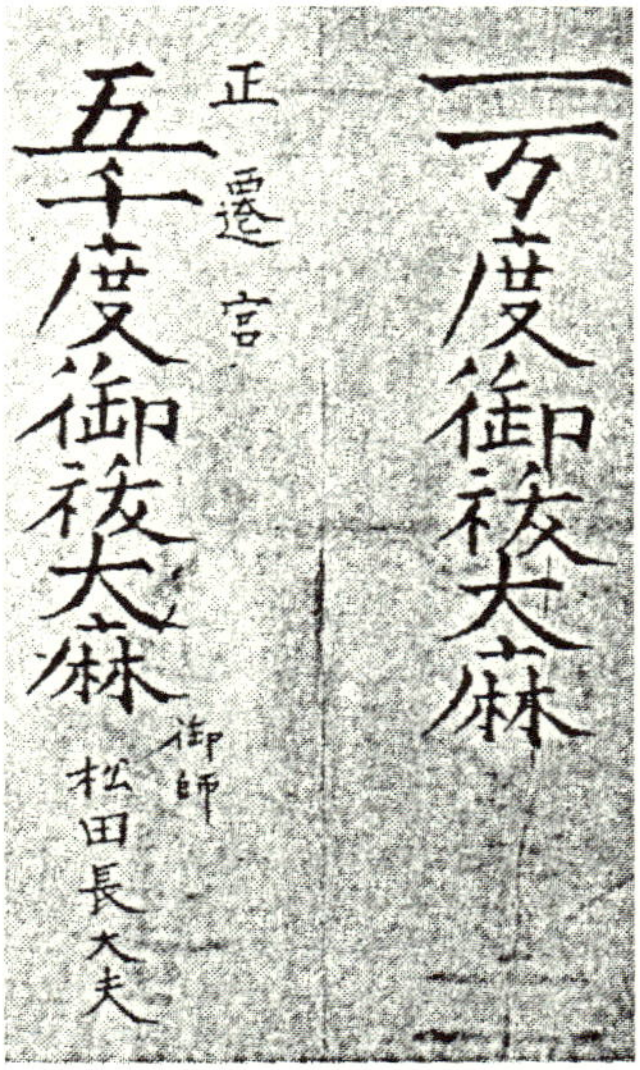

【2-1】 昔のお祓大麻（神宮司庁提供）

それは御師《おし》（伊勢においては「オンシ」と呼称していた）すなわち「御祈師《おいのりし》」が、信者に代わって一切成就《いっさいじょうじゅ》の祓詞を千度あるいは万度読誦し、その際の数取《かずと》りのための麻《あさ》を筥《はこ》に納めたもので、それらは「千度祓《せんどばらえ》」とか「万度祓《まんどばらえ》」などと呼ばれていた。（【2―1】）

御師は、伊勢大神宮に限らず、南紀熊野三山を始め全国の諸神社にも多くみられ、「檀那場《だんなば》」といわれる一定の地域を担当区域として、その地域内の祈禱依頼者を「檀那」と称して、常に師檀《しだん》関係を有し、やがては毎年一定時期になると御祓大麻や暦《こよみ》を始めとする様々な土産物などを持参して、檀那場を巡廻するようになった。さらにまた、御祓（御祈禱）を行なった徴《しるし》である千度祓・万度祓や剣祓《けんぱらえ》、また単に「御祓《おはらい》」と称する神札を配布するなど、御師と信者との師檀関係は上下貴賤《きせん》を問わず、広く全国的に展開していった。

御師の頒布するこれらの「御祓大麻」（「御祓様」）を安置する場所（設備）が「御祓棚《おはらいだな》」であり、そこからやがて神棚へと展開・発展していったものと考えられる。

伊勢大神宮を始めとして全国の諸神社において、御祓様や各種の神札《しんさつ》（御札《おふだ》）類を配布するようになると、それらは神宮の御祓大麻とともに特別な場所としての御祓棚に安置されるようになり、やがて全国の各家々に神棚が設けられるようになっていったものであろう。

今日の各家庭にあっても、神棚に大神宮を中心として氏神神社や、その他の大小さまざまな神社の神札類が奉斎されていることも、中世以来のこのような諸神社の御師の人々の活動の結果が齎《もたら》したものであるといえよう。

以上本節では、大神宮棚を中心とした一般的に謂《い》われる屋内の中心的存在としての、神棚奉斎の歴史の概略である。後（本章の4）に述べるように、神棚には数多くのさまざまな神々の奉斎形式がみられる。それら個々の神棚奉斎の歴史を跡付けることも必要であろうが、非常に多岐に渡り大変煩雑でもあるので、残念ながら割愛省略することとしたい。

2　神棚と祖霊棚（御霊舎）

家庭における祭祀《まつり》として、〈神棚の祭祀〉とともに考えておかねばならないものがある。第二の神棚ともいうべき各家々の祖先や家族の霊位《れいい》（御霊璽《みたましるし》・御霊代《みたましろ》）を祀った〈祖霊棚《それいだな》（御霊棚《みたまだな》・祖霊舎《それいしゃ》・御霊舎《みたまや》）の奉斎〉がある。（【2―2】）

神棚と祖霊棚の奉斎に関して、やや古い大正時代の著作であるが、穂積陳重《ほづみのぶしげ》博士はその著書『祖先祭祀ト日本法律』において、

　日本固有の祭式を用ふ《（う）》る家庭に於ては、更に第二の神棚あり。是は専《もは》ら其家の祖先を祀《まつ》る為めに設《もう》くるものにして、歴代祖先の氏名、及び逝去《せいきょ》の年令、年月日を記せる霊位《れいい》を此処《ここ》に奉安《ほうあん》す。此霊位を「みたましろ」と称す。此霊位は、通常之を神社の如き形に造りたる屋代《ヤシロ》（筆者註、いわゆる御霊舎または祖霊舎といわれるもの）の裡《うち》に納め、米、酒、魚、榊及び灯火《とうか》を其の前に献ずるこ

【2-2】　祖霊棚（『日本宗教民俗図典』1祈りと救い〔萩原秀三郎・須藤功著、法蔵館刊〕より）

と、尚ほ《お》前期第一の神棚に於けると同じ。（平仮名ルビ筆者）

と述べておられる。

これによって、祖先棚に先祖の霊を奉安することの概要が知られるが、ここには仏教徒がその祖先の御霊を供養するために設けた、いわゆる「仏壇」と共通する思想があるといえるのではなかろうか。

家庭内において、神棚と祖霊棚（御霊舎）とをともに奉斎する場合、神棚には出来る限り祖霊すなわち祖先や家族の霊位（御霊璽・御霊代）を同一処に（両者を一体化した状況で）奉斎することは避けるべきであろう。

神棚と祖霊棚（御霊舎）とを別々の部屋に奉斎する場合には特に問題はないであろうが、もし神棚と祖霊棚（御霊舎）とを同室内に並べて奉斎するような場合には、神棚を上位の側（向かって右側）に据《す》え、祖霊棚（御霊舎）は下位の側（向かって左側）に設けるというように、祖霊棚（御霊舎）を奉斎する位置（場所）は、常に神棚よりも下位とすべきである。或はまた、同一面に高低差を付けて奉斎するような場合には、当然神棚を一段高くし（上位・上段とし）、祖霊棚（御霊舎）はそれよりも低く設置すべきである。

また、先の『祖先祭祀ト日本法律』の中で穂積陳重博士が記されていたように、祖霊棚（御霊舎）の奉斎形式やその祭祀や方法に関しても、神棚奉斎の形と何ら変るところなく執り行われることが、祖霊棚（御霊舎）奉斎の本来的な姿であるといえるのではなかろうか。

なお、祖霊棚（御霊舎）奉斎のことに関しては、後にいま少し詳しく述べるつもりである（第四章の3参照）。

3　神棚の種類

一般家庭における神棚には、神棚が元来「大神宮棚」といわれたことからも解《わか》るように、伊勢の神宮大麻《じんぐうたいま》を中心として、氏神神社や全国各地の神社の神札類が多数祀られている。

その神棚は、普通には家の中で家族が集まって生活の中心となる場所、すなわち茶の間や囲炉裏《いろり》のある部屋や、座敷や出居《いでい》（居間兼来客接待用の座敷）など接客用の部屋の鴨居などに設けられることが少なくない。

この一般的にいわれる神棚のほかに、別にさまざまの神棚が家の中のあちこちに奉斎されている事例も多い。それら各種各様の神棚は、われわれ日本人の生産活動や家庭生活に密接に関連を有する神々が奉斎されており、農耕生活の過程や年中行事の面などにおいては、大神宮棚（一般にいう神棚）よりも重視されることすらあり得るのである。

各種各様の神棚類について、坪井洋文《つぼいひろふみ》博士は「かみだな（神棚）」（『神道要語集』祭祀篇一）において、次のような分類をされている。

Ⅰ　恒常的《こうじょうてき》神棚

1　恵比須《えびす》棚

2　大黒《だいこく》棚

3　荒神《こうじん》棚

第二章　神棚の祭祀

4　オカマサマ
5　田の神棚
6　先祖棚
7　歳徳神棚《としとくじん》
8　その他

II　定期的に設けられる神棚
1　歳神棚《としがみ》
2　七夕棚《たなばた》
3　盆棚《ぼん》
4　神社祭祀における神棚
5　その他

III　臨時的神棚(2)

IV　潜在的神棚《せんざい》
1　炉《いろり》の神
2　水の神
3　食の神

4　天井《てんじょう》の神

5　厠《かわや》の神

6　その他

坪井洋文博士によれば、右にみえる各種神棚は、全国的・地域的な祭神及び奉斎場所からみた分類とされており、また全体的にみると、臨時的神棚から恒常的な神棚へと、統一される傾向にあるとも述べておられる。

神棚といえば、屋内に奉斎される場合が一般的であるが、時に屋外に奉斎されている事例もみられる。これは、家人が起居《ききょ》する屋内に神棚を奉斎することは非常に畏《おそ》れ多いことであり、神聖な神々に対しては家の外の浄《きよ》らかな場所に、特別な神棚を設けて神々を奉斎するといった、神棚奉斎の特別な形式であり、現在でもこの形態がみられるところもある。

以下、右の神棚の各種類のうち、主要なものの幾つかについて述べておきたい。

(1)　恵比須棚

もともと漁村において信仰されてきた恵比須神を、神棚に奉斎したものである。エビスは、戎・夷・蛭子・胡なども書き、次の本節「(2)　大黒棚」に祀《まつ》られる大黒神（大黒天《だいこくてん》）とともに、財福を授ける神（福神《ふくじん》ともいい、家の福を増し、人々に幸福を齎《もたら》す神徳を有する神）として広く信仰された。

農民が信仰した後述本節「(5)　田の神」が、定期的な収穫を保障してくれる神であるのに対して、海で働く人々の幸は不定期であり、それを保護してくれるものは、海の彼方《かなた》の異郷《いきょう》から来ると信じて、そのような海を越えて（渡

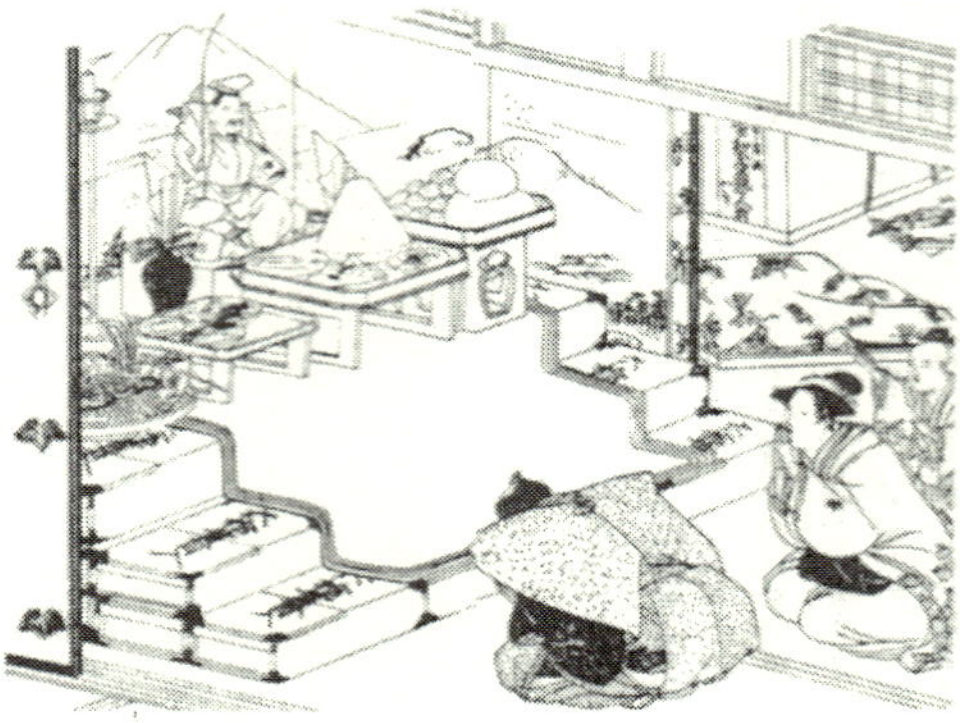

【2-3-(1)】 商家の夷信仰（『絵本吾妻袂』より）

【2-3-(2)】 恵比須・大黒棚（『三州奥郡風俗図絵』より）

って）寄り来るものを霊視して、それを「エビス」と呼んだ。

　このようなエビス信仰が、漁民と他地域の人々との交換経済を通じて、農村においては豊かな稔りを与えてくれる農業神として、また都市においては豊かな商いを齎《もたら》してくれる商業神としての性格が、次第に強められていった。また大黒神（大黒天）とともに台所を守護してくれる神としても信仰されていた。

　恵比須神は、七福神の一神としての蛭子神《ひるこのかみ》とも事《こと》代主命《しろぬしのみこと》ともいわれ、人々は、風折烏帽子《かざおりえぼし》を被《かぶ》り狩衣《かりぎぬ》・指貫《さしぬき》を着け、鯛を釣《つ》り上げる姿をもってその神姿を想像し、あるいはまた農村地域の信仰においては、片目で耳が聞こえず、左利《き》きであるという特徴を有する神として想像し、正月・十月の二十日に「恵比須講《えびすこう》」と称した祭典を行うなど、中世末期か

【２－４】　大黒棚（神棚の一隅に祀られた大黒像〔この家では、神棚の榊１対の他に、大黒神の榊も供えられている。17頁の写真【１－４】参照〕／東京都大田区　小宮俊弘家）

ら近世にかけて、商家を中心に商業神（商売繁盛の神）として広く信仰された。（【２―３―⑴】・【２―３―⑵】）

⑵　大黒棚

台所（厨房）の守護神として、また福神として、恵比須神とともに広く信仰された大国神（大黒天）を祀る神棚である。大黒天は、古代インドに起源を有する外来の神[2]であるが、わが国では「大黒」と「大国」との音が通うところから、大国主命《おおくにぬしのみこと》（大物主命《おおものぬしのみこと》）と習合したことを契機として、次第に民間においても信仰されるようになった。

「大きなふくろをかたにかけ　大黒《だいこく》さまが来《き》かかると……」とうたわれる童謡「大黒《だいこく》さま」の歌詞にもあるように、室町時代頃から、狩衣のような服を着て、円《まる》く低い括頭巾《くくりずきん》を被《かぶ》り、左肩に大きな袋を背負い、右手に打《う》出《で》の小槌《こづち》を握って、米俵を踏まえた神姿が形成され、七福神の一神として、福徳や財宝を与える神とされた。

【2-5】 荒神棚（東京都大田区　小宮俊弘家）

（【2—4】）

大黒神の信仰は、東北地方や西日本地方に比較的多くの分布がみられ、甲子《きのえね》の日を祭日（甲子待《きのえねまち》・甲子祭《きのえねまつり》など）として、大豆・黒豆・二股《ふたまた》大根などを縁起物として供える風習がみられる。

(3)　荒神棚

家々の台所（厨房《ちゅうぼう》）にある竈《かまど》を守護する火の神（火《ひ》伏《ぶ》せの神）を奉斎する神棚である。普通には竈の付近に祀られるが、中国地方の一部などでは屋敷神《やしきがみ》・同族神《どうぞくがみ》として、敷地内の屋外（邸内《ていない》）に祀られる例もみられる。

荒神は「三宝荒神《さんぼうこうじん》」の略称で、本来は仏《ぶつ》・法《ぽう》・僧《そう》の三宝を守護し、その信者を助け、悪人を罰する神として、頭に宝冠《ほうかん》を戴《いただ》き、三面六臂《さんめんろっぴ》（顔が三つに、臂《ひじ》が六つあること）の忿怒《ふんぬ》（非常に怒《いか》った）形態で、手に独鈷《とっこ》（真言密教《しんごんみっきょう》の修法《しゅほう》に使用する両端が尖《とが》った金属製の短い杵《きね》で、これを手に持って煩悩《ぼんのう》を打ち砕《くだ》く意を表したもの）を始め矢・剣・弓・杖などを持った立像として表現されている。

その忿怒の形相は、怒る時には一切衆生《いっさいしゅじょう》（この世に生を受けた全てのもの。生きとし生けるもの）の福徳を奪い、障礙《しょうがい》（障害）をなす神とされ、或はまたこの神は不浄を嫌《きら》い、火の清浄によって不浄を払い去ることを愛するという俗信から、近世以降になって民間では竈や囲炉裏《いろり》など火所《ひどころ》を守護する神として、奥津日子神《おきつひこのかみ》（奥津比古神）・奥津日女神《おきつひめのかみ》（奥津比売神）と称して、竈の近くに神棚を設けて祀ることが一般的となった（【2―5】）が、農作神の信仰と習合して、本節「(5) 田の神」の信仰に代る地域もみられる。

(4) オカマサマ

【2-6】 カマガミ（『日本宗教民俗図典』1祈りと救い〔萩原秀三郎・須藤　功共著、法蔵館刊〕より）

「火伏せの神」としての荒神信仰が一般的に流布《るふ》する以前にあって、火所の主要な神とされたのが、「オカマサマ」である。（【2―6】）地域によっては、荒神とオカマサマが併存する所や、オカマサマだけが祀られている地域もみられる。

このオカマサマには、竈の神（火の神）としての意識以前に、本節「(5) 田の神」の祭礼場所としての意識も含まれていたようである。

(5) 田の神棚

「田の神」は、地域によってその名称はさまざまであるが、

【2－7】 恵方に回転する歳徳神棚（年棚）（兵庫県北淡町舟木『日本宗教民俗図典』３四季の行事〔萩原秀三郎・須藤功著、法蔵館刊〕より）

稲作を守護する神であり、その神を奉斎した棚である。

田の神は常に田に存在するのではなく、秋の収穫の後には家にやって来て、その後さらに山や天に昇り、初春に再び田に戻ってくるとされている。[3]

柳《やなぎ》田《た》國男《くにお》先生によれば、田の神は山中《さんちゅう》他界《たかい》（山の中に人間の世界とは異なった別の世界＝死者の世界、があるという考え）を背景にした祖先神であり、春秋の農耕の開始と終了との時期に、山と田の間を去《きょ》来《らい》する神であると説かれている。

田の神の祭祀は、もともと屋外の農耕の場において、一族の祭りとして営まれていたものが、次第に個別化して屋内に常在するという考え方が流布するにつれて、神棚に奉斎されるに至ったものと考えられる。

(6)　歳徳神棚

「恵方棚《えほうだな》」・「歳徳棚」・「歳《とし》（年）棚《だな》」などとも呼ば

れ、年の始めに家々に訪れて来て、その年の福徳を掌《つかさど》る神である「年徳神」を奉斎する棚である。(【2―7】)
陰陽道から生じた説で、その年にこの神の住む(居《い》る)方角をその年の「明《あ》きの方《かた》」(「恵方《えほう》」)といい、その方角に向かって事を行なうと万事に吉といわれ、その方角に向けて棚を設けるのであるが、多くは茶の間や座敷の天井《てんじょう》などから板を吊《つ》るして、注連縄を張り、供え物や灯火《とうか》を献じたり、松竹などを飾ったりするが、勿論その形式や祀り方などは地域によって異なっている。

(7) 歳神棚

正月に、その年の五穀《ごこく》の豊穣《ほうじょう》や年中の幸福を祈願するために、家々に迎える神(歳神・年神)を奉斎する場として設けられる棚で、毎年新しく棚を設けて、歳神として御年皇神《みとしのすめがみ》などが祀られる。

神棚の形式としては、前項(本節「(6) 歳徳神棚」)との類似性もみられるが、「歳徳神棚」が通年設けられているのに対して、この「歳神棚」は正月が過ぎれば「棚下《たなおろ》し」と称して、取り除かれてしまう場合が少なくない。

(8) 七夕棚

古来陰暦《いんれき》七月七日の夜に五節供《ごせっく》の一つとして催された七夕行事は、庭前《にわさき》の葉竹に五色の短冊《たんざく》などを飾り付け、子女たちが裁縫《さいほう》や書道など技芸の上達を願ったもので、その際に祀られる牽牛星《けんぎゅうせい》・織女星《しょくじょせい》や棚機津女神《たなばたつめのかみ》などへの供え物を奉る棚である。

七夕行事は、奈良時代に入ってから「乞巧奠《きっこうてん》」(技工や芸能の上達を願う祭り)といわれる中国の行事が、宮廷の行事として取り入れられて、わが国古来からの棚機津女(織女《しょくじょ》)の信仰、すなわち水辺に建てられた神聖な建物上

【2－8】　盆棚（長野県）（『神道への理解』〔岩本德一監修、学校法人浪速学院刊〕より）

で、機《はた》を織る処女《おとめ》（棚機津女〔織女〕）が水を渡ってやって来る「まれ人」（神）を迎え、そこで祭りが行なわれたという信仰や祓の行事と結びついて、次第に民間にも普及して今日の七夕行事となった。

(9)　盆棚

盆とは、仏教の盂蘭盆《うらぼん》[4]（陰暦七月十三日～十六日を中心に行なわれる、祖霊を死後の苦しみの世界から救済するための仏事）の略語であるとか、「ボン」・「ボニ」といわれる供え物の容器から出た古い日本語であるともいわれるが、行事本来の内容は、仏教に由来するものではなく、わが国固有の先祖祭り――祖先の霊を迎えての御《み》霊祭《たままつり》であり、その際に設けられる祭祀施設、それが盆棚といわれるもの（【2―8】）であり、もともとは前述正月に設けられる本節「(7)　歳神棚」と、対比すべきものではないかと考えられるものである。

盆棚の如き臨時の施設としての神々の仮の座（神座）

が設けられることは、祖先の神々はいつもそこに常在《じょうざい》するものではなく、その祭祀《まつり》に際してのみ神々の世界から来臨し、祭祀が終了すると再び神々の世界に戻って行くというような神観念が、わが国の古来から人々の間に意識されていたからであろう。

⑽　潜在的神棚のいろいろ

炉《いろり》の神・水の神・倉の神・天井《てんじょう》の神・屋根の神・厠《かわや》の神等々、何れも未だ明確な神棚的施設を伴なわないものの、それぞれの場所に神霊の存在を認めていればこその舗設である。

これらの神々に対しては、注連縄が張られていたり、正月に鏡餅が供えられたり、日常生活において禁忌《きんき》（タブー）を伴なっていることなどからも、そこには一定の信仰が存在しているであろうことが窺《うかが》われる。

以上、大雑把《おおざっぱ》ではあるが神棚の種類をみてみると、大神宮棚に代表されるような伊勢の神宮や氏神神社（崇敬神社）の神々を奉斎する一般的な神棚と、各家々の生業《せいぎょう》に関わる神々（生業神《せいぎょうしん》）や祖先神を奉斎する神棚とに、大別して捉《とら》えることが出来るのではなかろうか。

4　神棚に祀られる神々

神棚に奉斎される神々は、古来地域によって、あるいは家々によってもさまざまであるが、それらの神々の中から一家の神棚の祭神として奉斎されている（もしくは是非とも奉斎したい）神々について、まず古典の中に記載された神々を「古伝の奉斎神」として取り上げてみたい。

(1)　古伝の奉斎神

①天照大御神《あまてらすおおみかみ》

皇室の祖先神で、伊勢の神宮（皇大神宮《こうたいじんぐう》＝内宮《ないくう》、三重県伊勢市宇治館町鎮座）に祀《まつ》られている、「日の神」として仰がれる日本神話における最高神である。大日孁貴《おおひるめのむち》とも称し、『古事記』によれば、伊邪那岐命《いざなぎのみこと》が筑紫《つくし》の日向《ひむか》の橘《たちばな》の小門《おど》の阿波岐原《あわぎはら》において禊祓《みそぎはらえ》をした時、左眼を洗った際に生まれた三貴子《みはしらのうずのみこ》の一神で、高天原《たかまのはら》を統治した最高の神であり、皇室ならびに日本国民の崇敬の中心とされる神である。

天照大御神を奉斎する神社の一例

・神宮〔皇大神宮＝内宮〕（三重県伊勢市宇治館町）
・神明宮〔弘前神明宮〕（青森県弘前市東城北）

・神明社（秋田県秋田市土崎港中央）
・神明宮（栃木県栃木市旭町）
・蒲《かば》神明宮（静岡県浜松市神立町）
・鎌田《かまだ》神明宮（静岡県磐田市鎌田）
・神明社（愛知県豊橋市八町通）
・神明社（福井県鯖江市水落町）
・神明神社（福井県福井市宝永四丁目）
・皇大神社（京都府加佐郡大江町〔平成十八年［二〇〇六］一月一日福知山市へ編入〕内宮）
・全国各地に鎮座する皇大（太）神社・神明宮・神明神社などに奉斎されている。

天照大御神については、本節の「(2) 現在の奉斎神」において改めて述べたい。

②高皇産霊神《たかみむすびのかみ》（高御産巣日神《たかみむすひのかみ》・高木神《たかぎのかみ》）

③神皇産霊神《かみむすびのかみ》（神産巣日神）

天地開闢《てんちかいびゃく》の時に、高天原日に最初に生《な》りました神々で、二神の「ムスビ」の霊力によって、天地を始め万物を生成した神々であり、天御中主神《あめのみなかぬしのかみ》とともに「造化三神《ぞうかさんしん》」と称される神々でもあり、『古事記』にいう「別天神《ことあまつかみ》」五神のうちの二神でもある。

高皇産霊神は天照大御神とともに「天祖《あめみおや》」として尊ばれており、高木神は『古事記』中巻にしばしば記載されている。また、高皇産霊神が高天原系の神であるのに対して、神皇産霊神は出雲系の神として、出雲神話を中心として活躍した神である。

高皇産霊神・神皇産霊神を奉斎する神社の一例

・八所《はっしょ》神社（山形県東置賜郡川西町吉田）―神皇産霊神
・安達太良《あだたら》神社（福島県安達郡本宮町館ノ腰）―高皇産霊神・神皇産霊神
・赤丸浅井神社（富山県西砺波郡福岡町〔平成十七［二〇〇五］年十一月一日高岡市に合併〕赤丸）―高皇産霊神
・高牟《たかむ》神社（愛知県名古屋市千種区元古井町）―高皇産霊神・神皇産霊神
・高御魂《たかみむすび》神社（長崎県下県郡豆酘村東神田）―高皇産霊神

④豊受大神《とようけのおおかみ》

天下の人々が食して生きて行くべき食物を掌《つかさど》る神で、天照大御神の「御饌都神《みけつかみ》」として伊勢の神宮の外宮《げくう》（豊受《とようけ》大神宮《だいじんぐう》・豊受宮《とゆけのみや》・止由気宮《とゆけのみや》）に祀《まつ》られている神で、伊邪那岐命《いざなぎのみこと》の子の和久産巣日神《わくむすひのかみ》（稚産霊神《わくむすびのかみ》）の子である。

この神を別に豊受姫神《とようけひめのかみ》・豊受毘売神《とようけびめのかみ》・豊宇迦之売神《とようかのめのかみ》・大宜都比売神《おおげつひめのかみ》・倉稲魂神《うかのみたまのかみ》・保食神《うけもちのかみ》・若宇加乃売神《わかうかのめのかみ》・屋《や》船豊受姫神《ふねとようけひめのかみ》・宇賀神《うかのかみ》等々の諸神と、異名同神とする説もあり、倉稲魂神として、稲荷系神社に奉斎されている事例も少なくない。

『止由気宮儀式帳《とゆけのみやぎしきちょう》』の記すところでは、もともと豊受宮（外宮）に奉斎された神は、天照大御神の「御饌都神」として祀られたことを物語っている。

豊受大神（豊受姫神・豊受毘売神・大宣都比売神・倉稲魂神・若宇加乃売神など）を奉斎する神社の一例

・伊勢の神宮（豊受大神宮＝外宮）―豊受大神（三重県伊勢市豊川町）

・白子《しろこ》神社（山形県米沢市城北二丁目）―大宣都比売神

・伏見稲荷大社（京都府京都市伏見区深草藪之内町）宇迦之御魂大神

・豊受大神社（京都府加佐郡大江町〔平成十八［二〇〇六］年一月一日福知山市へ編入〕天田内）―豊受姫命

・広瀬神社（奈良県北葛城郡河合町河合）―若宇加能売命

・四十九所神社〔旧、豊受神社〕（鹿児島県肝属郡高山町〔平成十七年七月一日肝付町〕新富）―豊宇気毘売大神

・その他全国各地の稲荷神社など

⑤素戔《すさ》（盞《さ》）嗚尊《のおのみこと》（建速須佐之男神《たけはやすさのおのかみ》〔命《みこと》〕）

『古事記』によれば、伊邪那岐命が筑紫の日向の橘の小門の阿波岐原において禊祓をした時、鼻を洗った際に生まれた三貴子《みはしらのうずのみこ》の一神で、天照大御神の弟神で、出雲神話に大きな役割を果たした神である。記紀神代巻の誓約《うけひ》の段にみられるように、天照大御神と対立する関係にあり、天照大御神が高天原を治めたのに対して、この素戔嗚尊は根国《ねのくに》（黄泉国《よみのくに》・死の国）また滄海之原《あおうなばら》を治めたとされている。

亡き母の住む根国行きを臨んで追放された素戔嗚尊は、暇乞《いとまご》いのため高天原に天照大御神を尋ねるが、謀反《むほん》の疑いをかけられ、天照大御神との誓約《うけひ》をして勝ったと称して、悪行の限りを尽くした結果、天照大御神が岩戸の中に籠《こ》

もられることとなった。

その責《せ》めを受けて高天原を追放された素戔鳴尊は、やがて葦原中国《あしはらのなかつくに》の出雲に至り、八岐大蛇《やまたのおろち》を斬《き》ってその尾から得た天叢雲剣《あめのむらくものつるぎ》（後の草薙剣《くさなぎのつるぎ》）を天照大御神に献上し、櫛名田比売《くしなだひめ》（奇稲田姫《くしいなだひめ》）を得て須賀《すが》の地に鎮まり、新《しら》羅《ぎ》に渡って船材の樹木を持ち帰って植林の道を教え、やがて人々に福祉を授ける神とされるようになった。このように素戔鳴尊は、高天原と出雲双方の神話の中で活躍する特異性のある神でもある。

出雲国意宇《おう》郡（現在の島根県八束《やつか》郡）の熊野坐《くまのにます》神社（現在の熊野大社）の別名である熊野大神櫛御気野命《くまののおおかみくしみけののみこと》として奉斎されているところから、熊野大神とも呼ばれた。後世、素戔鳴尊（須佐之男命）を農業神・疫神《えきじん》として崇祀《すうし》する人が多く、疫神としての神事は「疫神送り」・「御霊《ごりょう》信仰」などに展開して、多くは夏祭りが主流となっている。

素戔鳴尊を奉斎する神社の一例

- 氷川《ひかわ》神社（埼玉県さいたま市大宮区高鼻町）
- 津島神社（愛知県津島市神明町）
- 剣神社（福井県丹生郡越前町織田）
- 八坂神社（京都府京都市東山区祇園町北側）
- 熊野本宮《ほんぐう》大社〔熊野坐神社〕（和歌山県東牟婁郡本宮町本宮）
- 熊野大社（島根県八束郡八雲村熊野）
- 日御碕《ひのみさき》神社（島根県簸川郡大社町日御碕）

・須佐《すさ》神社（島根県簸川郡佐田町宮内）
・須賀神社（島根県大原郡大東町須賀）
・素戔嗚神社（広島県芦品郡新市町戸手）
・須賀神社（佐賀県小城郡小城町松尾）
・その他全国各地の氷川神社・八雲神社・天王社・祇園社・須賀神社など

⑥大国主命《おおくにぬしのみこと》（大国主神・大穴牟遅神《おおなむじのかみ》・大穴持神《おおなもちのかみ》・大己貴命《おおなむちのみこと》・大物主神《おおものぬしのかみ》）

大国主命は別名にもあるように多くの異称《いしょう》がみられ、素戔嗚尊の子とも、六世の孫（あるいは七世の孫）ともいわれ、次項に記した「⑦少彦名命《すくなひこなのみこと》」とともに医薬や禁厭《きんえん》（呪《まじな》い）などの道を教え、国土の開発経営に当った葦原中国国の主宰神《しゅさいしん》で、葦原醜男神《あしはらしこおのかみ》・八千戈神《やちほこのかみ》・大国魂神《おおくにたまのかみ》・顕国魂神《うつしくにたまのかみ》などとも称した。
天孫降臨《てんそんこうりん》に際しては、葦原中国《あしはらのなかつくに》平定の任を帯びて天下《あまくだ》った建甕槌神《たけみかづちのかみ》（建甕雷《みかづちの》神・建御雷《みかづちの》神・建雷《いかづちの》神などとも称する）に中国《なかつくに》を譲り渡して、杵築宮《きづきのみや》（今日の出雲大社）に隠退して、幽界《かくりよ》（死者の行く世・黄泉国）を支配した。

後世、縁結びの神としても信仰されており、また大国主命の別名もしくはその和魂《にぎみたま》、幸魂《さきみたま》、奇魂《くしみたま》の名であるともいわれる大物主神《おおものぬしのかみ》（大物主命）の神名で奉斎する神社も少なくない。大国主命（大国主神・大己貴命・大物主神・八千戈神など）を奉斎する神社の一例

・北海道神宮（北海道札幌市中央区宮ヶ丘）―大己貴神・大国魂神

【2－9】　大国主神を祀る出雲大社（出雲大社提供）

・大洗《おおあらい》磯前《いそざき》神社（茨城県東茨城郡大洗町磯浜）—大己貴神

・酒列《さかつら》磯前《いそざき》神社（茨城県那珂湊市磯崎町）—大己貴神

・氷川神社（埼玉県さいたま市大宮区高鼻町）—大己貴命

・砥鹿《とが》神社（愛知県宝飯郡一宮町〔平成十八［二〇〇六］年二月一日豊川市へ編入〕一宮）—大己貴神

・気多《けた》大社（石川県羽咋市寺家町）—大己貴神

・出雲大神宮（京都府亀岡市千歳町出雲）—大国主命

・伊和《いわ》神社（兵庫県宍粟郡一宮町須行名）—大己貴神

・大神《おおみわ》神社（奈良県桜井市三輪）—大物主神

・大和《おおやまと》神社（奈良県天理市新泉町）—八千戈神

・出雲大社（島根県出雲市大社町杵築東）―大国主神（【2―9】）
・金刀比羅宮（香川県仲多度郡琴平町）―大物主神
・児湯《こゆ》神社（宮崎県児湯郡都農町川北）―大己貴神

⑦少彦名命《すくなひこなのみこと》（少名毘古那神《すくなびこなのかみ》）

『日本書紀』によれば高皇産霊尊の子とし、『古事記』によれば神産巣日神の子とする。大国主命が出雲国美穂崎《みほのさき》にいた時に天之羅摩船《あめのかがみのふね》に乗り、蛾《おおかり》の皮の衣《きもの》を着て近付いてきた神で、体は小さいものの敏捷《びんしょう》で忍耐力に富んでおり、大国主命と力を合わせて国造り・国土の経営に偉大な功績を残した。さらに、医療の方法を後世に残したところから、医薬・禁厭《きんえん》（呪《まじな》い）の信仰を有する神でもあり、少牟遅神《すくなむじのかみ》・少御神《すくなみかみ》などとも称した。

また、各地の温泉神社などに多く奉斎されており、大国主命とともにこの神を「温泉神」とする信仰は、『伊予国風土記』逸文《いつぶん》や『伊豆国風土記』逸文の外に、各地の温泉に関わる伝説の中にもみられるし、『古事記』中巻仲哀天皇条の、

このみきは　わがみきならず　くしのかみ　とこよにいます　いはたたす　すくなみかみの　かむほぎ　ほぎくるほし　とよほぎ　ほぎもとほし　まつりこしみきぞ　あさずをせささ

との、酒にまつわる神としての御歌もみられるところから、酒の神としても絶大なる信仰を有していたということが窺われる。

少彦名命（少名毘古那神）を奉斎する神社の一例

・北海道神宮（北海道札幌市中央区宮ヶ丘）

・酒列磯前《さかつらいそざき》神社（茨城県那珂湊市磯崎町）

・少彦名神社（大阪府大阪市中央区道修町二丁目）

・大神《おおみわ》神社（奈良県桜井市三輪）

⑧事代主命《ことしろぬしのみこと》（神）

大国主命の子で、父神とともに国土経営に力を尽くし、国譲《くにゆず》りに際して重要な役割を果たした神である。

『古事記』によれば、天孫降臨に先立って国譲りを求める高天原からの使者に対して、大国主命は子の事代主命とその弟の建御名方神《たけみなかたのかみ》とに返答させるといい、事代主命は従順に国譲りを誓って青柴垣《あおふしがき》を作って身を隠したが、建御名方神は使者と力比べをして敗退した後に初めて服従したとある。その後は、事代主命は父神の命に従って大和国にあって、天皇の守護神として大いなる功績を残した。

事代主命という名称の外に、八重《やえ》事代主神・都美歯《つみは》（積羽《つみは》）八重事代主神・於虚《そらに》事代玉籤入彦厳之《ことしろたまくしいりひこいつの》事代神《ことしろのかみ》なども称した。

別にこの神は、七福神の一神である恵比須《えびす》（恵比寿）神にも擬せられており、事代主命が釣り好きだったことから、大きな鯛を小脇に抱いた福神《ふくじん》姿が創出された。また、蛭子神《ひるこのかみ》（蛭子を「エビス」と読んでいる）とする説もある。

事代主命（事代主神）を奉斎する神社の一例

・三嶋大社（静岡県三島市大宮町）

・長田神社（兵庫県神戸市長田区長田町）

・美保《みほ》神社（島根県八束郡美保関町美保関）

・若松恵比寿神社（福岡県北九州市若松区浜町一丁目）

⑨大年神《おおとしのかみ》（大歳神《おおとしのかみ》）

⑩御年神《みとしのかみ》（御歳神《みとしのかみ》）

大年神は素戔嗚尊《すさのおのみこと》の子で（同胞《どうほう》神に宇迦之御魂神《うかのみたまのかみ》がいる）、その子が御年神である。「年」とは穀物の義であり稲作そのものを指しており、二神ともに穀物の守護神として奉斎されている。

大年神（大歳神）を奉斎する神社の一例

・大歳御祖《おおとしみおや》神社（静岡県静岡市駿河区宮ヶ崎町）

・飛騨《ひだ》一宮水無《みなし》神社（岐阜県大野郡宮村）

・大年神社（兵庫県美方郡浜坂町〔平成十七［二〇〇五］年十月一日新温泉町〕居組）

⑪土神《つちのかみ》

大地（土）や田地などを守護する神で、伊邪那美命《いざなみのみこと》が生んだ埴山姫神《はにやまひめのかみ》とも、大年神（大歳神）の子の大土神《おおつちのかみ》（またの名を土之御祖神《つちのみおやのかみ》）ともいわれる神々も奉斎されている。

土神を奉斎する神社

・土宮〔豊受大神宮別宮〕（三重県伊勢市豊川町）

⑫庭津日神《にわつひのかみ》
⑬庭高津日神《にわたかつひのかみ》

二神ともに大年神（大歳神）の子で、「庭」は家庭の意、「津」はのの意、「日」は産霊（産巣日）のヒの意で、家屋や家庭や庭園の守護する兄弟神（兄—庭津日神、弟—庭高津日神、「高」はその霊徳が勝《すぐ》れているとの意）である。一説には、庭高津日神は庭津日神の別名であるともいわれ、或はこの二神は同義の神で、奥津日子神《おきつひこのかみ》・奥津比売神《おきつひめのかみ》の別名ともいわれている。

⑭阿須波神《あすはのかみ》
⑮波比岐神《はひきのかみ》

この二神も大年神（大歳神）の子で、阿須波神は庭の神とも、人が足を踏み立てる場所（足場）の守護神ともいわれ、波比岐神も家屋の内外（境界）を守護する神といわれる。平田篤胤は波比岐神をもって大宮売神《おおみやのめのかみ》とも天受売神《あめのうづめのかみ》と同一神であるといっている。

古来宮廷においては、大宮処《おおみやどころ》（皇居）の霊《みたま》としてこの二神を坐摩巫《いがすりのみかんなぎ》(5)が奉斎・奉仕していた。

阿須波神・波比岐神を奉斎する神社の一例

・足羽《あすわ》神社（福井県福井市足羽上町）

・坐摩《いがすり》神社（大阪府大阪市中央区九太郎四丁目）

⑯御井神《みいのかみ》

井戸を守護する神である。前記の坐摩巫《いがすりのみかんなぎ》が奉斎する神々の中に、別に生井神《いくいのかみ》・栄井《さくいの》（福井《さくいの》）神《かみ》・津長井神《つながいのかみ》があり、この三神を御井神と称したり、大国主命の子木俣神《きまたのかみ》が、処々に井戸を作って人々に便益を与えたところから、木俣神を御井神とすることもある。

御井神（生井神・栄井〔福井〕神・津長井神）を奉斎する神社

・坐摩《いがすり》神社（大阪府大阪市中央区九太郎四丁目）

○

このような神々の他にも、古くから家々の神棚に奉斎され、信仰されてきた神々も少なくない。例《たと》えば、

⑰諸国国魂神《くにたまのかみ》（諸国を領知《りょうち》―支配・守護する神）
⑱各地産土神《うぶすながみ》（各地域の鎮守神《ちんじゅしん》）
⑲家業《なりわい》の神（各家々の職業〔仕事〕に因《ちな》んで祀られる職業神）
⑳祖先神（各家々に奉られている祖先の神）
㉑特に崇敬する神々（各家々、個々人などが特に崇敬を寄せる神々）

などが挙げられる。

(2) 現在の奉斎神

今日の神棚に、前述のような神々を悉く奉斎することは、神棚の設備その他を考慮しても、とても不可能ではなか

【2-10】　天照大御神を祀る皇大神宮（御正宮）（神宮司庁提供）

ろうか。そこで、現在一般的に神棚に奉斎されている主なる神々をみてみると、

1、天照大御神（天照坐皇大御神《あまてらしますすめおおみかみ》）

2、氏神（産土神《うぶすながみ》）

3、それぞれの家庭（職場）や個々人が特別に崇敬している神々

4、祖霊神《それいしん》

などの神々が、一応の目安として考えられるのではなかろうか。但し、祖霊神を奉斎する場合には、原則的には神棚の神々とは同列ではなく、神棚よりも一段下がった位置に祖霊舎《それいしゃ》（御霊舎《みたまや》）を設けて、そこに奉斎する例が普通である。その詳細については後の章（第四章）を参照されたい。

右の天照大御神・氏神・特別崇敬の神々などを神棚に奉斎する場合、神札《しんさつ》（神符《しんぷ》・お札《ふだ》）の形態をもって奉斎されるのが一般的である。

以下においては、現在の神棚に奉斎されている天照大御神と、氏神（産土神）について述べてみたい。

①天照大御神

前節においても聊《いささ》か触れた通り、皇室の祖先神として伊勢の神宮（皇大神宮＝内宮）に、「天照坐皇大御神」として奉斎されている。【2―10】豊受《とようけ》大神宮（外宮）に奉斎される豊受大神とともに、「伊勢大神宮」・「伊勢神宮」・「二所《にしょ》大神宮」とか単に「大神宮」などと称され、皇室を始めとして広くわが国民一般の崇敬を受けており、「日本国民の総氏神」的な立場にあるともいえる神である。

天照大御神は、『日本書紀』神代巻《じんだいかん》本文の記すところによれば、

既《すで》にして伊弉諾尊《いざなぎのみこと》・伊弉冉尊《いざなみのみこと》、共《とも》に議《はか》りて曰《のたま(わ)》はく、吾已《あれすで》に大八洲国《おほ(お)やしまのくに》及山川《またやまかは(わ)》草木《くさき》を生《う》めり、何《いか》にぞ天下《あめのした》の主《きみ》たる者を生《う》まざらむ《(ん)》やと、是《ここ》に共《とも》に日神《ひのかみ》を生《う》みます、大日孁貴《おおひるめのむち》と号《まを(もう)》す。〔一書《あるふみ》に云《い(わ)》はく、天照大神《あまてらすおほ(お)みかみ》、一書《あるふみ》に云《い(わ)》はく、天照大日孁尊《あまてらすおおひるめのみこと》、〕此《こ》の子《みこ》、光華明彩《ひかりうるは(わ)しく》、六合《くに》の内《うち》に照《て》り徹《とほ(お)》らせり、

と、伊弉諾尊（伊邪那岐神）・伊弉冉尊（伊邪那美神）二神が大八洲国以下の万物を生成した最後に、天下の主《きみ》として生まれた日神《ひのかみ》で、その名を大日孁貴《おおひるめのむち》といい、一書には天照大神とも天照大日孁尊《あまてらすおおひるめのみこと》とも号《もう》すと記されている。また、『古事記』上巻には、

是《ここ》を以《も》て伊邪那岐大神《いざなぎのおほ(お)かみ》の詔《の》りたまはく《(わ)》、吾《あ》はいなしこめしこめき穢《きたな》き国《くに》に到《いた》りて在《あ》りけり、故吾《かれあ》は御身《おほ(お)みま》の禊《はら(い)せ》ひ為な、とのりたまひ《(い)》て、筑紫日向橘小門之阿波岐原《つくしのひむかのたちばなのを(お)どのあは(わ)ぎはら》に到坐《いでま》して、禊《みそ》ぎ祓《はら(い)》ひたまひき《(い)》、（○中略）是《ここ》に、上瀬《かみつせ》は瀬速《せはや》し、下瀬《しもつせ》は瀬弱《せよは(わ)》し、と詔《の》りごちたまひ《(い)》て、初《はじ》めて中瀬《なかつせ》に堕《お》りかづきて、滌《そそ》ぎたまふ《(う)》時《とき》に成《な》りま

せる神《かみ》の名《みな》は、（〇中略）是《ここ》に左《ひだり》の御目《みめ》を洗《あら(い)》ひ給《たま(い)》ひし時《とき》に成《な》りませる神《かみ》の御名《みな》は、天照大御神《あまてらすおほ(お)みかみ》、次《つぎ》に右《みぎ》の御《み》目《め》を洗《あら(い)》ひ給《たま(い)》ひし時《とき》に成《な》りませる神《かみ》の名《みな》は、月読尊《つくよみのみこと》、次《つぎ》に御鼻《みはな》を洗《あら(い)》ひ給《たま(い)》ひし時《とき》に成《な》りませる神《かみ》の名《みな》は、建速須佐之男命《たけはやすさのを(お)のみこと》、

とあって、『日本書紀』神代巻の記すところとはその誕生の次第を異にしている。

天照大御神は、高天原世界における最高の統治者であり、後にその孫の瓊瓊杵尊《ににぎのみこと》を葦原中国《あしはらのなかつくに》（日本国）の主《きみ》として高天原から下《くだ》し遣《つかわ》されたが、その際に以下の言葉（神勅《しんちょく》）が添えられた。

吾《わ》が児《みこ》、此《こ》の宝鏡《たからのかがみ》を視《み》まさむ《(ん)》こと、当《まさ》に吾《われ》を視《み》るがごとくすべし、与《とも》に床《みゆか》を同《おな》じくし、殿《みあらか》を共《ひとつ》にして、斎鏡《いはひ(わい)のかがみ》と為《な》す可《べ》し、

これは世に「宝鏡《ほうきょう》（神鏡）奉斎の神勅」といわれるもので、神祇殊《こと》に皇祖（天照大御神）をよく崇敬すべきことを諭《さと》されたものであるが、同時に伊勢の神宮の鎮座にも関わりを有する神勅である。

この天照大御神の象徴としての宝鏡《たからのかがみ》（神鏡）は、その後代々の天皇の大殿《おおとの》（御殿）内に、倭大国魂神《やまとのおおくにたまのかみ》とともに奉斎されてきたが、『日本書紀』巻五崇神《すじん》天皇六年条に、

是《これ》より先《さき》、天照大神《あまてらすおほ(お)みかみ》倭大国魂《やまとのおほ(お)くにたま》二神《ふたはしらのかみ》を、並《とも》に天皇《すめらみこと》の大殿《みあらか》の内《うち》に祭《いは(わ)(い)》ひまつる、然《しか》れども、其《そ》の神《かみ》の勢《みいきほひ(おい)》を畏《おそ》れて、共《とも》に住《す》みたまふ《(う)》に安《やす》からず、故《かれ》、天照大神《あまてらすおほ(お)みかみ》を以《もち》ては、豊鍬入姫命《とよすきいりひめのみこと》に託《つ》けまつりて、倭《やまと》の笠縫邑《かさぬひ(い)のむら》に祭《いは(わ)(い)》ひまつらせたまふ《(う)》、仍《より》て磯堅城《しき》神籬《ひもろぎ》を立《た》てたまふ《(う)》、亦《また》、日本大国魂神《やまとのおほ(お)くにたまのかみ》を以《もち》ては、渟名城入姫命《ぬなきいりひめのみこと》に託《つ》けまつりて、祭《いは(わ)(い)》ひまつらせたまふ《(う)》、

とあるように、歴代の天皇は天照大御神の象徴である御鏡と同殿内に共住《きょうじゅう》（同床共殿《どうしょうきょうでん》・同殿共床《どうでんきょうしょう》）されていたが、崇神天皇の御代に至って、御鏡と共住することは畏《おそ》れ多く安からずとして、その皇女豊鍬入姫命に託して倭の笠縫邑《かさぬいむら》に祀られることとなった（同時に倭大国魂神も、渟名城入姫命に託して穴磯邑《あなしむら》に祀らせた）。

さらに『日本書紀』巻六の垂仁《すいにん》天皇二十五年三月条に、

丙申《ひのえさるのひ》、（十日）天照大神《あまてらすおほ(お)みかみ》を豊耜入姫命《とよすきいりひめのみこと》より離《はな》ちまつりて、倭姫命《やまとひめのみこと》に託《つ》けたまふ《(う)》、爰《ここ》に倭姫命《やまとひめのみこと》、大神《おほ(お)かみ》を鎮坐《しづめま》させむ《(ん)》処《ところ》を求《ま》ぎて、菟田《うだ》の筱幡《ささはた》に詣《いた》る、更還《またかへ(え)》りて近江国《あふ(おう)みのくに》に入り、東《ひむ(ん)がしのかた》美濃《みの》を廻《めぐ》りて伊勢国《いせのくに》に到《いた》りたまふ《(う)》。時《とき》に天照大神《あまてらすおほ(お)みかみ》、倭姫命《やまとひめのみこと》に誨《を(お)し(え)》へて曰《い(わ)》はく、是《こ》の神風《かむかぜ》の伊勢国《いせのくに》は、常世之浪重浪帰《とこよのなみしきなみよ》する国《くに》なり、傍国可怜国《かたくにのうましくに》なり、是《こ》の国《くに》に居《を(お)》らむ《(ん)》と欲《おも(う)》ふとのたまふ《(う)》、故《か》れ、大神《おほ(お)かみ》の教《みを(お)しへ(え)》の随《まにま》に、其《そ》の祠《やしろ》を伊勢国《いせのくに》に立《た》てたまふ《(う)》、因《よ》りて斎宮《いはひ(わい)のみや》を五十《い》鈴《すず》の河上《かは(わ)かみ》に興《た》つ、是《これ》を磯宮《いそのみや》と謂《い(う)》ふ、即《すなは(わ)》ち天照大《あまてらすおほ(お)み》神《かみ》の始《はじ》めて天《あめ》より降《くだ》ります処《ところ》なり、

とあり、垂仁天皇の御代に入り、天皇は天照大御神を倭姫命に託して、その鎮座すべき好《よ》き処を求めさせ、終《つい》に伊勢国五十鈴の河上に至り、天照大御神の神祠《しんし》を設けたのが、今日の伊勢の神宮（皇大神宮＝内宮）の鎮祭の地であるといわれる。

その後、伊勢の神宮は皇室の祖先進として奉斎され、『日本書紀』巻七景行天皇二十年二月条に、

甲午《きのえうまのひ》、（四日）五百野皇女《いほ(お)ぬのひめみこ》を遣《また》して、天照大神《あまてらすおほ(お)みかみ》を祭《いは(わ)(わ)》はしめたまふ《(う)》、

とあるのを始めとして、代々の天皇はその皇女（内親王《ないしんのう》もしくは女王《じょうおう》）を斎王《さいおう》（斎宮《さいぐう》、斎内親王《いつきのひめみこ》とも称する）と

して、天照大御神の真近に奉仕させることとなった。

『延喜式』巻第四（「伊勢大神宮」）の規定の中に、

凡《およそ》王《わ(お)う》臣《しん》以下《いか》は、輙《たやす》く大神《おほ(お)かみ》に幣帛《みてぐら》を供《くう》ずるを得《え》ざれ、其《そ》の三后《さんこう》、皇《くわ(こ)う》太子《たいし》若《も》し応《まさ》に供《くう》ずべき有《あ》らば、臨《りん》時《じ》に奏聞《そうもん》せよ、

とある記述は、伊勢の神宮における「私幣禁断《しへいきんだん》」という言葉の由来であり、古い時代には三后（太皇太后・皇太后・皇后）や皇太子はおろか、民衆による奉賽《ほうさい》は存在しなかったことが知られる。

しかしながら、中世以降になると民衆の参拝崇敬の風習も次第にその勢いを増し、やがて天皇を中心とする日本国民全体の《大祖親神《おおみおやがみ》》的な立場となり、その信仰は今日まで及んでいる。このことが、現在全国の各家庭においても、神宮大麻を神棚に奉斎することの由来であるといえるのではなかろうか。

②氏神と産土神《うぶすな》

〔氏神〕一般的にいわれている氏神(6)とは、一氏族の祖神のことであり、その氏神を奉斎する神社が「氏社《うじのやしろ》」である。

わが国においては、基本的には一家一家族であり、それぞれの祖神からの血の流れがあり、各々には血縁的《けつえんてき》集団としての親戚・親類ともいうべき同族《どうぞく》集団があり、そこに属する人々を「氏人《うじびと》」といい、その氏人を統率《とうそつ》する代表者が「氏上《うじのかみ》」また「氏長者《うじのちょうじゃ》」などと呼ばれる。その氏上（氏長者）が、氏一統《うじいっとう》の守護神としての「氏神」の祭祀《まつり》を行なった。それが「氏神祭《うじがみまつり》」といわれるものである。

中臣《なかとみ》氏や藤原氏が祀る天児屋命《あめのこやねのみこと》や、忌部《いんべ》（斎部）氏が祀る天太玉命《あめのふとだまのみこと》などは、その祖神を氏神として奉斎し

た事例である。

氏神の用語の初見は、次の『旧事本紀《くじほんぎ》』巻五「天孫本紀《てんそんほんぎ》」の伊香色雄命《いかがしこおのみこと》条の記事である。

此命《このみこと》（筆者註、伊香色雄命）は、（○中略）建布都大神《たけふつのおほ(お)かみ》の社《やしろ》を大倭国《やまとのくに》山辺郡《やまのべのこほ(お)り》石上邑《いそのかみのむら》に遷《うつ》し給《たま(う)》ふ、則《すなは(わ)》ち、天祖《あまつみおや》饒速日尊《にぎはやひのみこと》に授《さづ》け玉《たま(う)》ふて、天《あめ》自《よ》りうけ来《こ》し天璽《あまつしるし》の瑞宝《みづたから》をも、同《おなじ》く共《とも》に蔵《を(お)さ》め斎《いは(わ)(う)》ふ、号《なづ》けて石上大神《いそのかみのおほ(お)かみ》と曰《い(う)》ふ、以《もち》て国家《くにいへ(え)》の為《ため》に亦《また》は氏神《うぢがみ》と為《な》し、崇《あが》め祠《まつ》りて鎮《しづめ》と為《な》す、

やがてその氏族関係が次第に複雑になってくると、血縁関係も薄らいで、氏の先祖ではないけれども、その氏（一族）に特別の由緒のある神を「氏神」と称し、尊崇するような事例もみられるようになった。あるいはまた、地縁的《ちえんてき》（地域的）な関係から、その地域の守護神として祀られる神を「氏神」と称する例もみられるようになった。

藤原氏が鹿島神《かしまのかみ》（武甕槌命《たけみかづちのみこと》）・香取神《かとりのかみ》（経津主命《ふつぬしのみこと》また斎主命《いわいぬしのみこと》ともいう）を祀ることは、氏一統の氏神としてではあるが、祖先神としての奉斎とは考えられない。また、梅宮《うめのみや》神社を橘《たちばな》氏が氏神として祀り、平野《ひらの》神社の祭神四座を源氏・平氏・高階《たかしな》氏・大江《おおえ》氏がそれぞれ氏神として崇敬しても、それは祖先神としてではないし、別に源氏は八幡宮を、平氏は厳島《いつくしま》神社をその氏神として尊崇している例もみられるが、これらも祖先神としての氏神ではない。

このように、氏神は古くは血縁的祖先神であったものが、必ずしも祖先神ではなくても、一族のものがその守護神として祀る神となり、さらには一族の祖先神でもなく、単なる守護神でもなく、産土神《うぶすながみ》とか鎮守神《ちんじゅがみ》などといわれる地縁的な神が、やがて氏神として祀られるようになったというような変遷が窺われる、

〔産土神〕産土神とは、自身の生まれた土地の鎮守の神であり、その人が他の地域に移住した場合でも、その人の

生涯を通じて守護してくれる神のことであるといわれる。鎮守の神（現在、個人が住んでいる土地や家屋の守護神）とは本来別々の神であるが、出生地にそのまま定住して生活している人にとっては、産土神と鎮守神とを同一視することも可能であろう。

産土神の信仰は、血縁的集団の守護神としての氏神が、地縁的集団の守護神としての信仰へと移行する過程で、時期的にはおおよそ中世以降の時代から広く国内に普及し、同時に氏神と産土神の混用もみられるようになった。

産土神の古い用例として、『尾張国風土記《おわりのくにふどき》』逸文《いつぶん》にみえる、

羽栗《はくり》郡《のこほ(お)り》若栗《わかくり》の郷《さと》に、宇夫須那《うぶすな》社《のやしろ》あり、廬《いほ(お)り》入姫《ひめ》の誕生《うまれ》玉ひし《たま(い)》産屋《みうぶや》の地《ところ》なり、故《ゆゑ(え)》に此《こ》の号《な》あり、云々《うんぬん》、

とか、『日本書紀』巻第二十二推古《すいこ》天皇三十二年（六二四）十月条に、

癸卯《みづのとう》朔《のついたちのひ》、大臣《おほ(お)おみ》阿曇連《あづみのむらじ》〔名《な》を闕《もら》せり〕阿部臣摩侶《あべのおみまろ》二臣《ふたりのまへ(え)つぎみ》を遣《つかは(わ)》して、天皇《すめらみこと》に奏《まを(もう)》さしめて曰《まを(もう)》さく、葛城県《かづらぎのあがた》は元《もと》、臣《やつこ》の本居《うぶすな》なり、故《か》れ其《そ》の県《あがた》に因《よ》りて姓名《うぢのな》を為《な》す、

などの事例がみられる。

語源的には、「ウブスナ」のウブは「産」・「生」であろうが、スナは「砂」・「住場」などであるとの異論も少なくない。また、文字としては「宇夫須那」・「本居」・「産土」・「産生」などと記し、人の出生地を指すことに異論はないであろう。

産土神は、氏神に対する氏子のように、産土神の加護《かご》を受けて生まれた子供を「産子《うぶこ》」と称し、「初宮参り（詣で）」や一般にいう「氏神参り」を、「ウブスナ参り」という例もみられる。

【2-11】 神札の一例（出羽三山神社提供）

明治維新以降、行政的な氏子制度の確立とともに、「産土神」よりも「氏神」の名称のほうがより一般化した傾向にあるといえるのではなかろうか。

5　神棚にまつられる御神体

御神体とは、神霊が宿る（神霊の御影を留める）神聖なものをいい、「御霊代《みたましろ》」・「御霊形《みたまがた》」・「霊代《れいだい》」・「御形《みかたち》」・「御正体《みしょうたい》」・「御体《ぎょたい》」などとも呼ばれる。

神棚に奉安すべき神体としては、一般的には神札《しんさつ》（お札《ふだ》）の形式の事例が多いが、その外にも「神鏡《しんきょう》《みかがみ》」や「勧請札《かんじょうふだ》」や「幣束《へいそく》」を神体としたり、時には小型の掛軸《かけじく》に神号や神影《しんえい》を記し描いたものを、礼拝《らいはい》の目標とする場合もある。しかし、これらは神棚に奉安する神体としては、例外的事例と考えられる。

以下に、神棚に奉安される神体の種種の中から、神札、神鏡、勧請札について述べてみたい。

(1)　神札

神札とは、一般にお札《ふだ》とか神符《しんぷ》と呼ばれるもののほか、守札《まもりふだ》（お守り）の類も含めて考えることも出来よう【2—11】。神社からそれを拝受して神棚の神体として奉安するのであるが、この奉安形態が個人の立場では最も簡便な方法であろう。

神札の代表的な事例が、天照大御神の神徳を仰ぐために伊勢の神宮から全国の家庭に頒布される「神宮大麻《じんぐうたいま》」であり、既に本章1で述べたように、伊勢の御師《おんし》が諸国に頒布していた「御《お》祓《はらい》大麻《たいま》」（「お祓《はらい》さん」）と呼ばれたものに由来している。

神宮以外の神社においても神宮大麻に倣《なら》って、それぞれの祭神の神徳を弘《ひろ》めるために、神々の神璽《みしるし》を捺《お》した神札を氏子・崇敬者に頒布している。

現今の神札の一般的な大きさ（寸法）は、高さ八寸二分（約27・5センチメートル）、巾二寸三分（約7センチメートル）程度が標準であり、神棚の宮形の大きさもこの神札が中に納められる高さのものが一般的である。

しかしながら、神宮の大大麻《おおたいま》や神宮神楽殿での大大《だいだい》神楽《かぐら》奉奠《ほうてん》の際の神札などは、縦寸法が一尺（約30センチメートル）以上に及んでいるから、それを納める宮形を準備するとすれば、かなり大型のものが必要となろう。

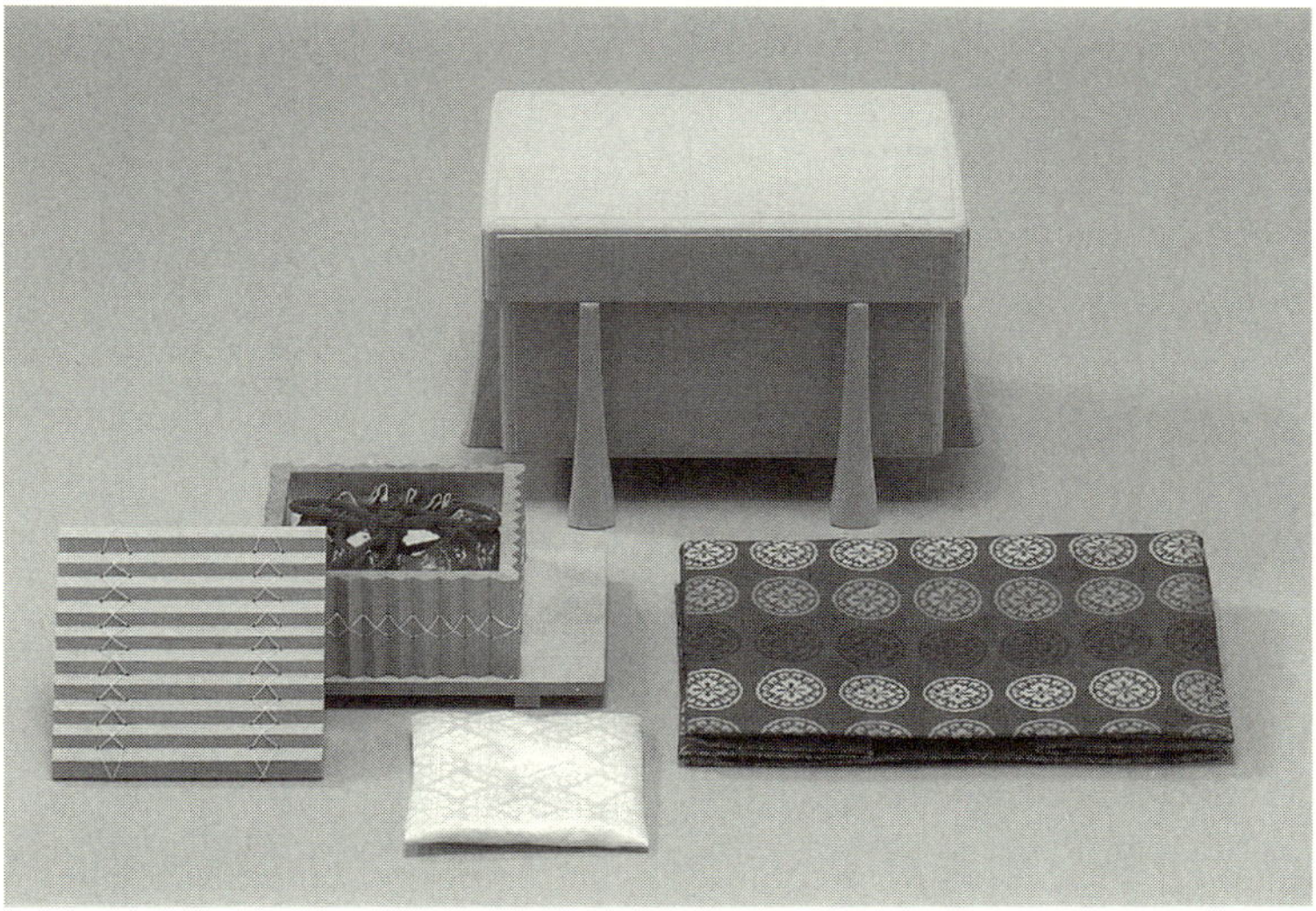

【2-12】 神棚の御霊代用具（神鏡）の一例（〔株〕井筒提供）

(2) 神鏡

諸神社において、神鏡を御霊代《みたましろ》（神体《しんたい》）として奉安する事例は非常に多くみられる。御霊代（神体）は、それぞれの古伝に従って本殿内陣《ないじん》の奥深い場所に奉安されているが、多くの場合神鏡を錦などの袋に裹《つつ》んで、それをさらに柳筥《やないばこ》（その筥を御樋代《みひしろ》と呼ぶ）に納め、その柳筥は帷《かたびら》（麻などの単衣《ひとえ》の織物）で被《おお》われ、それを唐櫃《からひつ》の中に納め、その唐櫃の上を青地《あおぢ》錦《にしき》の布裂《ぬのきれ》で覆《おお》うといった形態で奉安されている。

神棚の神体として神鏡をそこに奉安する場合も、概《おおむ》ね神社の実例に倣ってなされる場合が少なくない。例えば、神棚に奉斎すべき神名（神号）を神鏡の裏に刻《きざ》み（もしくは書き記し）、錦の袋でその神鏡を包み、それを筥《はこ》の中に納め（さらにその御樋代を唐櫃に納めることもある）、それを神棚の上に神体として

奉安するといった様式が考えられる。（【2―12】）

その際、神棚の祭神として奉斎する神を祀った神社の神前で、神棚の神体とすべき神鏡へ分霊《みたまわけ》の神事を行ってもらうことが可能であれば、神棚に奉斎する神体として真に相応《ふさわ》しい意義あるものとなろう。

家庭一般の神棚に奉安する神鏡の大きさとして、直径一寸二分（約3・6センチメートル）～二寸五分（約7・5センチメートル）程度が適当であろう。

家庭における神棚の神鏡奉安の略式例として、錦の袋に包まず、御樋代といわれる筥も用いずに、台付きの神鏡をそのまま神体として使用したり、台付きの神鏡に神名（神号）を刻んだ（もしくは書き記した）ものを錦の布で覆っただけの、神鏡奉安の様式もみられる。この形式によると、神鏡を納める筥（御樋代）や唐櫃を使用しないので、神鏡の台の分だけ高さが高くはなるが、奥行きは神鏡台の厚み分だけであり、さほどの寸法も要さない。

神鏡の大きさは、直径二寸（約6センチメートル）～三寸（約9センチメートル）程度のものは小さいほうで、時に七寸（約21センチメートル）～八寸（約24センチメートル）に及ぶ例もみられる。このように大型で台付きの神鏡の場合には、神棚の上に奉安したお宮（宮形《みやがた》―宮形については、後の本章12において触れる）の中に納めずに、その前に直接奉安している事例も少なくない。

このように神棚に奉斎する祭神の神体として神鏡を奉安する事例は、家庭における神棚の一つの典型的な形式であるが、実際行なうとなると案外大掛《がか》かりになってしまう場合もあるところから、一般家庭の神棚にこの正式な神鏡奉安の様式を採《と》っている例は少ないのではないかと思われる。

神体としてではなく、荘厳厳粛《そうごんげんしゅく》な装《よそお》いとして、また浄穢照覧《じょうえしょうらん》の意味から、台付きの神鏡を神棚に奉安して、宮形の正中《せいちゅう》の扉の前や正面階段の下に置かれる事例も多い。このように一般家庭の神棚に神鏡が舗設されている場合が少なくないが、それは神体として奉安されているというよりも、このような目的による使用例といえるのではなかろうか。その神鏡の大きさも大小まちまちであり、その台座の形態もさまざまである。

(3) 勧請札

前項の如く「神鏡」に神社の祭神の分霊を戴く方法も勧請の一種であるが、金属の神鏡に神名（神号）を刻するということは、必ずしも万人に可能な方法ではなかろう。それよりはこの「勧請札」による方法のほうが、より一般的な諸神の勧請方法であるといえるのではなかろうか。

勧請札は、多くは熨斗《のし》型をした神札（高さ三寸〔約9センチメートル〕～五寸〔15センチメートル〕程度）と幣束《へいそく》とが、台に取り外しが出来るように嵌《は》め付けてあり、これに錦を貼り付けた筥で蓋《ふた》をするように被《かぶ》せ、その手前に装飾的に神鏡などを取り付けたもので、外見はちょうど石碑型のような格好《かっこう》をしたものである。

6　神棚にまつられる神々の座位

(1)　神座の構造とまつり方

神棚に祀《まつ》られるさまざまな神体の座所《ざしょ》が「神座《しんざ》」である。神棚そのものの大小や広狭《こうきょう》、神座が納められている宮形の大小などによって、一座だけのもののほか、二座、三座といった複数の場合もある。

一般的に神棚の神体として「神札《しんさつ》」（お札）が奉斎されることについては、前節（本章5の(2)）において述べた通りであるが、神棚の神体としての神札奉斎のあり方（方法）も、神座の状況によって異なる。

神座が一処《ひとところ》（一座）の場合、そこに一体《いったい》のみの神札を奉斎する時には何ら困ることはないであろうが、一処の神座がやや狭く、かつ複数の神札を奉斎せねばならないような場合には、どのように神々（神札）の順序（順位）立てをしたらよいのであろうか。

また、二処《ふたところ》（二座）の神座がある場合には、神々（神札）の左右配置を如何《いか》に考えたらよいのであろうか。さらに、三処《みところ》（三座）並列《へいれつ》に神座が設けられている場合は、中央・左右にどのように神札を配したらよいのであろうか。

神棚の神座に実際に神々の神札を奉斎する際に、右のような種々の疑問が生じて来るのではなかろうか。神棚に奉斎する神々（神札）の座位については、個々人の特別な信仰上の理由によって、また、昔からの地域の慣習《かんしゅう》などによって、必ずしも一定していないかも知れないが、一応の目安は必要であろう。

由来《ゆらい》神座には上下があり、尊敬の心持ちや信仰の次第によって、その順位を正《ただ》している。神座の順位を考える時、神棚正面中央を第一位とし、次位は神棚中央からみて左側（向かって右側）、その次が神棚中央からみて右側（向かって左側）の順序になる（本書一三八頁【2―54―(1)】参照）。そこで神宮大麻《じんぐうたいま》（伊勢の皇大神宮《こうたいじんぐう》の神札）・氏神《うじがみ》神社・崇敬神社などの神札を神棚の神座に奉斎する場合、一応の目安として以下のような奉斎次第を考えることが出来るであろう。

① 一処（一座）の神座に神札を重ねて奉斎する場合

このような場合には、最も手前に神宮大麻を配し、その次に氏神神社の神札を、さらにその奥にそれぞれの家や個人が崇敬する神社の神札という順に、重ねて神札を奉斎したらよいであろう。

② 二処（二座）の神座に神札を並べて奉斎する場合

このような場合には、神棚に向かって右側の神座を上位として神宮大麻を、向かって左側を下位として氏神神社、また家や個人それぞれが崇敬する神社の神札を奉斎すればよいであろう。

向かって左側の神座に配する神札（氏神神社や崇敬する神社の神札）が複数ある場合には、最も手前に氏神神社の神札を、その奥に家や個人それぞれが崇敬する神社の神札を重ねて奉斎するといった形式でよいであろう。

③ 三処（三座）の神座に神札を並べて奉斎する場合

このような場合には、神棚の真中《まんなか》（正中《せいちゅう》）の神座を第一位として神宮大麻を、その左側（向かって右側）の神座を第二位として氏神神社の神札を、そして右側（向かって左側）の神座を第三位として家や個人それぞれが崇敬する神社の神札を重ねて奉斎するという形式でよいであろう。

④　神座の中に一処（一座）・二処（二座）・三処（三座）というような区切りがない場合の奉斎

このような場合には、例えば平一面《ひらいちめん》で中に仕切りのないような宮形《みやがた》の時には、その神座の広狭《こうきょう》に従って、一応右述の①～③のような形式に準じて、神札奉斎を考えてよいのではなかろうか。

神座への神札配置について右の場合をみるならば、神宮大麻を第一として、氏神神社をそれに次ぐものとし、その他《ほか》の崇敬する諸神社の神札を次々位としている。この順序については、今日一応普遍的な通念となっているといえよう。

もし個々の人々の特殊な信仰や古来の伝承などがあれば、必ずしも右述のような順序とは限らないかもしれないが、大方の常識の範囲で考えても、右の神札配置の次第で差し支えないのではないかと思われる。

(2)　札箱《ふだばこ》（札筥）と安置の方法

「札箱（札筥）」とは、神棚の宮形《みやがた》の側《そば》に立てかけて神札を納めておいたり、神棚の儲《もう》けのない人などが、神棚に代わる神札奉斎施設として、室内の程よい場所に懸《か》けておくような、いわば「簡易《かんい》神棚」とでもいうべきものである。

札箱（札筥）の形は、後の節（本章12の(9)）に述べる宮形の中の「厨子《ずし》」といわれる形に似たものに、前面のみの

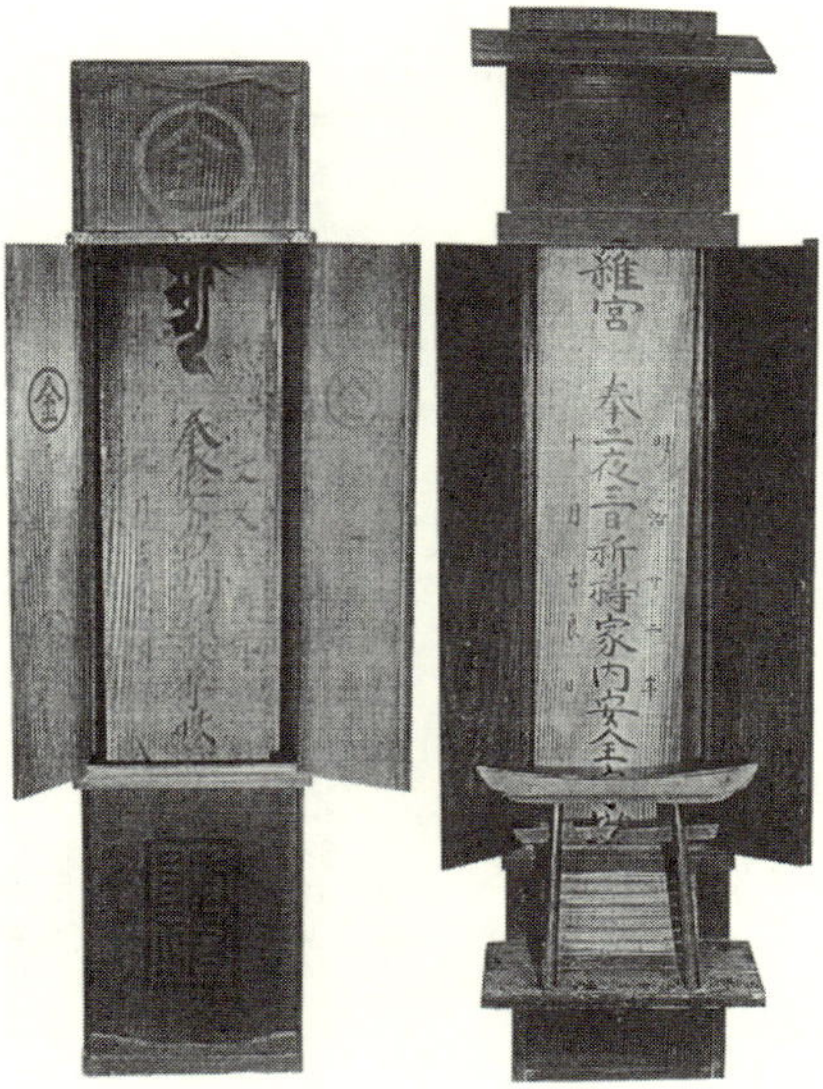

【2-13】　大型の札箱（札筥）の一例（『金毘羅庶民信仰資料集』第1巻、〔金刀比羅宮社務所編・刊〕より）

片側《かたがわ》屋根の付けた程度の、いわば宮形の簡略化された形態のものが少なくない。一般的には大・小二つの様式が多いが、時に神棚に納まりきらない大型の神札を奉斎するための、特別誂《あつら》えのものもみられる。（【2—13】）

札箱（札筥）は、常設の神棚がない場合、その代用として便宜の場所に懸けて使用される例がみられるほか、平素自分の家の神棚に奉斎していない神社や寺院の神札・護符《ごふ》などを納めておいたり、特にその家や個人の信仰に馴染《なじ》まない神札などがあった際、それを神棚の神札類と一処に奉斎せず、別に札箱（札筥）の中に納めることもある。

また、年の途中に神棚に新しい神札を奉斎した時に、古い神札を年末の納札《のうさつ》大祓《おおはらえ》の時季まで仮に納めておくような際にも、札箱（札筥）が利用されることもある。

札箱（札筥）は、幅狭《はばせま》のものが一般的であり、その中には各種各様の神札類が納められることが少なくないであろうから、そこでの神札配列（奉斎）の順序などについては、一処（一座）の神座に神札を重ねて奉斎する場合のような心懸けで、取り扱ったらよいであろう。

7　神棚とその用材

後の節（本章11）において詳しく述べるつもりであるが、神棚奉斎の方法については、大きく分けて「案上奉安《あんじょうほうあん》」の方法と、「棚板奉安《たないたほうあん》」の方法とがみられる。神棚奉安の理想としては「案上奉安」であろうが、一般家庭においてはさまざまな理由もあってこの方法は困難な場合が多い。そこで「棚板奉安」の形式が多く採用されている。

一般的な「棚板奉安」の場合の棚板の用材については、出来れば「桧《ひのき》の白木《しらき》（素木《しらき》）」が理想であろう。諸神社においても、社殿建築の主たる用材として桧材が多く使用されており、殿内《でんない》で使用される各種の祭器具《さいきぐ》類もまた、その用材は殆どが桧材である。

最近では国産桧材の減少から、已《や》むを得ず台湾など外国からの輸入桧材も多く使用されている。神棚の棚板の用材としては桧を第一とし、そのほかには商家などにおいて欅《けやき》も案外好まれたりしているようである。また、杉や松なども使用されている。

その一方で、棚板や祭器具の用材として、樅《もみ》の木を使用することは忌《い》まれている。樅の木は凶事《きょうじ》用の用材として古来から多用されており、さらにかつての時代には、罪人の晒《さら》し首や磔《はりつけ》など処刑《しょけい》の際の用材として使用されて来た経緯などもあり、今日でも葬儀に関わる諸用具類には、樅の木が使用されている例が少なくない。

樅の木が神棚用の板材として、また神祇関係の各種用具類などにほとんど使用されないことについては、それが主として凶事に使用される板材であるから忌《い》み嫌《きら》うのか、逆に最初から何らかの理由があって忌むべき木材であったから、主として凶事用に供してきたのか、何れであるかは明らかではないけれども、少なくとも古来から忌み嫌われて来た事実からすれば、神棚の用材としては、やはり避《さ》けておくべきかも知れない。

8　神棚の高さと広さ

家庭の中のどのような場所に神棚を奉斎するかということによって、その高さや広さはさまざまであろう。

床《とこ》の間《ま》など比較的余裕のある場所を「神床《かむどこ》」して、後の節（本章13の(1)）に述べるような八足《やつあし》（「はっそく」ともいう）の案《あん》を使用した神棚として奉斎（「案上奉安」）する場合には、その広さや高さなどもある程度自由に設けることが可能である。このような神棚の奉斎形式は、理想的な形態であるといえよう。

しかしながら、一般家庭においては場所的に必ずしもそのような余裕はないであろうから、神棚奉斎形式の通例として、長押《なげし》の上に「棚板《たないた》」を吊《つ》った、いわゆる「棚板奉安」の形式にせざるを得ないであろう。（【2—14】）

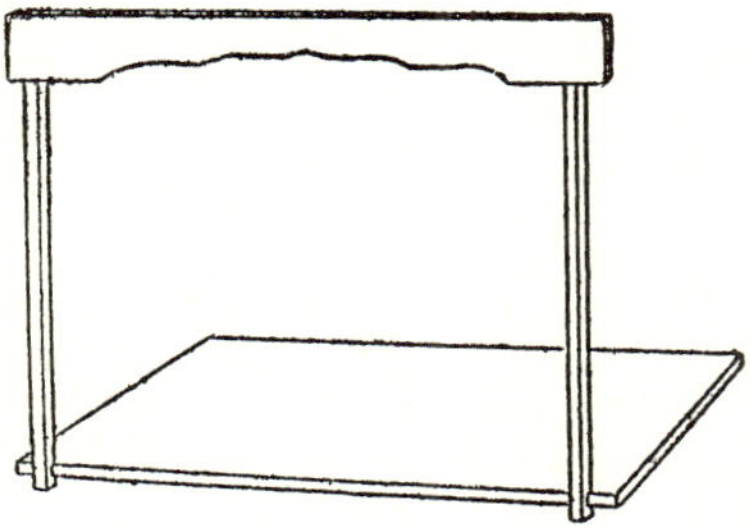

【2-14】 神棚の棚板の一例 （『家庭祭祀入門』〔小原巖雄著、神風社出版部刊〕より）

従来の日本家屋では、長押から天井《てんじょう》までの高さが、大体一尺五寸（約45センチメートル）から一尺八寸（約54センチメートル）程度はあったので、長押に棚板を吊っても、高さとしては充分の余裕があった。しかしながら最近の住宅では、長押と天井との間隔がかなり低い（天井が低い）か、ややもすれば長押そのものが存在しない構造もあるところから、神棚用の棚板を吊《つ》りにくい（神棚を奉斎する適当な所を得にくい）場合も少なくない。

「棚板奉安」の形式の神棚は、原則的には部屋の比較的高い位置に設けることとなるが、天井との間隔は少なくとも一尺三寸（約39センチメートル）～一尺五寸（約45センチメートル）程度の高さはほしいものである。この間隔は、普通の神宮大麻《じんぐうたいま》（小大麻）を奉安する宮形《みやがた》の高さからみた、一応の目安である。

神棚の棚板の広さ（大きさ）は、間口《まぐち》（横幅）がおよそ三尺（約90センチメートル）程度、奥行《おくゆき》がおよそ一尺二寸（約36センチメートル）程度もあれば、通常の神棚奉斎には充分な広さであろう。

そこに神体（神札）を納める奥行五寸（約15センチメートル）～六寸（約18センチメートル）程の宮形を奉安しても、その前に五寸～七寸（21センチメートル）程度の三方《さんぼう》や折敷《おしき》などを使用して、神饌《しんせん》（供え物）を供えることが出来るであろう。

また、宮形の左右には御霊代《みたましろ》・福神《ふくじん》の厨子《ずし》・札箱《ふだばこ》（札筥）・榊立《さかきたて》・灯明具《とうみょうぐ》なども充分に置けるし、さらに棚床面に余裕があれば火打用具《ひうちようぐ》・神拝祝詞集《しんぱいのりとしゅう》・灯明台《とうみょうだい》（蠟燭立《ろうそくたて》）や蠟燭入《いれ》などを置くことも可能であろう。

9　神棚をまつる場所

神棚は一家の中心であり、各家々にとって最も大切な存在であるから、その奉斎の場所についてはよく注意しなければならない。せっかく神棚を奉斎しても、ただ勿体《もったい》ないということで、日々の奉仕が疎《おろそ》かになってしまったのでは、何もならないであろう。

したがって、神棚を奉斎する場所として、一家の中でも最も神聖・清浄を保ちやすく、またあまり陰気《いんき》になりにくい場所、そして朝夕の拝礼など日々の奉仕がしやすい場所、このような場所こそが、神棚を奉斎するのに最もふさわしい場所といえるのではなかろうか。しかしながら、あまり高すぎる場所に神棚を奉斎することは、神様をかえって「敬《けい》して遠避《とおざ》ける」だけで、日常の奉仕には不便であるから一考を要するであろう。

理想的な神棚の奉斎場所としては、先にも述べたように、床の間などに適当な高さの八足案《はっそくあん》を置いて、その上に宮形《みやがた》などを奉安するという様式になるでなろうが、商家《しょうか》であればその店頭入口を入った部屋（店内）の正面に、農家であれば家の大黒柱の辺《あた》りに奉斎されている事例もみられるし、一般の家庭であれば、家人の集まる茶の間などの長押《なげし》の上に、棚を架《か》けて奉斎するということになるのではなかろうか。

長押の上とはいっても、設けられた神棚の下を家人《かじん》などが常時出入り（通行）するような場所は、出来るだけ避《さ》けるべきであろう。とはいえ、今日のように二階以上の高層化住宅が普遍化《ふへんか》するに伴って、神棚奉斎の場所についても、従来のような固定的観念のままではいられなくなるであろうし、時代に即した考え方を持たねばならないかも知れない。

例えば、階下の室内でその上（階上）を歩き廻《まわ》るような場所に神棚を奉斎するのは、勿論《もちろん》好ましくはないけれども、二階以上の構造の共同住宅などの場合には、神棚を奉斎した部屋の上にも居住空間があるので、そのようなこともいってはいられないであろう。このような已むを得ない事情がある場合には、神棚の上の天井と神棚とを区切るという意味から、部屋の天井板のすぐ下に天井と平行するように一枚の板を神棚の上に差し加え、神棚の天井板のような形をとって、神様には一先ず許していただくといった、便宜的な方法もあろうかと思われる。

また、個人の二階建以上の家屋の場合であれば、階下に神棚が奉斎されている部分の階上の場所には、箪笥《たんす》や書棚《しょだな》などを置いて、直接神棚の上の部分を踏むことを避けるなどの方法をとることも可能ではなかろうか。

さらに最近は、床の間のある座敷がない家も多くなったが、このような床の間がない家の場合、家族が集まるリビングでもいいし、会社などの事務所の場合にはその中心となる場所に、神棚を設けるとよいであろう。神棚を祀る場所がない（神棚を設置し得ない）家庭などでは、箪笥《たんす》やサイドボード・書棚などの上に白い紙（奉書や半紙）を敷いて神棚の代りとして、そこに奉斎してもよいであろう。

神棚の奉斎場所として、要は「清浄な、明るい、気持ちのよい、日常の拝礼・奉仕が充分に出来る場所」を選ぶことが大切である。そして、朝夕の清掃を怠《おこた》らないよう常に心懸《が》けねばならない。

10　神棚をまつる方位

神棚を奉斎する際に、その方位についても古来から地域により異説もみられ、特に一定した説はないといえるかもしれない。しかしながら、一定した形式がないからといって、それぞれが勝手気ままに神棚を奉斎して来たわけでもなかった。

世間一般に、比較的多く行われている神棚奉斎については、「神棚は、家の乾《いぬい》の隅《すみ》（西北方の部屋）に南向きに祀《まつ》るのが最も吉であり、その部屋に東向きや巽《たつみ》（東南）向きに祀るのも吉であり、部屋の北側に南向きに祀るのも宜《よろ》しい」というようなことがいわれたりもしている。

家を新築する際、予《あらかじ》め神棚を奉斎する場所を決定してから各部屋の配置を検討するとか、広い敷地内に数多くの部屋を有する家であれば、このような神棚を設けるのに都合の良い場所を選ぶことも可能であろうが、今日では都会をはじめとして、他の地域においても大部分は同様であろうが、理想通りに神棚奉斎の出来る建物は、必ずしも多くはないのではなかろうか。

住宅（部屋）の北側に南面（北側を背にして南向きに）して神棚が設けられればよいのであるが、今日の住宅事情を考えると、このような方位にあまり拘《こだわ》りすぎると、逆に神棚を奉斎出来ない家が出現しないとも限らない。

神社の本殿の向きをみてみると、相当数は南面《なんめん》しているが、中には西面《せいめん》（西向き）であったり、時に北面《ほくめん》（北向き）している社殿もみられる。それらは、それぞれの神社の立地条件によることもあろうが、特別な信仰的意味をもって、その社殿の方位（方角）が決定された場合も少なくない。

したがって、神棚を奉斎する方位に関して、このような神社の鎮座例などを踏まえて、一応の目安として、南向きに（部屋の北側を背に南に面して）奉斎したり、東向きに（部屋の西側を背に東に面して）奉斎したりする事例が好ましいのであろうけれども、今日の住宅事情などを考慮するならば、各家々の状況に応じて、神棚の奉斎場所・方位などは、ある程度融通性を持たせることも已《や》むを得ないのではなかろうか。

11　神棚のまつり方

神棚は、その祀《まつ》り方によって、一般的な神棚（「棚板奉安《たないたほうあん》」）の形式と、八足《はっそく》（八脚《やつあし》）案《あん》の上に奉斎した（「案上奉安《あんじょうほうあん》」）の二形式がみられる。

(1)　棚板奉安

神棚を奉安するには、その場所を考慮せねばならないが、そこは一家の中でも最も神聖・清浄な、明るい場所を選び、かつあまり高すぎることなく、立って手の届く位の高さの処で、朝夕の拝礼奉仕に面倒《めんどう》ではなく、心から親しみを感ずるような場所を選んで、適当な広さの棚板を設置する。

【2-15】 棚板奉安の神棚の一例（東京都世田谷区　松井照彦氏提供）

なお、神棚の設置に際しては、既述の通り神棚の下が通路となるような場所は出来る限り避けねばならないし、二階建以上の複数階の住宅で、神棚を設置した部屋の階上にさらに部屋がある場合など、神棚設置の上で心懸けるべき点については、前節（本章の10）を参照されたい。

棚板中央奥に宮形もしくは神札などを奉斎し、その前に神饌《しんせん》（供え物）を盛った折敷《おしき》や三方などを置き、その左右に灯明《とうみょう》や榊《さかき》立《た》てなどを配置し、前面に注連縄を張った形式が、最も簡略な神棚奉斎の方法であろう。（【2—15】）

(2)　案上奉安

この奉斎形式は、特別な崇敬とか格段の縁由《えんゆ》があって奉斎するというよりも、一般の家庭に比べて敬神の念が極めて鄭重《ていちょう》な余りに、通常の神棚では満足することができないような時に、このような奉斎の形式が誕生したのではないかとも考えられる。

住宅を建築する際に、最初からこのような立派な神棚の奉斎を目的として設置したのならばともかく、一般の家庭において案上奉安のための祭壇を設けようとすると、押入の一部を改造したりする場合もなくはないようであるが、

【2-16】 案上奉安の神棚の一例 （『改訂増補 神棚の祭り方』〔矢部善三郎著、会通社刊〕より）

このようなことは絶対に避《さ》けて、出来るだけ専用の場所や床の間などに設けるべきであろう。

三尺（約90センチメートル）から一間《いっけん》（六尺—約1・8メートル）程度のスペースを確保し、その三面と天井には壁代《かべしろ》（壁の代りに仕切りとして用いる懸《か》けて垂《た》らした綾や絹などの白い布切れ）を垂らすが、これは一般には必ずしも容易ではないので、省略することも已むを得ないであろう。床の上に真菰《まこも》（真薦）を敷き、その上に八足（八脚）案を二段もしくは三段、適当な高さに雛壇式《ひなだんしき》に据《す》え、最奥の最も背の高い案の中央に宮形《みやがた》を奉安し、その手前の一段低い案は神饌（供え物）を献ずる案（神饌案《しんせんあん》）とし、その前に御簾《みす》を垂らし、二枚重ね四垂《よたれ》れの紙垂《しで》四つを程よい間隔を置いて垂らした注連縄《しめなわ》を引いて、その舗設《ほせつ》が整うのである。（【2—16】）

このような奉安形式が行われるならば、高い位置の

【2-17】 江戸時代の荒神棚　(『絵本柳多留』より)

棚板の上に奉安された神棚以上に、そこに奉斎された祭神に対しての日々の給仕《きゅうじ》や掃除《そうじ》など、心行くまでの奉仕を行うことが可能となるのである。

(3)　荒神棚《こうじんだな》

いわゆる荒神様の祝祭《しゅくさい》は、今日でも広範囲に行われている。宮形についても、「荒神棚の宮形」と称するものがあり、注連縄も特有の前垂注連《まえだれじめ》、御幣《ごへい》も五色の特殊な切り方をしたもので、色彩を施した一本立ての松を供え、祓行事《はらえぎょうじ》なども相当行われたりしている。(【2―17】)

この五色の御幣や松の一本立てなどの使用は、陰《おん》陽道《みょうどう》などからの附会《ふかい》(こじつけ)であり、神道本来の義から考えれば、それらのことには些《いささ》かも泥《なづ》むには及ばぬものである。

したがって、荒神棚の奉安についても神道の本義

【2-18】　恵比須棚　（『えびす信仰事典』〔吉井良隆編著、戎光祥出版［株］刊〕より）

に則《のっと》って、通常の注連縄を引き廻らし、一対の真《ま》榊《さかき》、一対の灯明《とうみょう》を始めとして、御饌《みけ》・御酒《みき》などを供して、「本《もと》つ神棚」（一家の神棚）と同様に奉仕することも多く行われており、このような奉斎形式に従うことが是とすべきあり方ではなかろうか。

(4)　恵比須棚《えびすだな》

かつての時代には、商家においても農家においても殆《ほとん》ど軒並《のきな》みこの棚を奉安していた（【2―18】）が、その後次第にその風が失われて、恵比須神（大黒神をも含めて）を拝祭《はいさい》する向きはなくはないが、特別にその棚を構えることは少なくなった。

恵比須棚には、恵比神の神像もしくは恵比須・大黒両神の神像を、宮形（厨子《づし》）に納めたものを奉安したものであるが、時には大神宮を奉斎した神棚の宮形の側に、一緒《いっしょ》に安置したりしている（「大黒棚」も同様

である)。(【1―4】・【2―4】参照)

(5) 年徳棚《としとくだな》

吉方《えほう》(恵方)詣《まい》りと関わり深い年徳棚《としとくだな》(年徳神棚《としとくじんだな》)は、明治以降は次第にその奉安も減少傾向にあり、今日多くの家庭においては殆ど見かけなくなった。

地域によってさまざまな奉安形式がみられるが、茶の間や座敷の天井から板を吊《つる》して、注連縄を張り、供え物や灯明を献じたり、松竹などを飾ったりする事例が少なくない。(【2―7】参照)

(6) 縁起棚《えんぎだな》

この棚の奉安は、特別の縁由《えんゆ》や制度からのものではなく、商家(特に水商売)や、より以上余計に縁起を祝う人気《にんき》稼業《かぎょう》に関わる人々などが、千客万来や商売繁盛を願い縁起を担いで設けた棚に、主として種々の縁起物を飾って、ただ単に縁起を祝うものである。従って、一般の家庭にはあまりみられず、いわゆる水商売に関わる家々に比較的多くみられるものである。

家内の適宜の場所に棚を設けて、そこに奉斎する神仏は、神道関係では稲荷神と福神《ふくじん》(恵比寿神や大黒神などに代表される、人々に幸福を授けるといわれる神)を主とし、仏教関係では荼吉尼天《だきにてん》(荼枳尼天《だきにてん》)・観音《かんのん》・不動《ふどう》を始めとして、狐・猫(いわゆる「招き猫」(7)など)・福助《ふくすけ》・熊手《くまで》・達磨《だるま》・宝船《たからぶね》等々、時には如何《いかが》わしい格好のものまでも、縁起物であれば何であれかんであれ熱心に取り集めて、朝夕頗《すこぶ》る鄭重な礼拝対象とする向きもみられる。

12　神棚の宮形の種類と寸法

(1)　宮形《みやがた》の名義と名所

神棚奉斎の中心となるものが宮形（お宮《みや》）である。宮形（お宮）は、神祇《かみ》（祭神）を鎮祭《ちんさい》する殿舎（建物）の小型のものをいう。宮形は、神社の社殿（多くは本殿）の様式を模したもので、古来より神社（お宮）を「社《やしろ》」とも「御舎《みあらか》」とも「叢祠《ほくら》」とも「御室《みむろ》」ともいい、その場所を指す言葉として「森」（「杜《もり》」）ともいった。

「ミヤ」は御屋《みや》の義で「屋《いえ》」（家）の尊称《そんしょう》であり、「ヤシロ」は「屋代《やしろ》」の義で、苗《なえ》を植える処を「苗代《なわしろ》」というごとく、神祇《かみ》の「屋《いえ》のある場所」という意であり、「ミアラカ」は「御在所《みありか》」すなわち、おいでになる場所の義で、「ホクラ」は「秀庫《ほくら》」から転じて「ホコラ」ともいい、「納め奉る庫」の秀《ほ》め詞《ことば》であり、「ミムロ」は「ムロ」の秀め詞で、「ムロ」は「モリ」と同じ意の詞で、古く神殿を「ムロ」とも「モリ」とも称したのは、その多くが樹林《もり》の中に鎮祭されていたからに他《ほか》ならない。

宮形の前後両屋根造《りょうやねづく》りの屋根の両端に打交《ぶっちが》えの木が、取り外《はず》し出来るようにして取り付けてあるものを「千木」といい、または「比木《ひぎ》」とも「片削《かたそぎ》」ともいう。千木は、太古《おおむかし》に家屋《いえ》を造る際に、屋根端部の木材を前後から交叉《こうさ》させて結び、その先端部分をそのまま切り捨てなかった名残《なごり》といわれるものである。伊勢の神宮においては、内宮《ないくう》（皇大神宮《こうたいじんぐう》）の千木の先端の切口が水平（上方に向う）であり、外宮《げくう》（豊受大神宮《とようけだいじんぐう》）のものは垂直（外側に向う）に切ってある。

千木と千木の間の棟《むね》の上に並べてある円太《まるぶと》い棒《ぼう》を「堅魚木《かつおぎ》」といい、「堅緒木」とも「葛緒木」・「勝男木」などとも記した。この「カツオギ」は、太古の萱葺屋根《かやぶきやね》の上の風押《かぜお》さえの名残である。その本数について兎角《とかく》議論をする向きもあるが、一社限りの特別の由緒《ゆいしょ》に基づく場合を除いては、別段の定めがあるわけではない。伊勢の神宮においては、内宮は十本、外宮は九本とするのを古例としている。

宮形の後方の両側に衝立《ついた》てを半分にしたような板戸《いたど》が取り付けてある（宮形によっては取り付けてないものもある）が、これを袖《そで》と称する。袖は主に宮形としての格好《かっこう》（体裁《ていさい》）を整えるためのものである。また、軒《のき》に小さな四角い木が並べられている。これを垂木《たるき》というが、入念な反屋根《そりやね》の宮形の場合、通例では二重垂木《にじゅうたるき》になっている。

宮形の扉には板戸（普通の板張《いたばり》の戸扉）と唐戸《からど》（周囲に枠《わく》を組んで間に板を矧《は》ぎ合わせた戸扉）の二通りがあるが、何れにするかは好みによる相違である。その他、「とばり」（帳・帷・幄・幌などと記す―室内を隔てるために使用する布帛《ぬのきれ》）、御簾《みす》（扉の内側に懸げる竹製の簾《すだれ》）、高欄《こうらん》（周囲の廊下《ろうか》や階段の縁《へり》に設けた欄干《らんかん》）、階段などが付されている。

(2) 神明造《しんめいづくり》

伊勢の神宮を起源とする神社建築の一つの基本様式を模した宮形で、千木《ちぎ》・堅魚木《かつおぎ》（鰹木《かつおぎ》）・屋根・垂木《たるき》など入念に仕上げ、神棚の宮形としては最も丁寧《ていねい》な製作になるものである。しかしながら、神棚に奉安する宮形として、唯一《ゆいいつ》神明造《しんめいづくり》の伊勢の神宮の正宮《しょうぐう》（一般神社の本殿に相当する建物）の様式をそのまま模倣《もほう》することは、その構造も複雑となり価格面などからもさまざまな問題点も現出するために、伊勢の神宮の様式を基本としながらも、袖《そで》を付したり、扉を唐戸《からど》にしたり、高欄《こうらん》を付したり、階《きざはし》を複雑にしたりして、神明造《しんめいづくり》の宮形として一種の型《かた》を完成させたものである。（【2―19】）

【2-19】 両屋根造り宮形（神明造り様式）
（〔株〕井筒提供）

神体が奉安される扉の内側の神座の内程《うちのり》は、伊勢の神宮の普通の神札《しんさつ》（神宮大麻《じんぐうたいま》）を標準にして、高さ九寸（約27センチメートル）から一尺（約30センチメートル）程度は必要である。内程一尺は大きいほうであるが、さらに大《おお》大麻や大々神楽《だいだいかぐら》奉奠《ほうてん》の大麻《たいま》などの奉安には、一尺三寸（約33センチメートル）以上の内程が必要となるから、台から千木《ちぎ》までの高さが二尺（約60センチメートル）程度の大きさが必要である。このような大きい宮形は、家庭の神棚には奉安されることは少ないであろう。

(3)　大社造《たいしゃづくり》

出雲大社《いずもおおやしろ》の本殿の建築様式を模《も》したもので、屋根が左右に流れている形式の宮形である。

(4)　稲荷造《いなりづくり》

稲荷造といっても特別に変った造りの宮形ではない。扉の一部が正方形の透き間《すま》のある格子で出来ており、この格子《こうし》のことを俗に「稲荷格子」とも「狐《きつね》格子」とも呼んだところから、扉にこの格子戸が嵌《はま》っている宮形を、稲荷造と称するのである。

稲荷造の宮形だからといって、稲荷神のみを奉斎せねばならないというものではなく、また、稲荷神以外の神々をこの形式の宮形に奉斎してはならないというものでもない。「祭らざるは祭るに如《し》かず」ともいわれるように、どのような宮形にどのような神々を奉斎するかは、神棚を奉斎する人の考え方もあるから、基本的には自由に考えて差し支えはないのである。

(5)　片屋根《かたやね》

前述の(2)　神明造《しんめいづくり》の宮形を崩《くず》して、神社の拝殿の前面を模《も》したような形式で、屋根は前面のみの片屋根《かたやね》の宮形である。(【2―20】)小型の神札《しんさつ》やお守り、神鏡《しんきょう》さらには通常の神札に至るまで、奥行も比較的浅いので神棚に安置

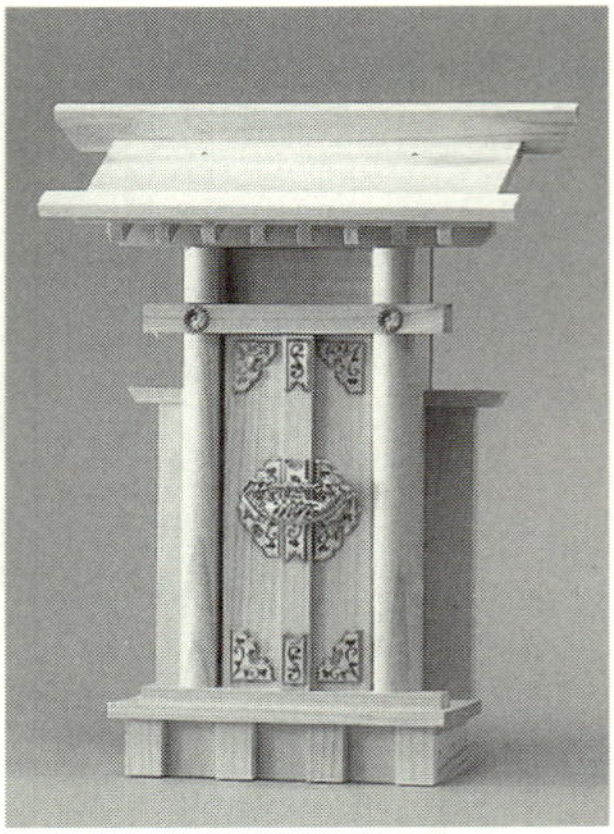

【2-20】　片屋根造り宮形　（〔株〕井筒提供）

【2-21-(1)】　箱宮　（『改訂増補　神棚の祭り方』〔矢部善三郎著、会通社刊〕より）

する際にも都合よく、一般向きの宮形である。

大小精粗《せいそ》種々存在するが、後述の本節「(8)　荒神棚《こうじんだな》の宮形」や、時に札箱《ふだばこ》（札筥）として使用される簡素な宮形なども、皆この様式に準じたものである。

(6)　箱宮《はこみや》

長方形の箱の前面に、宮形と思えばそのようにみえる扉や高欄《こうらん》を付けたもので、通常内程《うちのり》の高さは「神宮大麻《じんぐうたいま》」（「小大麻《しょうたいま》」といわれる一般に多く頒布されるもの）の奉安が出来る程度であり、箱の仕上がり奥行は四寸五分（約13・5センチメートル）から五寸（約15センチメートル）位まで、間口は尺二（一尺二寸―約36センチメートル）・尺五（一尺五寸―約45センチメートル）・尺八（一尺八寸―約54センチメートル）・二尺（約60センチメートル）など大小がある。時に桧《ひのき》の特製もみられるが、概《おおむ》ねその用材は限定されたものではなく、その製作にも精粗《せいそ》がみられる。（【2―21―(1)】・【2―21―(2)】）

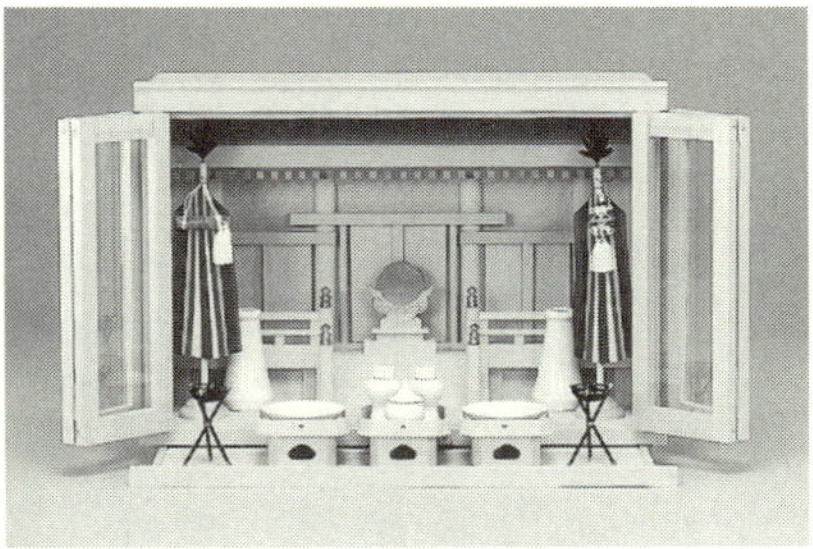

【2-21-(2)】　箱宮　（〔株〕井筒提供）

【2-22】　厨子　『改訂増補　神棚の祭り方』〔矢部善三郎著、会通社刊〕より）

箱宮製作の基調は、平安時代の貴族の邸宅の様式としての「寝《しん》殿造《でんづくり》」を取り入れようとしたもののようであるが、現実の形態としてはむしろ仏壇《ぶつだん》に近い感もしなくはない。

(7)　厨子《づし》

厨子には主として恵比須《えびす》（恵美須）・大黒《だいこく》などの像を安置したり、時に御霊代《みたましろ》の霊璽《れいじ》を納めて安置する場合などにも用いられるが、必ずしも仏教の厨子から来たともいえないし、神道的な感じが全くないともいえない。

全体の高さは三～四寸（約9～12センチメートル）から七～八寸（約21～24センチメートル）位まで、奥行は二寸（約6センチメートル）位から四寸（約12センチメートル）位までで、前面の扉が観音開《かんのんびらき》（左右の扉が中央から両側に開くように造られた開き戸）になったものや、全体として取り外しの出来るものなど、これも精粗大小様々のものがみられる。【2―22】

俗にいわれる「荒神様のお宮」といわれるものであるが、片屋根の極めて簡素な宮形である。かつての時代には、荒神様を祀る際に、わざわざその供え物を粗末《そまつ》にしたり、時に御饌《みけ》というに値しないような土の団子などを供えた事例もみられたり、その宮形も竈《かまど》の周辺という常に煤《すす》ける場所に奉斎されたところから、荒神様のお宮は簡素なもの、供え物も粗末なものと決め付けてしまった向もあるようであるが、その宮形も荒神様だからといって決して粗末であってよいものではない。（【2―5】参照）

(8)　荒神棚《こうじんだな》の宮形

(9)　札箱《ふだばこ》（札筥）

札箱（札筥）は、神棚の宮形の側《わき》に立て懸《か》けておいたり、神棚の舗設《ほせつ》のない人が、神棚の代わりに適当な場所に懸けておいたりするもので、既述の「(5)　片屋根」と「(7)　厨子」とをつき混《ま》ぜたような極く簡略化された格好のものである。通常は大小さまざまであるが、時には誂《あつら》えた特製のものや大型の神札を奉斎するために製作された超特大のものもみられる。（【2―13】参照）

また、特に依頼したわけではないが、各地の社寺参詣の印として神札を贈られ、謝絶《しゃぜつ》するわけにもゆかず、さればとて心に馴染《なじ》まない神札を宮形の中に奉斎したり、焼き捨てるわけにもゆかないといったような場合に、この札箱（札筥）に納めて歳末の大祓《おおはらえ》や、古《こ》神札類の炊上《たきあ》げを待つまでの間の奉斎に使用したりすることもある。

⑽　その他《ほか》の宮形

その他、神明造の原型である伊勢の神宮の唯一神明造《ゆいいつしんめいづくり》を模した棟持柱《むなもちばしら》を備えた形式の宮形や、主として屋外の宮形としての流造《ながれづくり》の形式などもある。また、教派神道《きょうはしんとう》の教会や神道系の新教団などにおいては、その型式を統一するために独自の様式の宮形を誂《あつら》えたりする例もみられるが、一般の家庭の神棚においては、そのような点に拘《こだわ》る必要はない。

さらに、神社にあっては、その祭神の系統によって共通した社殿の造営上の型式の異同がみられるが、家庭の神棚の宮形については、奉斎する祭神によってその型式を神社の制に習うことは、好ましいことではあっても、絶体的にそれに従わねばならないというものではないであろう。

神棚に奉安する宮形としては、いわゆる①神明造と称する両屋根と、②片屋根と、③箱宮との三型式を基本と考えてよいであろうし、この三型式に種々の細工を施《ほどこ》したり、部分的に添加や省略したりして、宮形の精粗《せいそ》がみられるのである。

⑾　神棚の宮形の寸法

神棚に奉安する宮形の寸法は、扉の上にある長押《なげし》の長さで採《と》ることになっている。通常の神宮大麻《じんぐうたいま》を奉斎する宮形を標準とし、この宮形の長押の長さを五寸（約15センチメートル）としている。小型の宮形では三寸（約9センチメートル）位から、三寸五分（約10・5センチメートル）、四寸（約12センチメートル）、五寸、六寸（約18センチメートル）、七寸（約21センチメートル）、八寸（約24センチメートル）となり、尺（一尺―約30センチメートル）になると、総高は三尺（約90センチメートル）以上に及ぶ程の宮形となる。

七寸以上の宮形になると、家庭の長押の上の神棚には納まりきれない位の大きさとなり、価格も高額になるので、一般家庭の神棚の宮形としては、必ずしも相応《ふさわ》しいとはいえないかもしれない。

神棚の宮形の扉は、造り付け全体がそのまま嵌《は》め外《はず》し出来るようになっており、神札などの出し入れの際には全体を取り外して行うことが出来るようにしてあるものや、宮形の造りによっては、屋根全体を嵌め外せるように造られたものもみられる。

13　神棚の調度と用い方

(1)　案《あん》とその表裏と用い方

「案」は、神事の際に幣帛《へいはく》・神饌《しんせん》・玉串《たまぐし》などを奉る机（台）のことで、一般的には左右に各々四本の脚（足）が付いているところから、「八足案《はっそくあん》」（「八脚案《やつあしのあん》」）といい（【2―23―(1)】）、略して「八足」とも「八脚」ともいう（脚〔足〕の数は、他に左右各八本・各十六本などの例もある）。左右の各四脚（足）を土居《つちい》（土台）で連絡し、これを貫《ぬき》

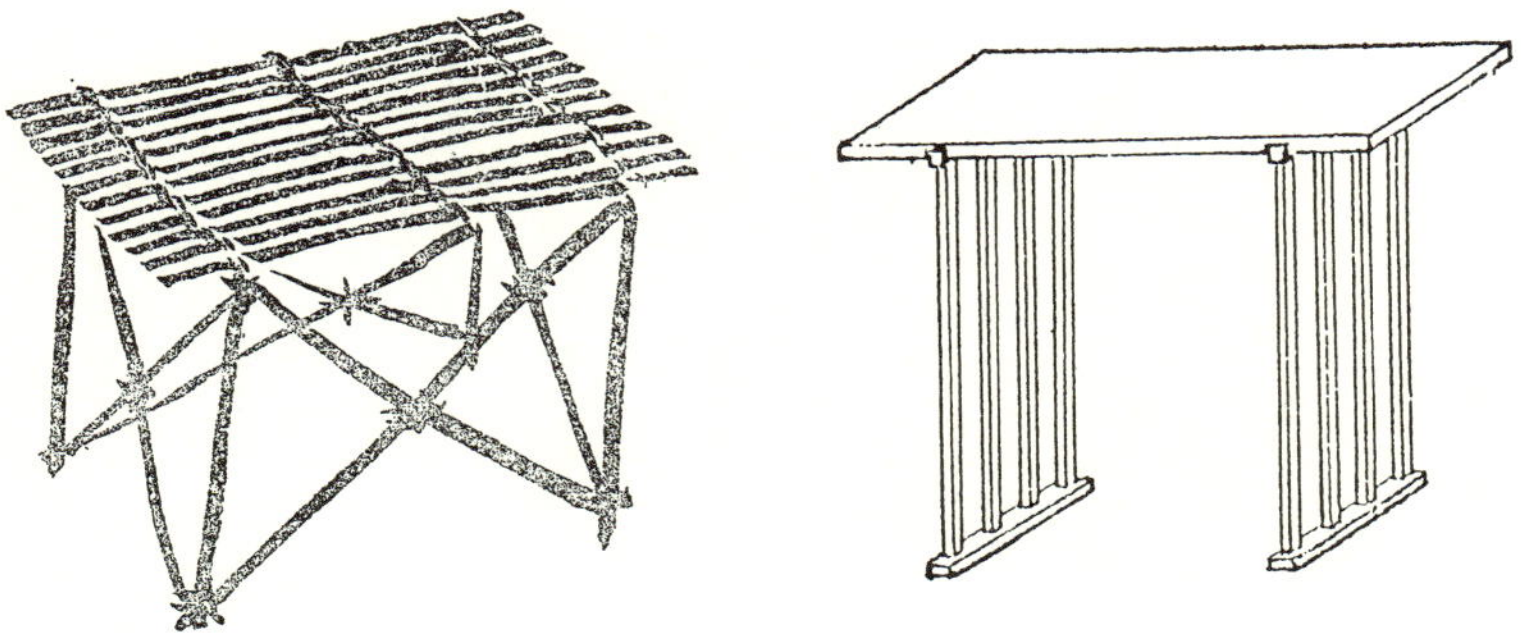

【2-23-(1)】 案　左・楉案 ③　右・八脚（足）案 ②（番号①～⑦は118頁参照、以下【2-47】まで同様）

（蟻桟《ありさん》ともいう）に取り付け、その貫を板の裏に刳《く》った溝に嵌《は》め込むように作られている（この接続方法を「蟻掛《ありかけ》」・「蟻差《ありさし》」・「蟻継《ありつぎ》」などと称する。また古来より、案の脚（足）は釘付けにすることはない）。

案の表裏（【2―23―(2)】）については、図のごとく脚（足）を差し込む際の差し口の方（貫〔蟻桟〕を差し込む溝を刻《きざ》んである方）を裏とし、差し止まりの方を表とし（溝が幅一面に貫通している場合には、その幅の広いほうが裏である）、図の[1]・[3]は案の横から見た形、[2]は板裏から見たものであるが、イは差し止まりなので表であり、ロは差し口なので裏である。このように案の裏表を明らかにした上で、舗設《ほせつ》の際には裏が上位（神様の方）に向かぬよう注意せねばならない。

案の形状や材質などには様々なものがみられるが、神事用の案は多く素《しら》木《き》（白木）造であり、黒木を結んだままの楉案《しもとあん》（結案《むすびあん》ともいい、奈良の春日大社所用のものは「黒木《くろき》の御棚《みおたな》」と称している。本書一五頁【1―3】参照）などもあるし、黒や朱の漆塗りの案もみられる。

案の高さ、長さ、幅（広さ）などについても、原則として一定の定めはないので、所用の目的や場所などに応じて製作されるものである。したがって、本来の案はいわゆる出来合いのものではなく、それぞれの希望通りの寸法を指定して製作する、誂《あつら》え具《もの》であった。

(2)　注連縄《しめなわ》とその張り方

「注連縄」の起源について、『古事記』上巻によれば、天照大御神が籠っておられた天岩屋戸から姿を現わされた時、

天照大御神《あまてらすおほ(お)みかみ》　逾奇《いよいよあや》しと思《おも》ほして、梢戸《ややと》より出《い》でて臨《のぞ》み坐《ま》す時《とき》に、其《そ》の隠《かく》り立《た》てる天手力男神《あめのたぢからおのかみ》、其《そ》の御手《みて》を取《と》りて引《ひ》き出《いだ》しまつりき、即《すなは(わ)》ち布刀玉命《ふとだまのみこと》、尻久米縄《しりくめなは(わ)》を其《そ》の御後方《みしりへ(え)》に控《ひ》き度《わた》して、此《ここ》より以内《うち》にな還《かへ(え)》り入《い》りましそと白《まを(もう)》言しき、

と、天手力男神が天照大御神を天岩屋戸から引き出し奉った直後に、布刀玉命（天太玉命）が尻久米縄（端出之縄《しりくめなわ》。「くめ」は「籠《こめ》」の意で、藁《わら》の尻を断《た》ち切らずにそのまま込め置いた縄の意）を引き渡して、これより以内《うち》には再び還り入り給うな、と申し上げたとの故事がみえ、これに基づいて後世神事には総てこの縄を引き渡す習いとなった。

注連縄（「一五三縄」・「七五三縄」・「締縄」・「標縄」などとも記し、いずれも「シメナワ」と訓む）は、神前・神域・祭場など神聖な場所とそれ以外の場所とのいわゆる内外浄穢《ないげじょうえ》を区画する標《しるし》の縄とも、これを引き延べて一種の領域（領分）を現わすものともいわれ、やがて正月の門戸《もんこ》（門口《かどぐち》）・神棚・井戸・竈《かまど》・厠《かわや》・神木・忌竹《いみたけ》などにも

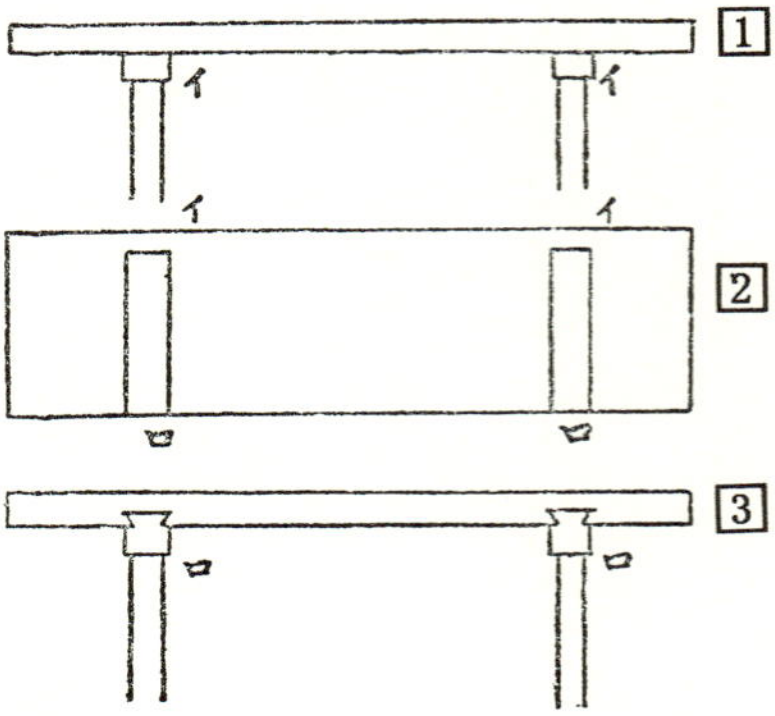

【2-23-(2)】　案の裏表　1表　2板裏から見た図（イは表、ロは裏）　3裏　③

張り廻らすこととなった。

注連縄の種類には、その拵《こしら》え方によって、
①飾《かざり》注連………細い注連縄の所々にシメノコ（注連縄を綯《な》った際の藁の端《はし》）が垂れた注連縄
②牛蒡《ごぼう》注連……シメノコがなく、細く牛蒡のような注連縄
③大根《だいこん》注連……シメノコがなく、太く短く大根のような注連縄
④板《いた》注連………シメノコが縄に添って透《す》き間なく多数垂れた注連縄
⑤前垂《まえだれ》注連……「板注連」の部分的なもので、前垂れ（前掛《まえかけ》）のようにシメノ子が垂れた注連縄
⑥輪《わ》注連………輪飾りともいわれ、注連縄の両端を輪のように結び付けたもの
などがあり（【2—24】）、神事においては「飾注連」や「牛蒡注連」などを、上品で嫌味がないところから多く使用しているが、神社によっては古例による特殊なものもみられる。

注連縄の作成は、必ず新しい打たない稲藁《いなわら》を、根本の方を切り揃《そろ》えずに左《ひだり》綯《な》いにし、その綯い始めの方を本《もと》とする。その綯い始め（本）を神前に向かって右方にし、綯い終わり（末《すえ》、稲藁の穂先の方）を神前に向かって左方にして張り（地域によっては逆の場合もある）、紙垂は多く二枚重ね四垂のものを、程よい間隔をおいて四つ挟《はさ》み垂らす。注連縄を綯いながら所々に下げてある〈藁しべ〉を「シメノコ」といい、其数によって「七五三《しめ》」の名が出来たとか、その寸法や「シメノコ」の数の配置について云々する伝えもあるが、それらはいずれも付会《ふかい》である。

一般の俗説として、注連縄は歳末に一度しか（すなわち年に一度しか）取り替えないものとされるが、その本来の

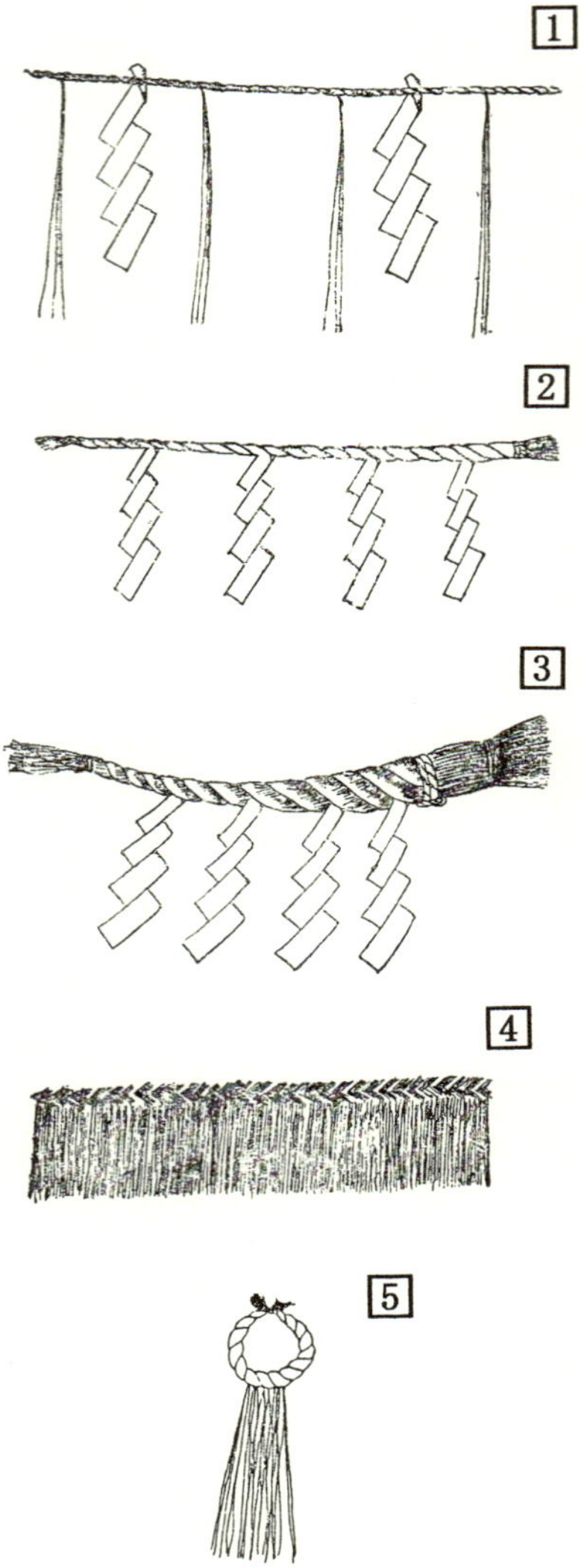

【2-24】　注連縄　1注連縄（飾注連）　2牛蒡注連　3大根注連　4板注連　5輪注連
（1～4は②、5は⑥）

用途に、神聖なることの表徴《あらわれ》として使用されていることからすれば、必要に応じて適宜改めてよいであろうし、またそうすべきものではあるかも知れない。

　また、門口に張る注連縄も神棚に張る場合と同様に、向かって右方から左方に張り、紙垂も二枚重ね四垂のものを四つ挟み垂らすのが普通で、間口の広い場合には紙垂を八つ挟み垂らすこともある。なお、四方に張り廻《めぐ》らす際には、神座が南面している場合には東北の隅から張り始め、東南隅→西南隅→西北隅→東北隅の順に張り廻らし、神座が南面しない場合には、神座の左後隅から張り始め、左前隅→右前隅→右後隅→左後隅の順に張り廻らすのを例としている。

(3) 紙垂《しで》

「紙垂」は、他に「四垂《しで》」・「四手《しで》」なども表記され、『古事記』上巻の天岩屋戸の条に、

天香山《あめのかぐやま》の五百《いほ(お)》津真賢木《つまさかき》を根《ね》こじにこじて、上枝《ほつえ》に八尺《やさかの》勾玉《まがたま》之《の》五百《いほ(お)》津《つ》之《の》御須麻流《みすまる》之《の》玉《たま》を取《と》り繋《か》け、中枝《なかつえ》に八《や》咫鏡《たのかがみ》を取《と》り繋《か》け、下枝《しづえ》に白丹寸手《しらにぎて》、青《あを(お)》丹寸手《にぎて》を取《と》り垂《し》でて、

とある記述に由来するものである。古くは「木綿垂《ゆうしで》」などといって、木綿（楮《こうぞ》の皮を剝《は》いでその繊維《せんい》を蒸《む》し、水に浸《ひた》して細かく裂《さ》いて糸としたもの）が使用されたが、後世紙が多用されるようになって、その切り方や折り方が複雑となり、今日では神前の装いの一種ともみられるようになったが、もともとは幣帛（神々への奉り物の総称）の一種である。

紙片の断《た》ち方や折り方には二垂・四垂・八垂などの形式や、伊勢流・白川流・吉田流など折り方の流派がみられ、幣串に挟んで御幣として神前装飾などにも用いられる。

神棚には、普通二枚重ね四垂の紙垂を四つ挟み垂らすが、天井が高く神棚の高さにも余裕がある場合などは、八垂の紙垂を四つ挟み垂らすこともある。

〔紙垂の截《た》ち方〕（【2—25】）

半紙（もしくは適宜の和紙）を半分に折り（時にそれを2のごとくに二枚に折り重ねる場合もある）、次に3

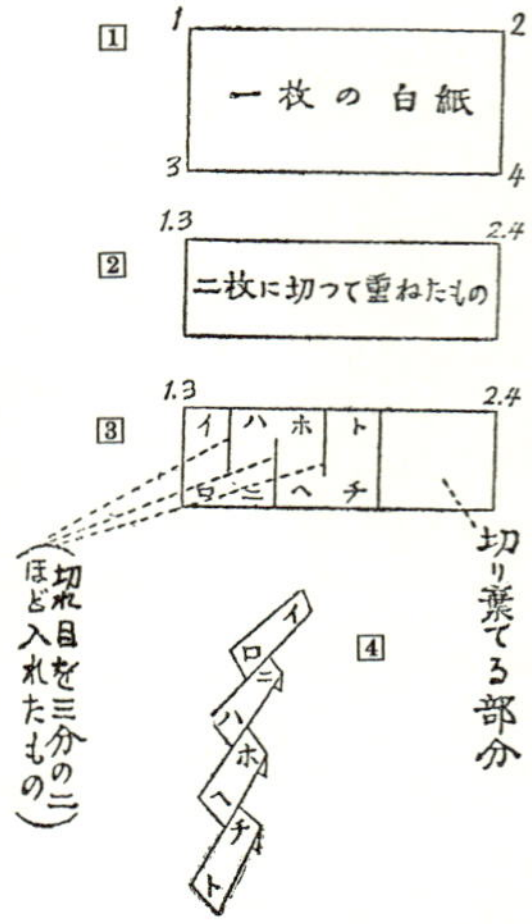

【2 -25】 紙垂の造り方　①
（表記文字の一部修正）

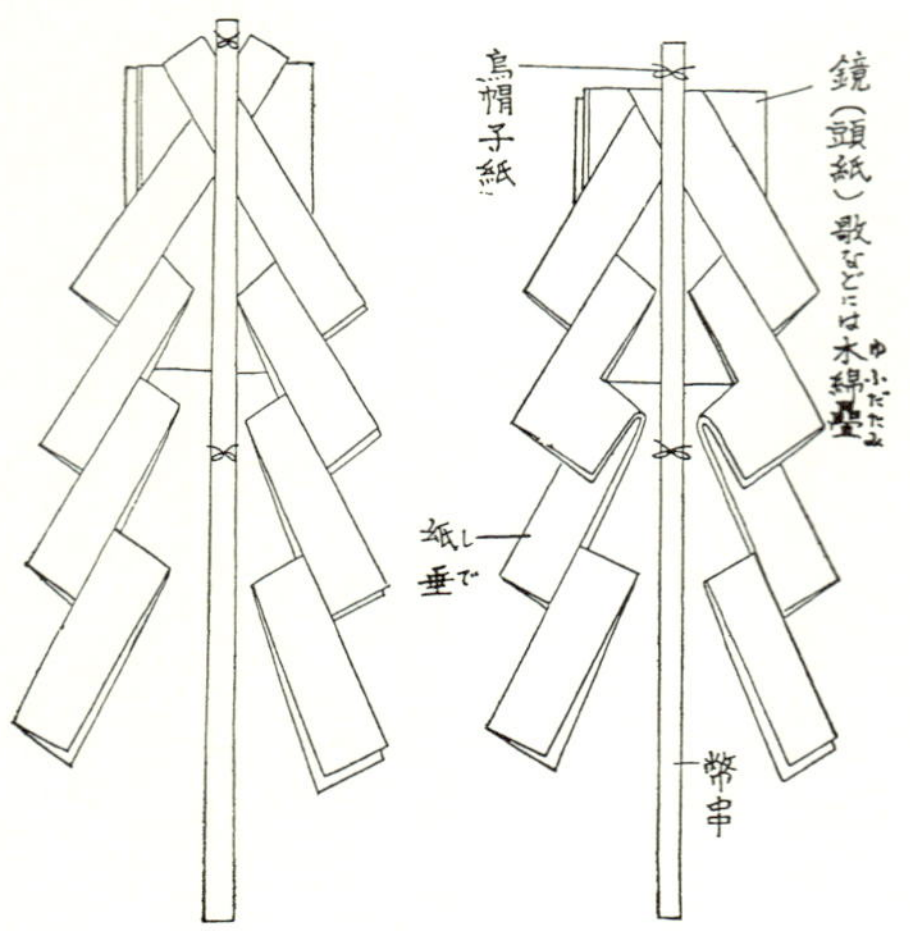

【2 -26】 御幣（幣串）左・吉田家流　右・白川家流　⑤

のごとく適当な寸法にして余分な部分を切り捨て、イ・ロ・ハ・ニとホ・ヘ・ト・チの部分とに二つに折り、さらにそれを二つに折ると三つの折り目がつく。次にイ・ロとハ・ニとホ・ヘの各折り目の三分の二程の所まで切り込みを入れ、次に4のごとく左折に手前に順に折り返して作製する。

(4)　御幣《ごへい》（幣帛《へいはく》）

「御幣」は、「ヌサ」とも「幣帛《みてぐら》」ともいい、神々への献《けん》上物《じょうぶつ》の一種を指している。「ヌサ」は「ネギフサ」の約《つづ》まったもので、事を乞《こ》い祷《ね》ぐ（祈願する）ために奉る布帛《ふはく》（織物の意）類の美称で、「伊都幣《いつぬさ》」（神聖な織物の意）とか「御幣《みぬさ》」などとも称し、もともとは麻《あさ》や絹《きぬ》や木綿《ゆう》の類を主としていたが、後世に至って紙をもって代用するようになり、五色《ごしき》の幣帛（五色の絹）に事寄《ことよ》せたものなのであろうか、金・銀・白紙や五色の紙などを使用するようにも変

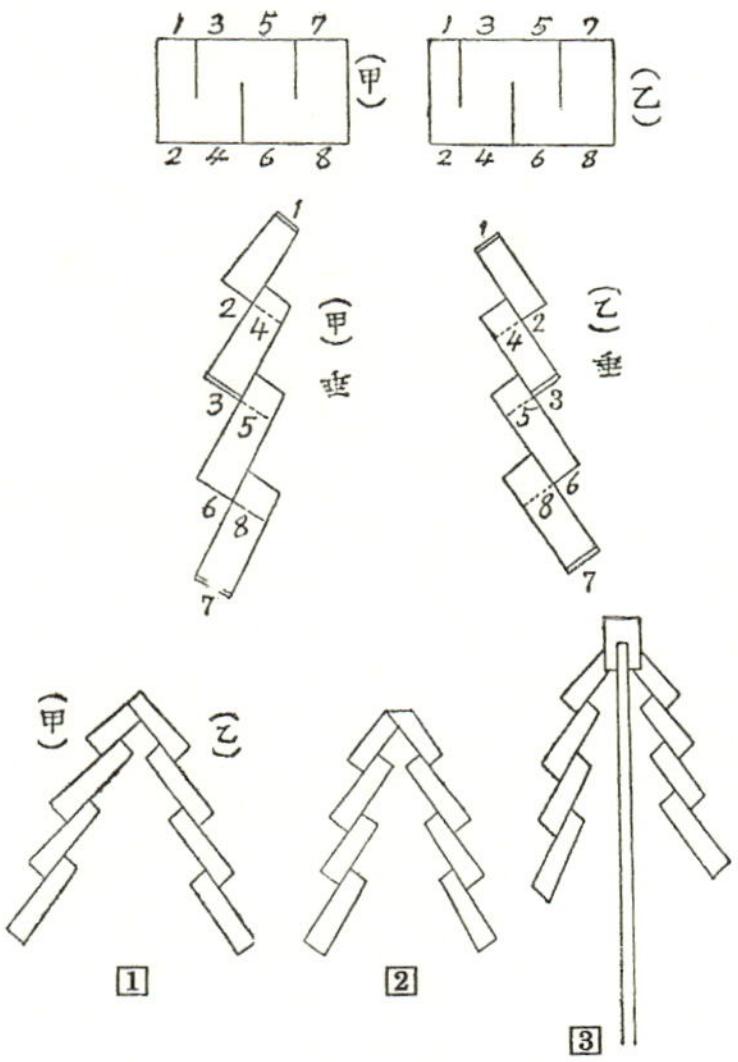

【2-27-(1)】 御幣の造り方(1) ①（表記文字の一部修正）

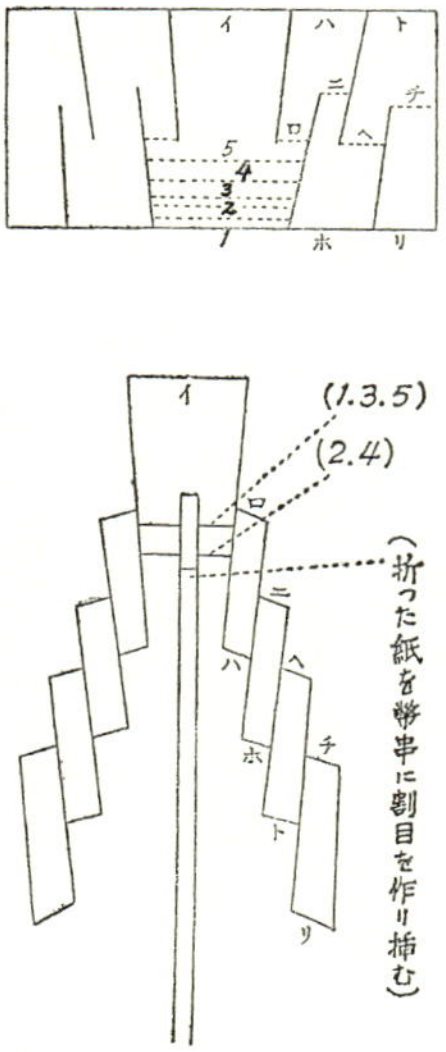

【2-27-(2)】 御幣の造り方(2) ①

化した。

本来は神々への献上物であった「幣帛」（いわゆる「御幣」といわれる形式）が、後の時代になり神前装飾の具の一種ともみられるようになり、やがて一般の神棚においても神前の装飾具とされるようになった。（【2―26】）

御幣として、古くは檜《ひのき》か竹の串（棒）で出来た幣串《へいぐし》の上部に切り込みを入れ、そこに布帛や四角形の紙などを挿んで奉られていたが、今日は奉書《ほうしょ》や杉《すぎ》原紙《はらがみ》(8)や半紙などで造った紙垂《しで》や麻（麻苧《あさお》。麻の茎《くき》の皮の繊維を平《たいら》に熨《の》したもの）などを幣串に挿《はさ》んで奉っている。

〔御幣の造り方〕

①（【2―27―(1)】）一枚の紙を半分に折り（1・3・5・7の側が折り口、2・4・6・8の側が折り目）甲のように適当な切り込みを

入れ、さらにもう一枚の紙を半分に折り（紙の取り扱いは甲と同様）乙のように適当な切り込みを入れ、余分な部分は切り捨《す》て、1・2から手前に順に折り曲げ（甲は左折り、乙は裏返して右折にし）、甲（向かって左・左折り）を下にして、乙（右折り・向かって右）を上にして1の部分で重ね合わせ[1]、重ね合わせた部分を後方へ折り（折り曲げられた部分は三角形）[2]、切り残した紙（頭紙《かしらがみ》〔「かがみ」ともいう〕）の前にあててともに幣串の切り込みに挟む[3]。

②（【2—27—(2)】）一枚の紙を半分に折って、格好よく適当の寸法に切れ目を入れ、余分な部分は切り捨て、イを中心にして左右それぞれ手前に順に折り曲げ、頭紙（イ）の所を幣串の切り込みに挟む。

(5) 榊《さかき》の装《よそお》いと榊立《さかきたて》

「榊」は、「賢木《さかき》」・「龍眼木《さかき》」・「坂木」などとも書き、もともと〈栄木《さかえぎ》〉の意であり、常に蒼々《あおあお》と栄える常磐木《ときわぎ》（常緑樹《じょうりょくじゅ》）全体の名称であったが、後世に至り今日のいわゆる榊そのもの（ツバキ科の小喬木《しょうきょうぼく》〔主幹と側枝の区別の明らかな樹木〕）を指すようになり、専《もっぱ》ら神事にのみ使用されることとなった（榊が生育しない地域では、樫《かし》・檜《ひのき》・杉・柘植《つげ》・樅《もみ》などが代用されている事例もみられる）。古くは神事にも樒《しきみ》を用いていたが、後に世俗が樒を仏事にまで使用するようになったため、それを忌《い》み憚《はばか》り穢《けが》れの木として却《しりぞ》けて、今日の榊に転じたとの説もある。

榊の用途は古来頗《すこぶ》る広く、その枝に神御《しんぎょ》のものを懸《か》けたり、貴人にものを奉る際にその枝に懸けたり、神事の際

【2-28-(1)】 榊立　⑦

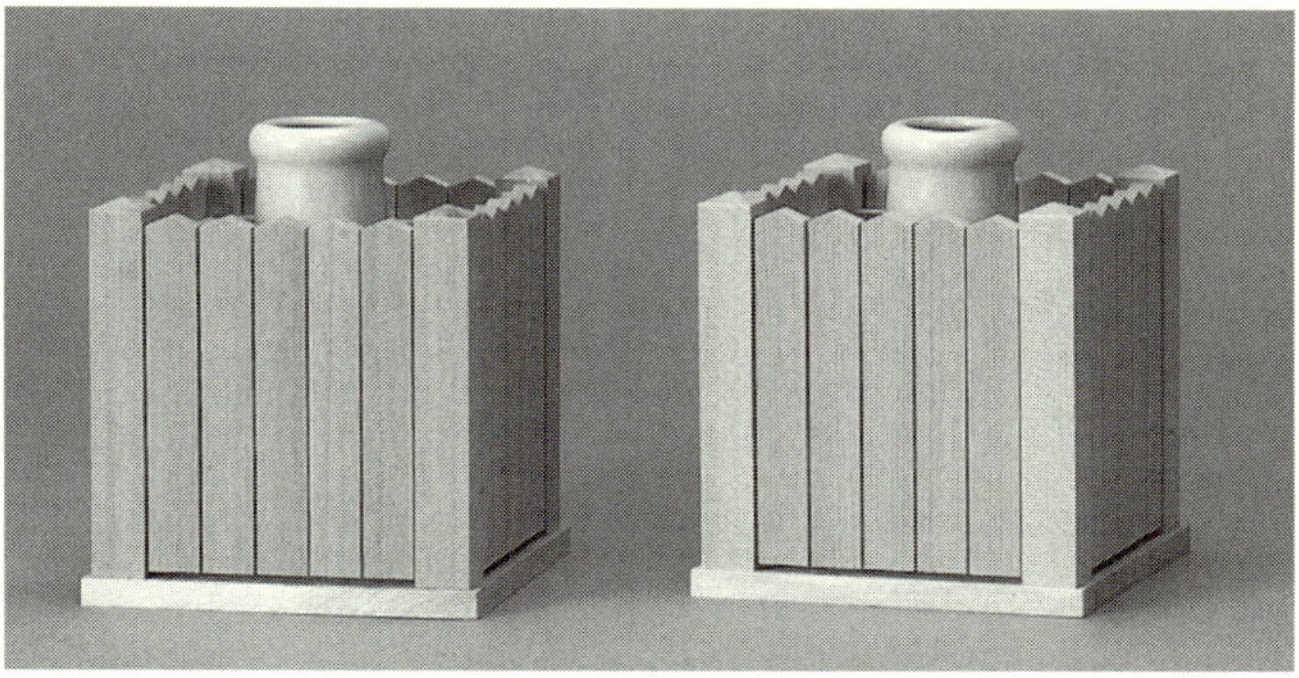

【2-28-(2)】 陶器製の榊立　⑦

に奉仕者がこれを笏《しゃく》に添えて捧持《ほうじ》したりする外、殿舎《でんしゃ》・鳥居・門戸・御垣《みかき》・供膳《きょうぜん》用の井戸などにこれを立てて清浄を標示するとともに装飾の具とされたが、現今においても神事に際して広く使用されていることは、周知の通りである。

神棚には一対の榊が榊立に収めて供えられるが、毎月一日と十五日には新しいものに取り替えたいし、その他一家にとって特に縁由《ゆかり》ある日（いわゆる式《しき》日《じつ》）にも、榊を新たに替える場合も少なくない（一日・十五日や式日に拘《かかわ》らず、適宜新しい榊と交換するよう心掛けることも、大事なことである)。また、榊立の水は毎日入れ換えるにこしたことはないが、三日目もしくは五日目ごとに、どんなに長くとも七日目位までには入れ換えたいものである。

一般的に神棚の榊立は、〈枠付《わくつき》〉と〈素焼《すやき》〉(細長い花立様のもの)とを本義とするが、時には真鍮《しんちゅう》などの金属製のものや瀬戸物《せともの》製のものもみられるが、これらはみな略式のものである。(【2―28―(1)】・【2―28―(2)】)

枠付の榊立は、檜《ひのき》材を井桁《いげた》に組み立てた中に銅壺《どうこ》(銅製の壺《つぼ》)を入れたものや、檜製の玉垣《たまがき》様の枠の中に素焼の榊立を入れたものなどがあり、神棚用の井桁枠の榊立の寸法は(枠付の寸法は、角《かど》から角までの差し渡し〔直径〕の長さによる)、方《ほう》(一辺)三寸(約9センチメートル)位から、五寸(約15センチメートル)位までのものが適当であろう。素焼の榊立は(素焼の寸法は、高さによる)、小は二寸五分(約7・5センチメートル)位から大は五寸位までのものが多用されている。

【2-29】 神棚用の小型真榊　⑦

(6) 真榊《まさかき》

「真榊」は、先に本節の「(3)紙垂」の条に記した天岩屋戸の「五百津真賢木《いほつまさかき》」に由来し、一対の榊に五色の絹を青(今日の緑)・黄・赤・白・黒(または紫)の順に垂らし、向かって右方の榊には鏡と玉を、向かって左方の榊には剣を懸《か》けたものであ

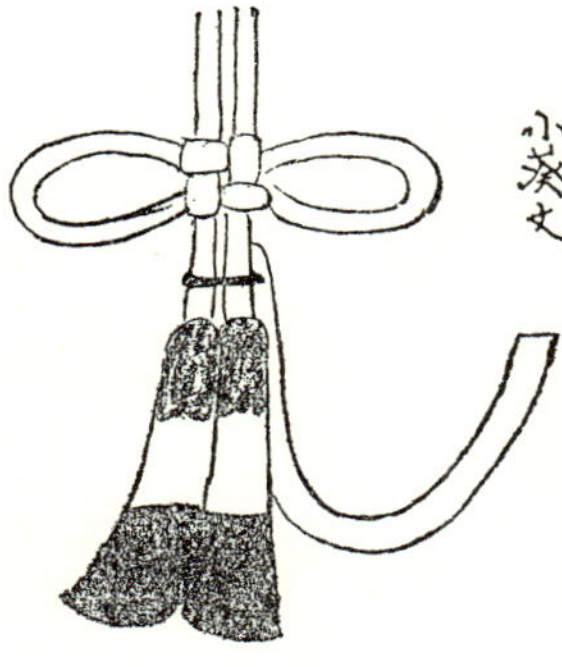

【2－30-(2)】　鉤丸緒（鉤丸を付した総角結と房）　③

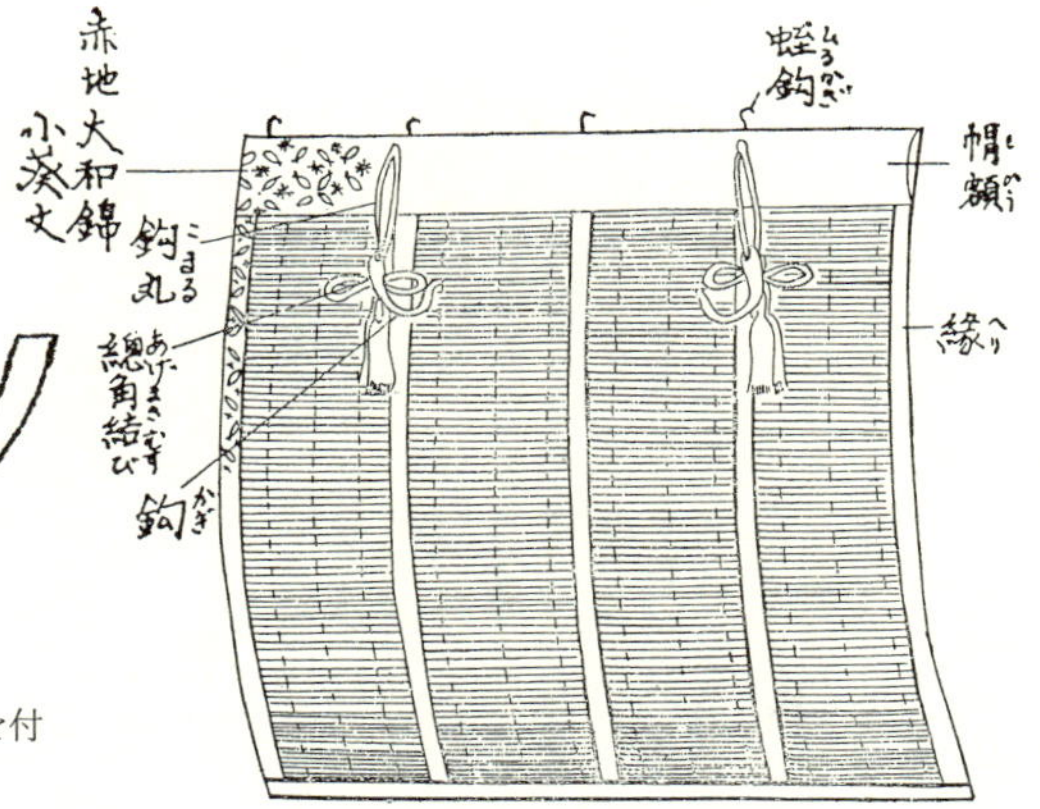

【2－30-(1)】　御簾とその名所　⑤

る。

真榊に懸ける鏡は、裏に真紅《しんく》の打紐《うちひも》（糸の組目を篦《へら》で打ち込んで固く仕上げた紐で、丸打と平《ひら》打とがある）を通すか、もしくは大和《やまと》錦《にしき》（唐風の錦をまねて我が国で織られた錦）の袋に納めて真紅の打紐にて縛《しば》ったものを懸け、玉は勾玉《まがたま》・管玉《くだたま》・切子玉《きりこたま》（これらの玉の材料は、水晶《すいしょう》・瑪瑙《めのう》・木などであるが、今日はガラス製のものも少なくない）などを真紅の紐に貫き通したものを懸け、剣は大和錦の袋に納め真紅の打紐で縛ったものが懸けられる。

神棚用の小型真榊の一例として、造花榊に五色絹や鏡・勾玉（右）と剣（左）を添えて一対として台枠に差したものなどもみられる。【2－29】

(7)　御簾《みす》

「御簾」の「簾《すだれ》」は、透《す》けて見えるものの意であり、「翠簾《みす》」とも書くのは編まれた竹の色の青々とみえるところからの名称である。極めて細長く削《けず》り割《さ》いた竹を赤糸で数ヶ所編《あ》み上げ、錦や絹な

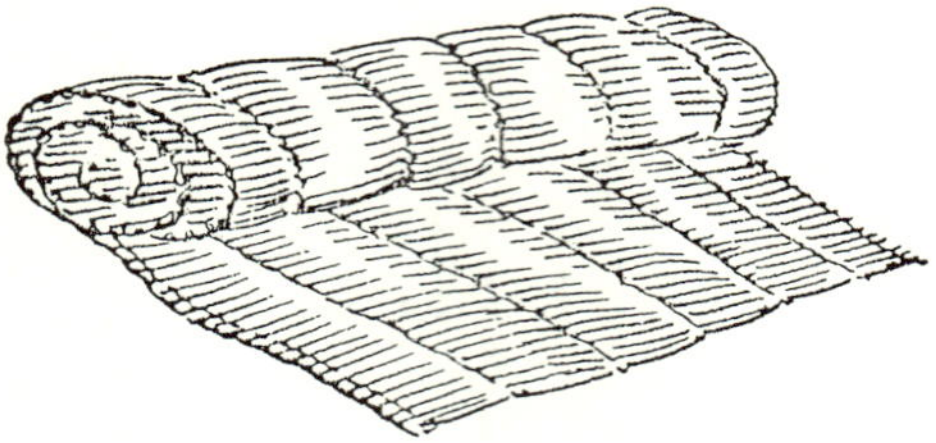

【2-31】 菰（薦） ⑥

どで縁《へり》を表裏の四方と表に縦に三筋付けたもので、表面の上端を「帽額《もこう》」と称して、他の三面よりも特に幅を広く縁取《ふちど》ってある。【2―30―(1)】

御簾は、内外を遮《さえぎ》る用具として古来から使用されており、時に巻き上げて褰《かか》げるために、内側（帽額の付いていない面）上部の左右二ヶ所に鉤丸《こまる》（巻き上げた際の留め金具で、その下に鉤丸緒《こまるお》といわれる総角結《あげまきむすび》(9)の房〔黄・赤・黒――現在は白・赤・黒の三段染めが多い〕が下がっている）【2―30―(2)】が付いており、巻き上げて褰げる際には、内巻き（部屋の内側）に巻き上げるのを例としている。神前の御簾も内巻き（内陣の内側、神棚であれば神座の側）に巻き上げるが、鉤丸や鉤丸緒は帽額の付いていない面（神前〔神座〕から見て外側）に取り付ける。

(8)　真菰《まこも》（真薦《まこも》）

「真菰（真薦）」は、神事用の敷物であり、真菰（真薦とも書き、沼沢《しょうたく》に自生する高さ1～2メートルのイネ科の多年草《たねんそう》）を荒く編んだ敷物のことで、藁《わら》で編んだ敷物（簀薦《すごも》・荒薦《あらごも》）を略儀として使用することもあるが、真菰（真薦）製が本義であり、神座の外に神饌案《しんせんあん》・幣物案《へいもつあん》・玉串案《たまぐしあん》などの下に敷いたり、遷座祭の折に神霊の通路として敷かれたりもする。【2―31】

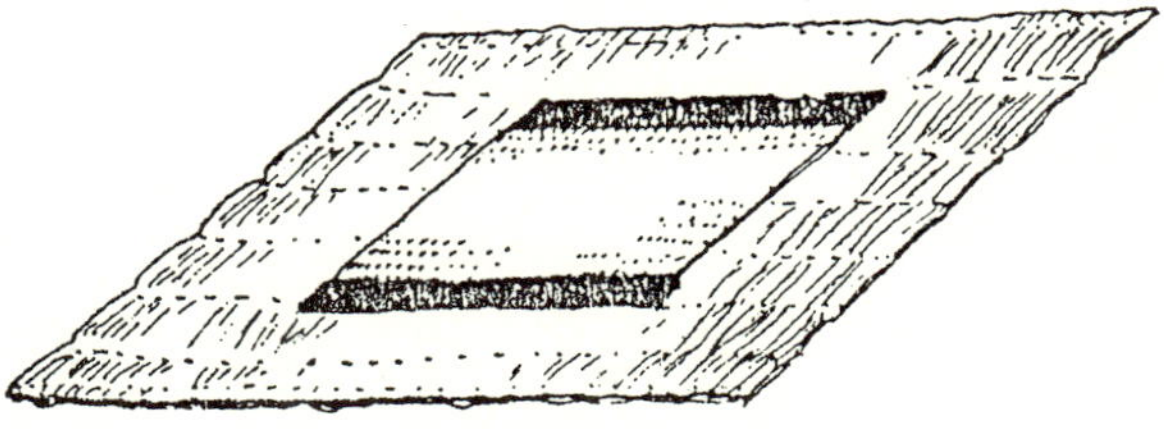

【2-32】 菰（薦）と軾　⑥

床の間などに案を据えて神棚を奉斎する「案上奉安」の場合には、必須の祭具である。寸法は、三尺（約90センチメートル）に三尺の方形、または巾三尺に長さ六尺（約1・8メートル）を標準とするが、その使用する場所の広狭によって、適宜の大きさに裁断使用せざるを得ない場合もあるであろう。

菰（薦）を敷く場合には、編み始め（織り始め）である本（編み縄が折り目になっている）を神座の左方（向かって右側）とし、編み終わり（織り終わり）の末（編み縄が結び目になっている）を神座の右方（向かって左側）とするのが本義であるが、現今の菰（薦）にはこの区別が明瞭でないものもみられる。

(9) 軾《ひざつき》

「軾」は、神前で使用する敷物の一種で、「膝突」・「膝付」・「膝著」・「膝衝」なども記す。中古の時代、宮中の公事《くじ》などの際に地上で跪《ひざまづ》く時に、膝の下に敷いた半《はん》畳《じょう》程の敷物に由来し、後世殿内《でんない》（屋内）における敷物（座席具）となった。

近時の軾は、一畳の畳表（藺筵《いむしろ》「藺草《いぐさ》で編んだ敷物」）を裏合わせに二つ折りした方三尺（約90センチメートル）が標準で、前後二方に白麻《しろあさ》または木綿《もめん》の縁《へり》を付した薄帖《うすぢょう》（薄い畳）である。（【2―32】）これに座する際には、藺筵の目を縦に、折り目（本）を上位（神座の左方すなわち向かって右側）にして、縁を前後方向にして著座《ちゃくざ》する。

⑽　円座《えんざ》

「円座」は、神事の際に奉仕者や参列者などが座《すわ》る敷物の一種で、元は地上に敷いてその上に座すものであったが、後に室内でも使用されるようになった。藁で作られた丸い蓋《ふた》の形をしているところから、「ワラフタ」・「ワラウダ」とも称した。

藁《わら》・菅《すげ》・藺草《いぐさ》・真菰《まこも》（真薦《まこも》）などを使用し、直径二尺（約60センチメートル）程に、円《まる》く七巻き半の渦巻《うずま》き型に造ったもの（【2—33】）で、敷く際には最後の綴《と》じ目を座る人の後方となるように据《す》える。

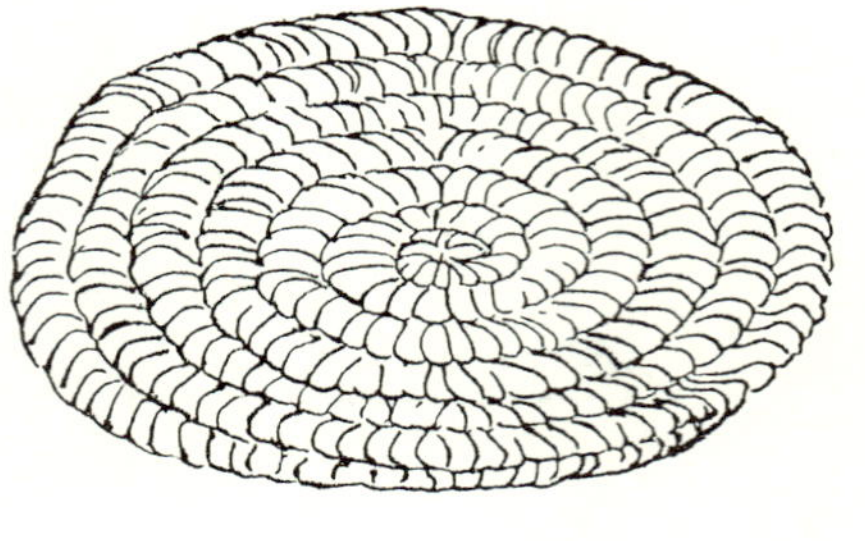

【2-33】　円座　⑥

⑾　灯明《とうみょう》の意義と灯し方

わが国の神道においては、火を忌《い》む古伝が存するとともに、それを尊重する神事もまた存在する。したがって、火を神聖視して、これを忌み清める式なども伝承されているが、「灯明（灯火《とうか》・灯《あかし》）」そのものを、神々に献ずる心で用いた伝承はみられない。

【2-34-(1)】灯具(1)　雪洞　⑥

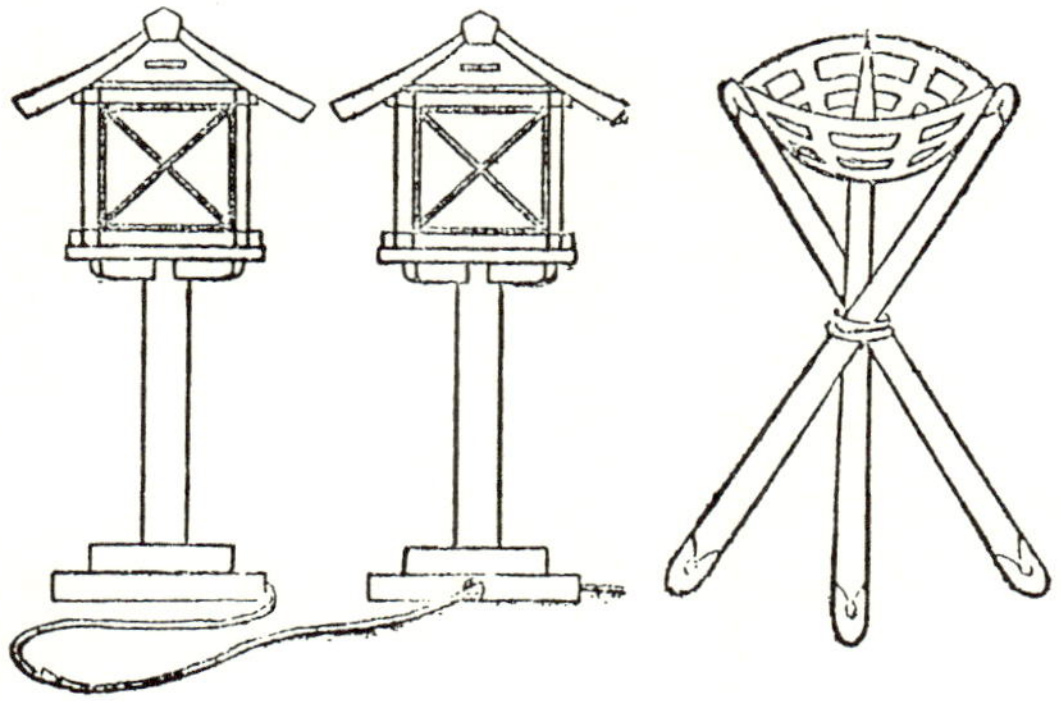

【2-34-(2)】灯具(2)　左・灯籠型灯具　右・篝火型蝋燭立　④

灯は、もともと暗きを照らす目的があるところから、神前をより明るくする意味において神々に灯を奉ることは、敬神の心の表れとして自然のことであろう。神前の灯火は信仰者の心任《こころまか》せであり、その具や灯《とも》し方などについては、古儀というほどのものは存在しないといえよう。

神棚用の灯明（灯火）の具として、「雪洞《ぼんぼり》」（灯火が揺《ゆ》れたり消えるのを防ぐため、火の周囲に紙張りの六角形の覆《おお》いを付けた灯台の一種）（【2―34―(1)】）や「灯籠《とうろう》（「灯楼」とも書く）」（【2―34―(2)】）などがあり、これら雪洞や灯籠はともに高さ五寸〔約15センチメートル〕位の神棚の棚板上に置ける小型のもの〔今日、これらの神棚用のものは、豆電球を光源とするものが少なくない〕から、三尺五寸〔約1・05メートル〕程度の神棚前面床上などに置くような大型のものまである。さらに台付きの「真鍮《しんちゅう》製灯明皿《せいとうみょうざら》」（一灯用・二灯用・三灯用など）や、「篝《かがり》火《び》型《がた》灯具」（高さ三寸〔約9センチメートル〕～五寸位を通例とし、小型の蠟燭《ろうそく》を立てる芯《しん》が付されている）（【2―34―(2)】）などもあり、時には略儀として仏事用の蠟燭立《たて》が使用される向きもみられる。

神社の神前においては、雪洞や灯籠を多く見かけるが、灯明（灯具）の目的は暗きを照らすことを旨とするから、松明《たいまつ》でも油火《あぶらび》でも蠟燭でも、あるいは今日的には電気でもガスの明かりでも差《さ》し支《つか》えないともいえよう。

神棚の神前に灯明（灯火）を献ずる際には、そこに置かれる灯具の高さ（大きさ）と、天井や注連縄の紙垂などとの間隔をよく考えねばならないし、拝礼後の灯火の不始末から大事を引き起こした事例も少なくないので、その始末には十二分の注意を払わねばならない。

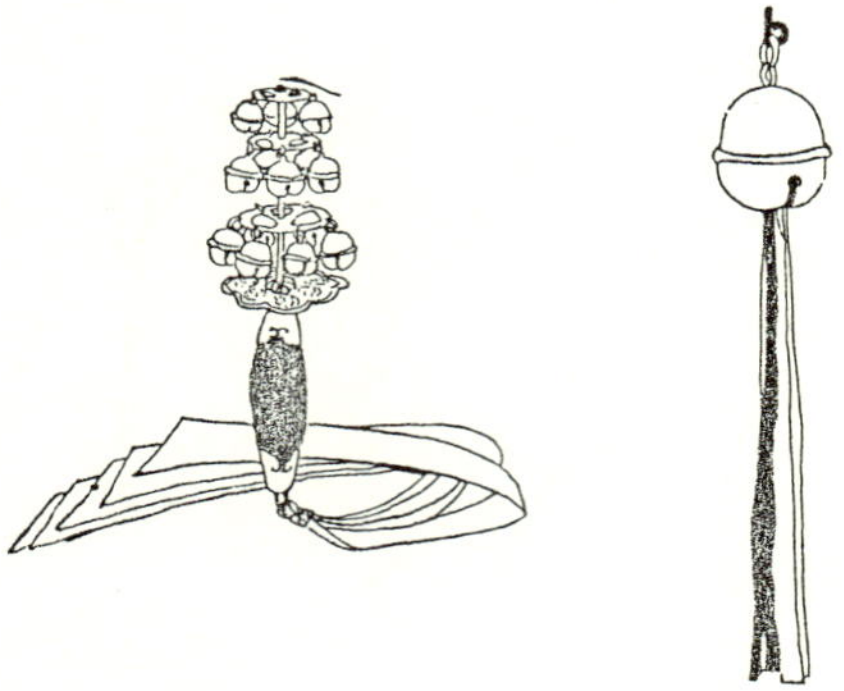

【2-35】鈴　左・神楽鈴　右・神前懸鈴　⑥

⑿　鈴《すず》

「鈴」は、その音色《ねいろ》によって神慮《しんりょ》（神様の心）を慰《なぐさ》めるとともに、その音の清濁《せいだく》によって心願成就《しんがんじょうじゅ》を判《はん》ずるものでもあり、主として金属製（多くは銅製もしくは真鍮《しんちゅう》製）のものが使用されるが、稀《まれ》に土製のものが用いられる場合もある。

神前に懸《か》けて麻縄《あさなわ》や五色の布などを垂らし、参拝者はこれを振り動かして鳴らす大型の「懸鈴《かけすず》」と、「神楽鈴《かぐらすず》」などと称して、小型の鈴十数個を集め付け、神楽の執《と》り物《もの》として巫女《みこ》が神前舞踊《ぶよう》の際に打ち鳴らすものがある（【2—35】）。さらにまた、宮中の「賢所《かしこどころ》御鈴《おすず》」に倣《なら》って、諸祈願・祈禱などの際に、神前に小形の鈴数十個を付け垂らした鈴緒《すずのお》を設け置い

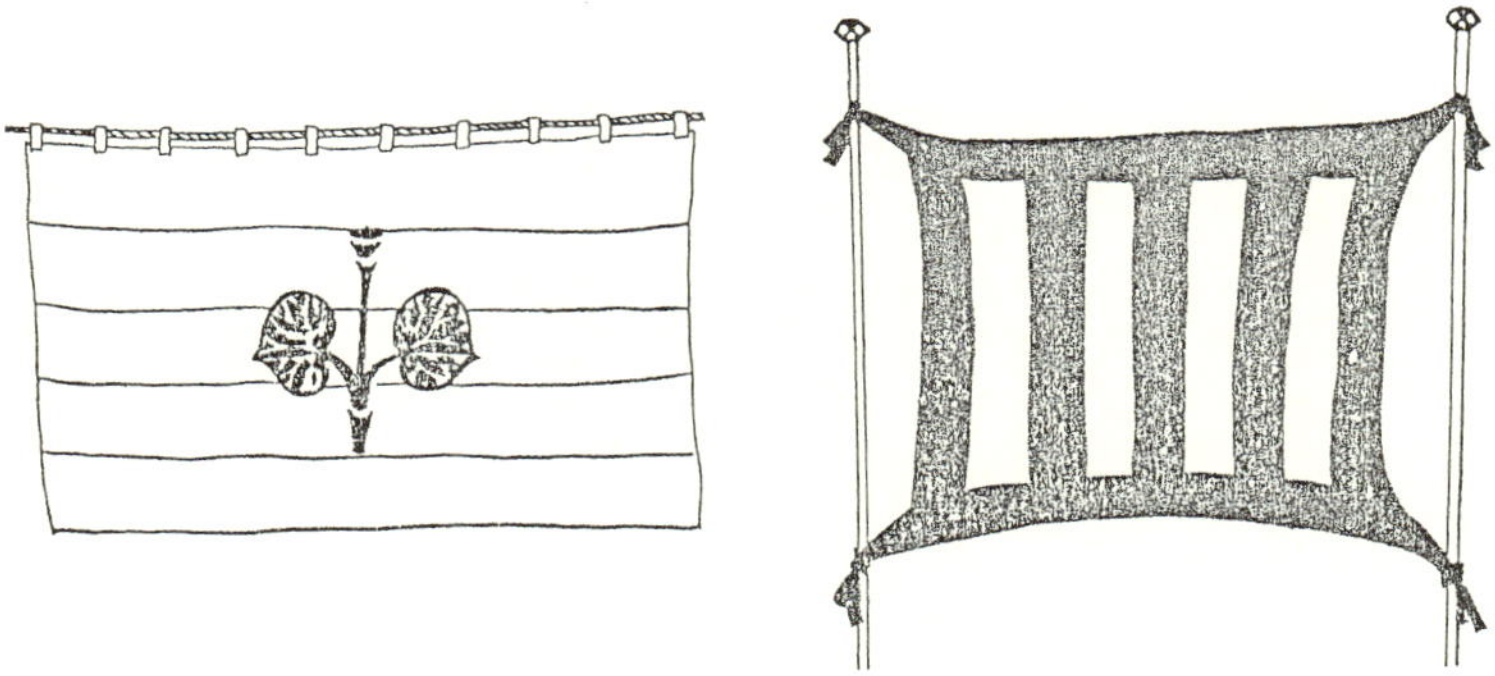

【2-36-(1)】　神幕(1)　左・幕　右・幕串に張られた幔（斑幔）　⑥

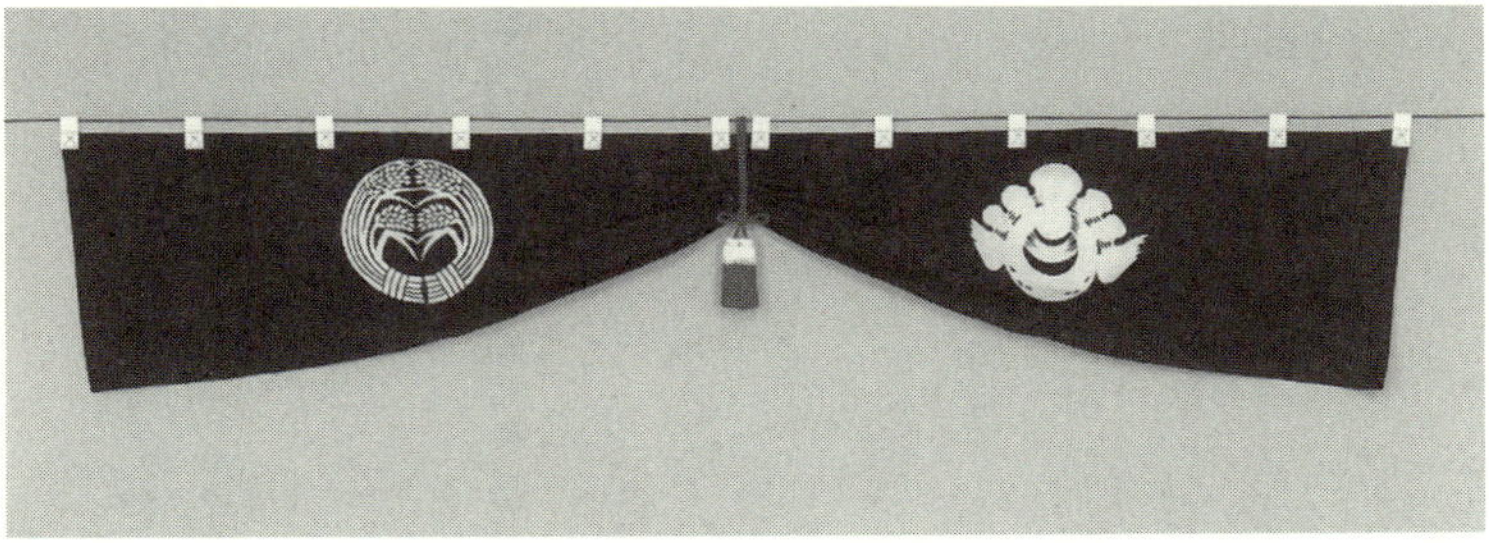

【2-36-(2)】　神幕(2)　神棚用の小型の神前幕　⑦

て、これを振り動かして鳴らす事例もみられる。

　神棚の前に小形の鈴を懸けて鈴緒を垂らし、神社参拝の場合と同様に神棚の拝礼の際にこれを振り動かし鳴らすことも、しばしば行なわれている。

(13)　神幕《しんまく》と張り方

　神社の内外において、また祭祀《まつり》の際に斎場の遮蔽《しゃへい》用の用具として使用されるものに、「幕《まく》」と「幔《まん》」とがある。一般的に「幕」は布地を横長に縫《ぬ》い合わせたものをいい、「幔」は縦長に縫い合わせたものをいう（【2―36―(1)】）。幕・幔ともに色の組み合わせによって、白幕・白幔、白黒交互の鯨《くじら》幕《まく》・鯨幔《くじらまん》、三色以上の組み合わせによる斑幔《はんまん》などがある。

床の間に神棚を奉斎するような場合に、その周囲に装飾として幕や幔を張り廻らすこともあり、神棚の前面の装飾として神紋や家紋などを染め抜いた「神前幕」（【2—36—(2)】）を張ってある事例も多くみられる。

(14)　獅子《しし》・狛犬《こまいぬ》

「獅子」・「狛犬」は、神社の社殿内外に祭神の守護と社頭の装飾の意とを兼ねて設置される一対の霊獣形《れいじゅうけい》で、狛犬は「高麗犬」・「胡麻犬」・「駒犬」などとも記され、通常は「獅子」・「狛犬」と二物に分けて考えられているが、二物を通じて単に「獅子」とも「狛犬」ともいわれる。（【2—37】）

材質は、屋内に置かれるものは概《おおむ》ね木製であるが、屋外に設置されるものには、耐久性を考慮して石製や青銅《せいどう》・鉄など金属製のものの他、陶《とう》器製のものもみられ、木製のものには彩色を施したものと、施してないもの（素木のままのもの）とがある。

その由来については、エジプトやインド・中国などの外来のものとする説も見られるが、平安時代に御帳台《みちょうだい》(10)の左右の帷《かたびら》（薄い垂れ布）の鎮子《ちんす》（重し）として使用されたものが、次第に儀飾《ぎしょく》用に変化したもので、「正《せい》を守り邪《じゃ》を防ぎ神霊を守護する標示」とされた。

【2 -37】　上・獅子と狛犬　下・稲荷神社の霊狐　⑥

獅子・狛犬を設置する場合、向かって右方に「獅子」（金または黄色で、口を開き玉を踏む〔玉のない場合もある〕）を、向かって左方に「狛犬」（銀または白色で、口を閉じ頭に一角を有す）を一対とする（一方が口を開け、一方が閉じるといういわゆる「阿吽《あうん》」のものが一般的であるが、両方とも開口のものもある）。また、神社によっては、神使《しんし》（祭神の使者といわれるその神と縁故ある特定の鳥獣虫魚など）を獅子・狛犬に代えて配することもあり、稲荷神社の狐や天満宮（天神社）の牛、日吉《ひよし》（日枝《ひえ》）神社の猿や春日神社の鹿などが著名である。(11)

家庭の神棚に、このような獅子・狛犬の小型のものを、神棚装飾の一つとして設置している事例も少なくない。

【2-38】　小型賽銭箱　⑦

(15)　神棚の小型賽銭箱《さいせんばこ》

「賽銭」は、元来祈願成就の報賽《ほうさい》（お礼）の料として神祇に奉った供え物の一つで、古くは米を紙に包んだ「おひねり」が普通であったが、貨幣経済の発展とともに銭貨《せんか》に変化し、後に転じて神祇への祈願や崇敬の表現として奉る金銭を指すようになり、時にそれを「散銭《さんせん》」とも称した。これを受けるために神社の社頭に設置された箱が、「賽銭箱」である。

家庭の神棚においても、その前に小型の賽銭箱（【2―38】）を設けて、日々に、または一家にとって特別の日（一家の祭日・式日）の拝礼の際に、家族一同が供える賽銭を納め置いて、一年に一度の氏神神社や崇敬神社の例祭時の参拝や、年中の折々に参拝する時などに、日頃納め置いたその賽銭を持参して奉納するなどしたらよいであろう。

⒃　大麻《おおぬさ》

「大麻」は、「祓《はらえ》の幣《ぬさ》」であり、今日一般的には榊《さかき》の枝に麻苧《あさお》（麻の茎の繊維を平《たいら》に熨《の》したもの）と紙垂《しで》を添えて取り付け（麻苧のみの場合もある）、祭事の際の修祓《しゅばつ》行事に使用し、あるいは檜《ひのき》の角棒《かくぼう》（幣串《へいぐし》・幣棒《へいぼう》などと称する角棒）や丸棒を串《くし》として、これに麻苧と紙垂を添えて取り付けて（麻苧のみの場合もある）筒の中に納め置いて、日常の神拝《しんぱい》などの際に、筒から取り出して修祓に使用するものである。（【2―39】）

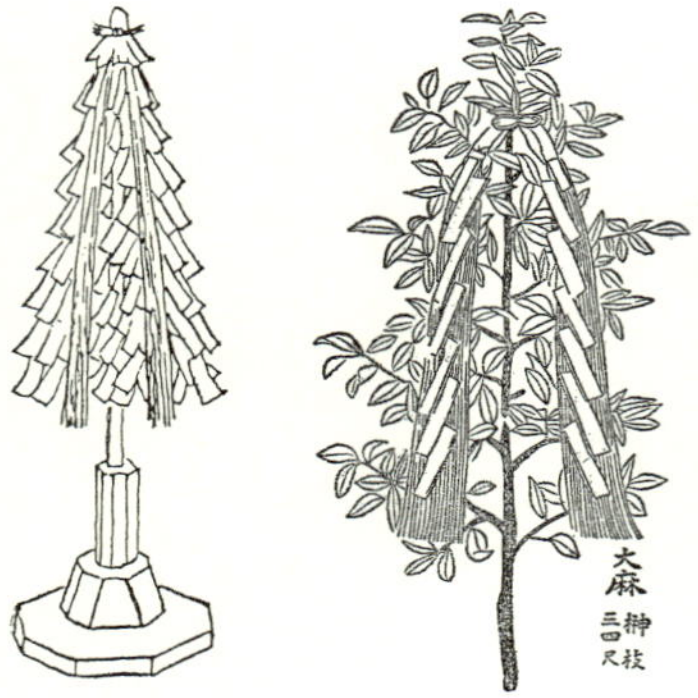

【2-39】　大麻　左（殿内常置用）⑥
右（明治8年神社祭式附図所載のもの）③

　幣串・幣棒の「幣」とは、「麻《ぬさ》」とも「奴佐《ぬさ》」とも書き、古来神に祈る際に捧げる品物、もしくは罪を祓い除く際に差し出す品物をいったもので、主として木綿《ゆう》・麻が、後には布帛《ふはく》（様々な織物類）や上質の紙などが使用された。

　大麻は、通常の神棚の祭祀《まつり》で使用されることは少ないが、「案上《あんじょう》奉安《ほうあん》」のような丁寧な神棚の奉斎の場合などに、補設使用されることもある。（【2―16】参照）

なお、「大麻《おおぬさ》」を音読して「タイマ」と称すると、伊勢の神宮から頒布される神札《しんさつ》（「神宮大麻《じんぐうたいま》」）を指すことになる。

⒄ 火打《ひう》ち

わが国においては、古来火を重大視し、これを神聖視してきたことは、今日でもなお「火継神事《ひつぎしんじ》」や「火鑽《ひきり》（切）神事《しんじ》」・「火焚神事《ひたきしんじ》」などが伝わっていることからも明らかであろうし、祭典奉仕に先立つ斎戒《さいかい》（物忌《ものい》み・精進潔斎《しょうじんけっさい》）の際に、「別火《べっか》」すなわち忌み清めた火で調理したもの以外は口にしないことの制もあり、神前への供え物もまた「忌み火」によって調理される例が少なくないことも知られている。

このことは、火の神の霊異《くしび》（神秘的な力）に負《お》ったものであるといえようが、やがて神々への供え物ばかりではなく、神前を始めとする場所・もの・人などのあらゆる忌み清めの際に、「鑽火《きりび》（切火）」による浄めを行なうことも多くなった。

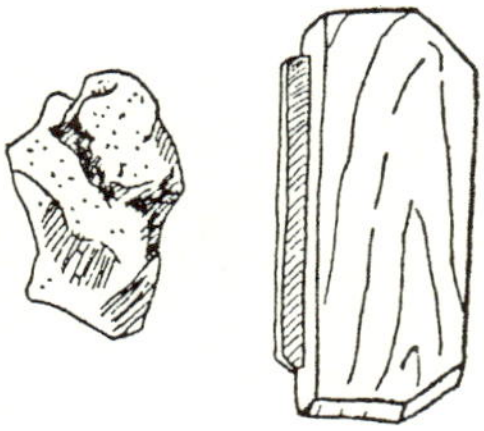

【2-40】 火打ち 左・燧石（火打石） 右・火打金（火打鎌） ⑥

切火を行なう「火打石《ひうちいし》」（【2―40】）は、石英《せきえい》の類の堅《かた》い石で、これを鋼《はがね》の板金《いたがね》に打ち当てて火花を出すが、その板金を「火打鎌《ひうちがま》」といい、火打ちすることを「火を切る」といった。かつて檜《ひのき》の木口《こぐち》に檜の棒を当てて、力を入れて揉《も》んで火を採《と》ったが、その「檜」の字を「火の木」と訓む所以《ゆえん》もそこにある。その揉んで火を起こすことを「鑽《き》る」といっていたところから、燧《ひうち》（石と金《かね》とを打ち合わせる発火具）を使用するようになった後世においても、「（火を）きる」といっている。

火打ちは、個人の考え方と慣習《かんしゅう》とによるべき事柄であり、それを行なっている人も行なっていない人も、他の人に対して強制すべきものではない。

(18)　三方《さんぽう》とその名所

神前に供え物を奉る台（用具）として「三方」・「折敷《おしき》」・「お膳《ぜん》」・「高坏《たかつき》（杯）」などがあるが、神棚の場合には三方もしくは折敷・お膳などが多用されている。神棚が狭いために台を使用せずに直接供え物を奉《たてまつ》ったり、相応のゆとりがありながら何の台も使用せずに奉る場合もみられるが、このようなことは例えばお客に対して平座《ひらざ》（床に直接の意）に食器を置いて遇《もて》なすようなもので、甚《はなは》だ礼を欠くのと同様であるから、神棚の祭祀《まつり》にあっても出来得る限り相応の祭具を使用して、供え物を奉るべきであろう。

神前に供え物を奉る際に物を載せる用具として、今日は多く「三方」が使用されているが、古代にあっては高杯（坏）や「葉盤《ひらで》（平手・枚手とも記す）」などに盛られた物を、「案」（「机」）に据《す》えて進めた事例が残されている。すなわち、「ツクエ」は「坏《つき》（杯）据《す》え」の約《つづ》まった語で、「酒の坏（杯）」が「酒坏《さかづき》（杯）」であり、「坏（杯）」を据える（置く）ものであるから、「ツキスエ」→「ツクエ」と変化したものである。

しかしながら、机（案）は急の間には合わないことが多いので、手近な筥《はこ》（箱。主に折櫃《おりびつ》——檜の薄板を折り曲げて作られた容納器）の蓋《ふた》を仰向《あおむ》けにして、筥（箱）の身の上に重ねて台の具《もの》に代用すると、何かと都合がよく格好もよかったところから、次第にその風が流用され多用されるに及んで、やがて最初からその場合を見込んで拵《こしら》えたものが「衝重《ついがさね》」といわれるものである。すなわち、「ツイガサネ」とは、「急重《ついがさね》」から生じたものであり、三方もお膳もいわばこの衝重の変化したものである。

三方は、筥（箱）の蓋（次項の折敷《おしき》に相当）を仰向けにして身（櫃）に重ねて、その蓋と身とを綴《と》じ付けたもので、胴に刳《く》られた穴は、最初は体《てい》裁上《さいじょう》のものであったとも考えられるが、後にはその穴の数によって名称と格式とを異《こと》にすることとなり、終《つい》には「三方」の名がその通名《つうめい》となるに至った。胴の穴が四方に刳られたものを文字通り「四方《しほう》」といい、親王・大臣が使用し、三方に穴の刳られたものを「三方《さんぼう》」といい、納言《なごん》以下三位《さんみ》以上に使用し、前後の二方に穴の刳られたものを「二方《にほう》」といい、前面に一つの穴の刳られたものを「一方《いっぽう》」といい、胴に穴の刳られてないものを「供饗《くぎょう》」と称し、四位以下が使用した。

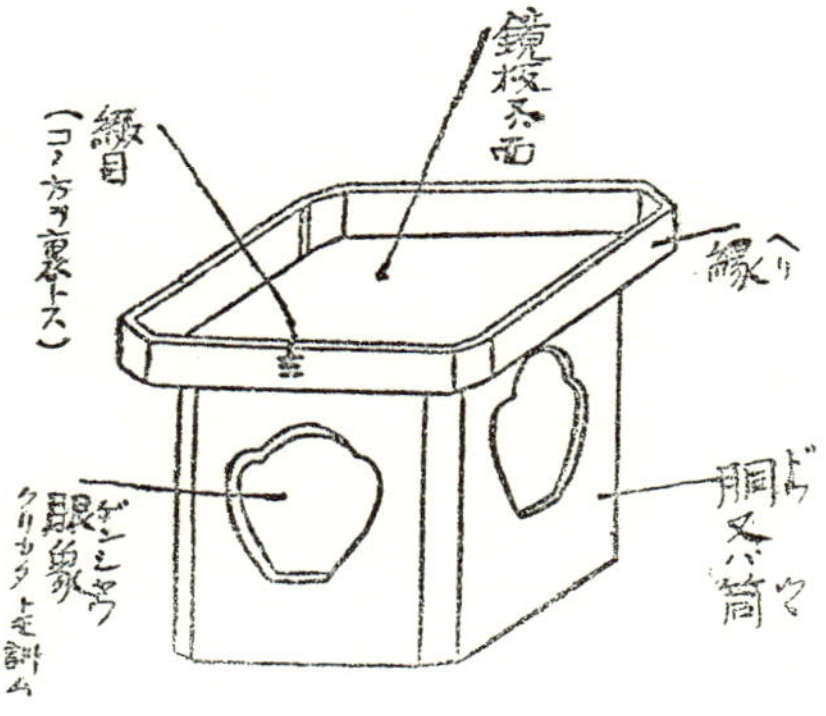

【2-41】 三方とその名所 ③

三方の名所《などころ》（【2―41】）は、上部の物を載せる面を「鏡板《かがみいた》」（または「面《めん》」）といい、それを囲む周囲のフチを「縁《へり》」といい、下部の台部分を「胴《どう》」（または「筒《つつ》」）といい、胴に刳《く》られた穴を「眼象《げんしょう》《げんぞう》」とも「くりがた」とも「橘《たちばな》こがし」などともいう。また、裏表については、縁《へり》に樺桜の皮の矧目《はぎめ》（綴目《とじめ》）のある方が裏であり、三方としては胴に刳り穴のない方が表側になるから、神前には刳り穴のない側《がわ》（表）を向けて供えねばならない。

三方には、素木《しらき》（白木）三方の他に塗《ぬり》三方や金《かね》三方などもあるが、素木をもって基本とする。なお、三方の大きさは、縁から縁までの直径《さしわたし》で計り、小は二寸五分（約7・5センチメートル）位から大は一尺（約30センチメートル）位までを通例とし、一尺以上のものは特別の指定（誂《あつら》え）となる。

また、三方の使用に関して、三方は元来一種の食器具であったので食器具として以外に乱用することは慎むべきであり、原則として神前への供え物の奉献用具としてのみ使用し、一般にあっては祝《しゅう》儀《ぎ》の盃事《さかづきごと》以外には、その使用は遠慮すべきであろう。

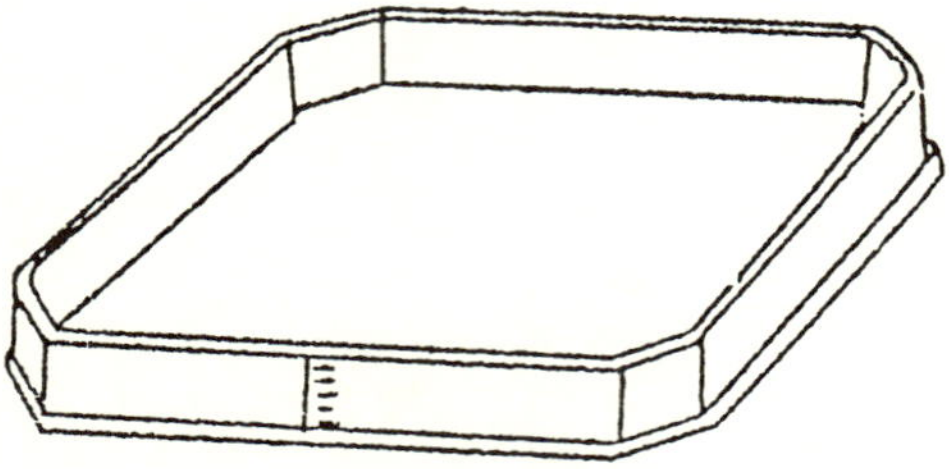

【2-42】　折敷　⑥

(19)　折敷《おしき》と用い方

「折敷」は、檜の「へぎ板」（薄く削り取った板）で造った方形縁付《へりつ》きの盆であり、前述の三方（本節(18)）や後述のお膳（本節(20)）の上だけ（鏡板〔面《めん》〕だけといえるもので、台〔胴〕を取り去ったもの）、すなわち筥（箱）の蓋《ふた》を仰向《あおむ》けにしたものであり、俗に「ヘギ」とも呼ばれる。【2—42】

方形の四隅を角だたぬように裁《た》ち切って縁を折り曲げて付けた「角切折敷《すみきりおしき》」を常用とし、四隅の角を切らない四角のままの「角切《すみ》らず」もしくは「平折敷《ひらおしき》」もある。常用の角切折敷には、差し渡し（直径）三寸（約9センチメートル）の小角《こかく》、五寸（約15センチメートル）の中角《ちゅうかく》、八寸（約24センチメートル）の大角《だいかく》の三種を恒例の法《ほう》量《りょう》（寸法）としたが、後世、面五尺（約1・5メートル）の折敷の使用例も残されている。神棚の祭具としての折敷の大きさについては、三方やお膳・長膳などと同様に、棚板面の広狭に合わせねばならない。

折敷の多くは素木製であるが、黒や朱に塗られた「塗折敷」や、胡粉《ごふん》で塗った上に絵を画いた「絵折敷」などもある。

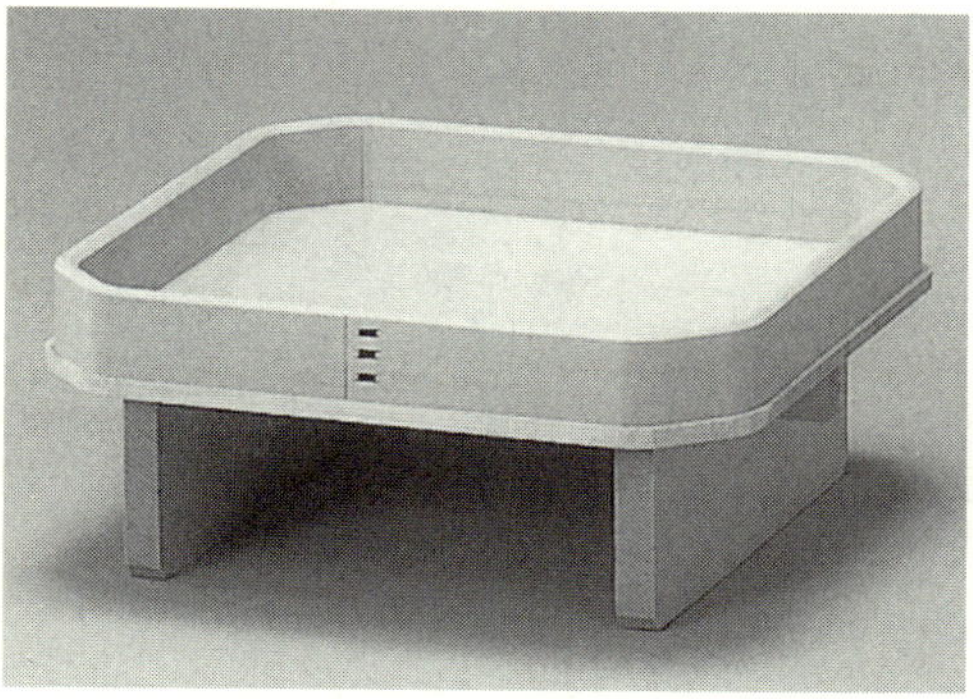

【2-43】 お膳（脚付〔足付〕折敷・足打折敷）⑦

なお、折敷の用い方（取り扱い）については、既述の三方（本節⒅）と同様である。

⒇ お膳《ぜん》（脚付《あしつき》〔足付〕折敷《おしき》・足打折敷《あしうちおしき》）

神棚に供え物を奉献する際に、棚と天井との間が狭く三方では丈《たけ》が高すぎることもあり得るが、そのような場合に使用されるのが、目録台を小さくしたような「お膳」（脚付〔足付〕折敷・足打折敷ともいう）である。（【2—43】）

お膳（脚付〔足付〕折敷・足打折敷）は、三方の胴の代わりに折敷の鏡板（面）の裏面左右に板の脚（足）を付け、貫《ぬき》（笄《こうがい》ともいう）を渡したもので、寸法も名所も三方と同様であるが、出来合いは通例最大五寸（約15センチメートル）程度である。

【2-44】　長膳　⑦

なお、神前への供え方（前後の取り扱い）も、三方（本節⒅）と同様である。

㉑　長膳《ながぜん》と用い方

「長膳」は、その名称のごとくお膳を横長（長方形）に製作したもので、供え物の種類や神棚の都合によって使用されるもので、本来は特別に製作される祭具である。通常神棚の供え物は、三方やお膳に盛って奉られるが、それらを使用できない場合、またはそれらを何台も使用できない場合、さらに一台に多数（多量）の供え物を盛らねばならないような場合などに使用されるものである。（【2―44】）

小型のものは巾一寸（約3センチメートル）・長さ五～七寸（約15～21センチメートル）位から、大型のものでは巾七寸（約21センチメートル）・長さ一尺三寸（約39センチメートル）位のものまでみられるが、神棚の広狭《こうきょう》に応じて大小は誂《あつら》える人の自由である。

なお、長膳の用い方（取り扱い）についても、前述の三方（本節⒅）と同様である。

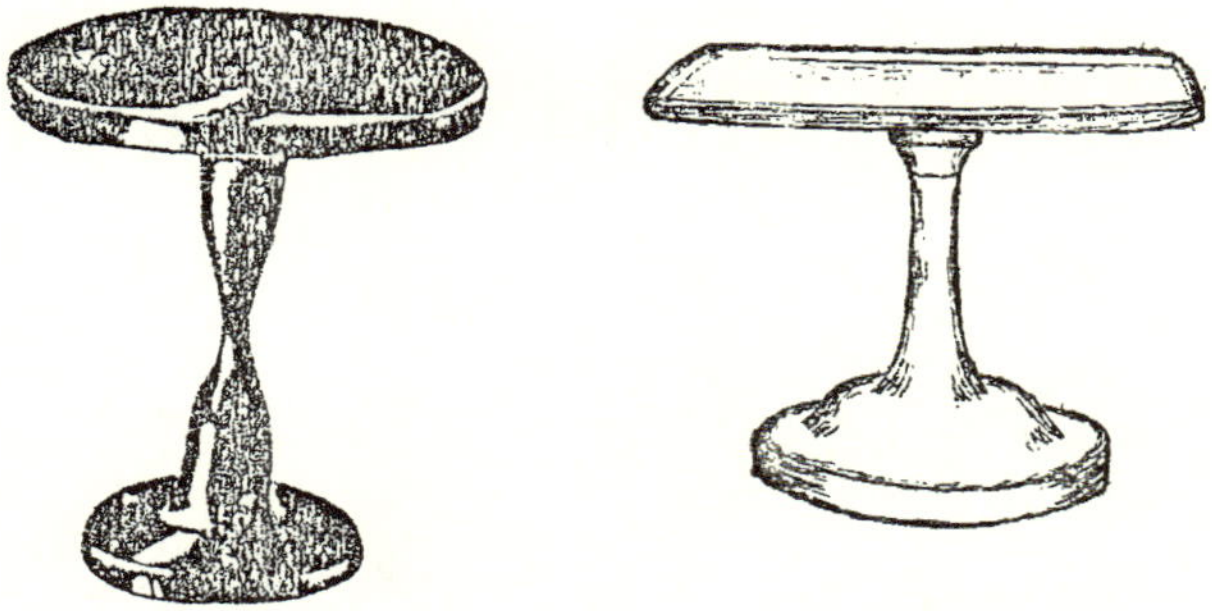

【2-45】 高坏（杯）　左・丸高坏（杯）⑥　右・角高坏（杯）②

(22) 高坏《たかつき》（杯）

「高坏（杯）」は、「腰高《こしだか》」とも称され、食物などを盛る円形もしくは方形の坏（杯）と称する盤《さら》の中央に、脚《あし》（足）を付けた膳である。

古くは専《もっぱ》ら土製であり、その上に土器《かわらけ》を載せた「土高坏《つちたかつき》（杯）」であったが、後に土製の高坏（杯）の上に折敷を重ねた「折敷高坏《おしきたかつき》（杯）」が多くなった。しかしながら、折敷部分と高坏（杯）部分とが接続されておらず、その使用に際しては取り扱いも容易ではなかったところから、やがて土台の高坏（杯）部分も木製にして折敷に膠着《こうちゃく》（膠《にかわ》で接着）するようになり、さらには全体を木で作製するようになって、今日の高坏（杯）の様式が成立した。

上部の物を載せる台の形状によって、「角高坏《かくたかつき》（杯）」と「丸高坏《まるたかつき》（杯）」とがみられるが、角高坏（杯）を公式とし、丸高坏（杯）は略式であり、素木《しらき》の素材そのままのものの他に、胡粉《ごふん》や漆塗りのものもある。【2―45】）

神棚においては、菓子などを盛って供えたり、正月の鏡餅を載せ供えた

【2-46】神棚の献饌用具類　1瓶子　2神饌皿　3陶器製高坏（杯）
4水器（水玉）　5陶器製榊立　⑦

りするが、必ず使用せねばならない祭具ではない。

㉓　瓶子《へいし》

神祭りの供え物として、酒は欠くことが出来ない。古代にあっては、酒を瓶《かめ》で醸造《じょうぞう》し、その瓶をそのまま神前に供したことが、古代の祝詞の中に「甕《みか》の上高知《へたかし》り、甕《みか》の腹満並《はらみてなら》べて」とみえ、瓶の口いっぱいに盛り溢《あふ》れんばかりに酒を醸《かも》して供えた様子が窺《うかが》われる。

後世、細長く、胴の上部が膨《ふく》れ、下部は狭く、注《そそ》ぎ口《ぐち》が小さい、いわゆる瓶子としての特有の型を生じ、二本一対に酒を盛って神前に供えるとともに、酒を盃《さかづき》（杯）に注ぐ際にも用いられている。【2―46】写真中の1）

瓶子は、いわゆる「御神酒徳利《おみきとっくり》」であり、熨斗《のし》を付けた真鍮《しんちゅう》製の具《もの》などもみられるが、それは単なる飾りであり、撤下《てっか》の「御神酒《おみき》」を頂くためにも、素焼《すや》きの瓶子（土器や陶磁器）が好ましい。瓶子の寸法は、底から口までの高さをもって計り、小は一寸五分（約4・5センチメートル）位から、大は一尺（約30センチメートル）位まで様々

【2-47-(1)】 水器（水玉）⑦

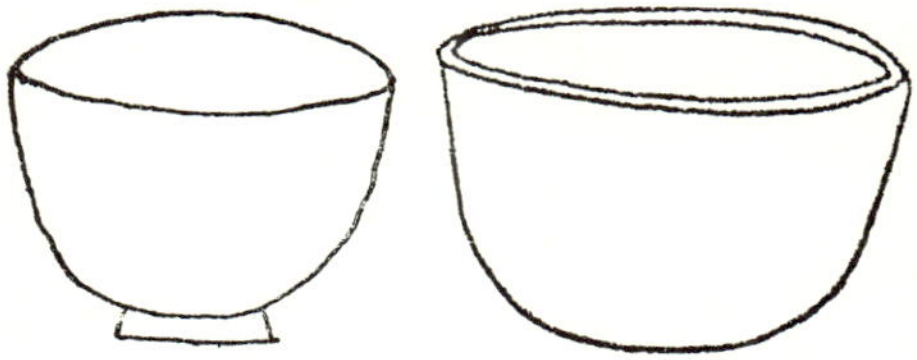

【2-47-(2)】 水器　左（盌）③　右　⑥

であるが、神棚の祭具としては、大きからず小さからず適宜の大きさのものを使用すればよい。

㉔ 水器《すいき》

水器は、文字通り神前に水を供える具で、普通「水玉《みづたま》」といい、約《つづ》まって「ミタマ」ともいう。素焼《すやき》製（また白陶器《しろとうき》製などもある）で、一般的に宝珠《ほうじゅ》の玉の上をみるような形の蓋《ふた》が付いている。（【2―47―(1)】）

その寸法は玉の部分の直径《さしわたし》で計り、小は一寸（約3センチメートル）足らずから、大は五寸（約15センチメートル）以上に及ぶものもあるが、神棚（「棚板奉安《たないたほうあん》」）の具としては三寸（約9センチメートル）程度を最大として、それより小さいものが相応《ふさわ》しいのではなかろうか（「案上奉安《あんじょうほうあん》」の場合には、他の祭具と同様にこの限りではなく、より大型のものが用いられることもある）。

宝珠型の水器の他に、古く「盌《もひ》」・「椀《まり》」などと称した浅い湯呑茶碗《ゆのみちゃわん》のような、素焼製また白陶器製の容器も使用される。（【2―47―(2)】）

コップや湯呑茶碗などを用いて神前に水を供えている例を見受けるが、

神棚の奉饌用具としては、出来るだけこの水器を使用することが好ましい。

(25) 神饌皿《しんせんざら》

神饌（神祭りの際の供え物としての飲食物）を供する容器（土器《かわらけ》）として、神饌皿といわれる素焼《すやき》製（または白陶器製）の土器が、最も広範囲に使用されている。神饌は、一般的にはこの皿（土器）に盛り上げて、三方や高坏（杯）などに載せて神前に供えられる（【2―46】写真中の[2]・【2―53―(1)】）し、その極《ご》く小型のものは、盃《さかづき》として直会などの飲酒の際にも使用される。

皿の寸法は、縁《へり》から縁までの直径《さしわたし》を以って計り、小は一寸五分（約4・5センチメートル）位から、二寸（約6センチメートル）・二寸五分（約7・5センチメートル）・三寸（約9センチメートル）・三寸五分（約10・5センチメートル）・四寸（約12センチメートル）・五寸（約15センチメートル）・六寸（約18センチメートル）・八寸（約24センチメートル）、さらには一尺（約30センチメートル）位まで大小さまざまのものがあるので、大方の献供《けんく》には事欠《ことか》かないであろうが、神棚の献供にあっては棚板前面の広狭により、適宜の大きさのものを使用することになる。

※本節（「13　神棚の調度と用い方」）に掲載した図版の出典（各図版に記した①～⑦）は、以下の通りである。

①『神道祭祀提要＝正しい神棚の祭り方＝』小林正勝著（昭和十四年〔一九三九〕七月、誠道会本部刊）

②『神拝と神祭りの作法』吉成英親著（昭和十六年〔一九四一〕四月、明文社刊）

③『新撰祭式大成　調度装束篇』金光慥爾著（昭和十七年〔一九四二〕五月、明文社刊）
④『家庭祭祀入門』小原巖雄著（昭和十八年〔一九四三〕四月、神風社出版部刊）
⑤『神社有職故実』八束清貫著（昭和二十六年〔一九五一〕七月、神社本庁刊）
⑥『神社有職故実図絵』手塚道男著（昭和二十八年〔一九五三〕七月、宗教文化研究所刊）
⑦（株）井筒提供

14　神棚の供え物と供え方

(1)　神饌《しんせん》の意義

神棚の設備が出来て、各種の調度品《ちょうどひん》が整《ととの》えられると、次には神前への供《そな》え物《もの》（神饌）の献進《けんしん》となる。【2―48】神棚の供え物（神饌）といっても、特別の品物が存在するわけではなく、神社の神前に通常供えられているような品々を目安として、各自よろしきに従うべきであろうが、今日までそれぞれの家において麗《うるわ》しい慣行《かんこう》があったならば、それらを捨《す》てることも無理やり改める必要もない。

神社の祭祀《まつり》（神道の祭祀と置き換《か》えてもよいかもしれない）にあっては、「如在《にょざい》の礼《れい》」とか「居《い》ますが如《ごと》く仕《つか》える」といわれるように、現実に目の前に神々が存在しておられることを前提として、その神に向かって誠心誠意《せいしんせいい》奉仕する

【2-48】　神棚に奉献された神饌の一例
（出羽三山神社　太田慶春氏提供）

ことが肝要《かんよう》であり、見栄《みえ》や飾《かざ》りではなく、真心籠《こ》めて奉仕せねばならない。神棚の奉仕もまた同様である。

「神饌」とは、神々に奉る飲食物の総称で、「御食《みけ》」・「御《み》饌《け》」・「御供《ごく》」などともいい、俗に「お供え物」ともいわれる。

今日神社において奉られる一般的な神饌として、

和稲《にぎしね》《にご》……外皮（籾殻《もみがら》）を取り去り精米した米（玄米《げんまい》も含む）や洗米、飯《いい》、粥《かゆ》など。

荒稲《あらしね》……外皮を取り去らぬ稲実。籾《もみ》。（稲穂のまま献ずることもある）

酒……主として清酒のほか、醴酒《れいしゅ》（あまざけ・ひとよざけ）などもある。

餅《もち》……鏡餅（お供え）や小判型の伸餅《のしもち》や、伸餅を小切りにして数枚を重ねたものなど。

海魚《うみのさかな》…鯛・鰹《かつお》・鱸《すずき》・鰤《ぶり》などや、海老《えび》や鮑《あわび》などの貝類も含む。

川魚《かわのさかな》…鯉《こい》・鮎《あゆ》など。

野鳥《ののとり》……雉《きじ》・山鳥《やまどり》など。

水鳥《みづどり》……鴨《かも》・雁《がん》など（禁猟期には、鶏や家鴨《あひる》や鶏卵《けいらん》などが代用される）。

海菜《かいさい》……昆布《こんぶ》・荒布《あらめ》・若布《わかめ》・海苔《のり》などで、多くは乾燥させたものが供される。

野菜……甘菜《あまな》（牛蒡《ごぼう》・人参《にんじん》・蕪《かぶら》・白菜《はくさい》・胡瓜《きゅうり》・茄子《なす》・南瓜《かぼちゃ》・芋《いも》類など）と辛菜《からな》（大根・山葵《わさび》・生姜《しょうが》など）や、
　百合根《ゆりね》・茸《きのこ》類など。

果物……干果物（搗栗《かちぐり》・干柿《ほしがき》など）や生果実（梨・蜜柑《みかん》・枇杷《びわ》・林檎《りんご》・葡萄《ぶどう》・柘榴《ざくろ》・棗《なつめ》・各種木の実など）。

菓子……古来の唐菓子《とうがし》《から》（餢飳《ぶと》・環餅《まがり》など）を始め、落雁《らくがん》などの打菓子《うちがし》類など。

塩
水

などが供えられるが、特別に忌《い》み憚《はばか》ることがなければ、「百味《ひゃくみ》の御供《ごく》（御食《おんじき》）」などといわれるような、多数・広範囲の品々が供される例もある。【2―49】

神棚に奉斎された神々に対する神饌も、基本的にはこれら神社の神饌に準ずればよいのであるが、神社の神前ほど広くない神棚の場合には、それらの品目の中から適宜の品々を取捨《しゅしゃ》して、奉献《ほうけん》すればよいであろう。

神社には「御饌所《みけしょ》」・「神饌所《しんせんじょ》」・「神饌調理所《しんせんちょうりじょ》」などと呼ばれる設備があって、そこで素材を神饌として調整して、三方《さんぽう》や高坏《たかつき》（杯）などに盛り付ける。盛り終わってから神前に献ずる前に、調整された神饌に穢《けが》れのあることを恐れて必ず祓《はらえ》を修《しゅう》していることから、神棚の神饌の取り扱いについても、出来得る限り〈清浄〉を心がけたいも

【2-49】 談山《たんざん》神社嘉吉《かきつ》祭の百味御食《ひゃくみのおんじき》（一部）（談山神社提供）

のである。

(2) 生饌《せいせん》

神饌を調理の上からみてゆくと、調理していない（採《と》れたてそのままの何も手を加えていない）生《なま》の姿そのままの状態で奉る神饌があり、これをを「生饌」といい、或いはまた「丸物《まるもの》神饌《しんせん》」とも称する。（【2―50】）今日、神社における通常の神饌は、ほとんどがこれである。

【2-50】　生饌（丸物神饌）の一例（奉献前の仮神饌案に置かれた神饌／金刀比羅宮神饌田お田植祭）（金刀比羅宮提供）

(3)　熟饌《じゅくせん》

忌火《いみび》を鑽《き》り出しそれで素材を煮炊《にた》きしたもの、手を加え調理した神饌、そのまま食べられるように調理塩梅《あんばい》の出来た神饌が「熟饌」すなわち「調理神饌」であり、神々への食供《しょっく》としてはこれが本来的な神饌である。【2―51】

神社においては、古来からの祭祀の由緒によって特別にこのような神饌を調理をする場合もみられるし、近時は略儀として外注した料理などを修祓した上で奉ることもある。

(4)　素饌《そせん》

明治以前に多くみられた神饌で、魚介《ぎょかい》類や肉類（鳥獣《ちょうじゅう》）を献進《けんしん》しない、いわゆる「精進料理《しょうじんりょうり》」以外のものを供えない神饌が「素饌」である。これは獣《けもの》の肉を忌《い》むとともに、仏教の影響によるものであり、神道の本義には関わりのないものであるが、今日ではその例はほとんどみられなくな

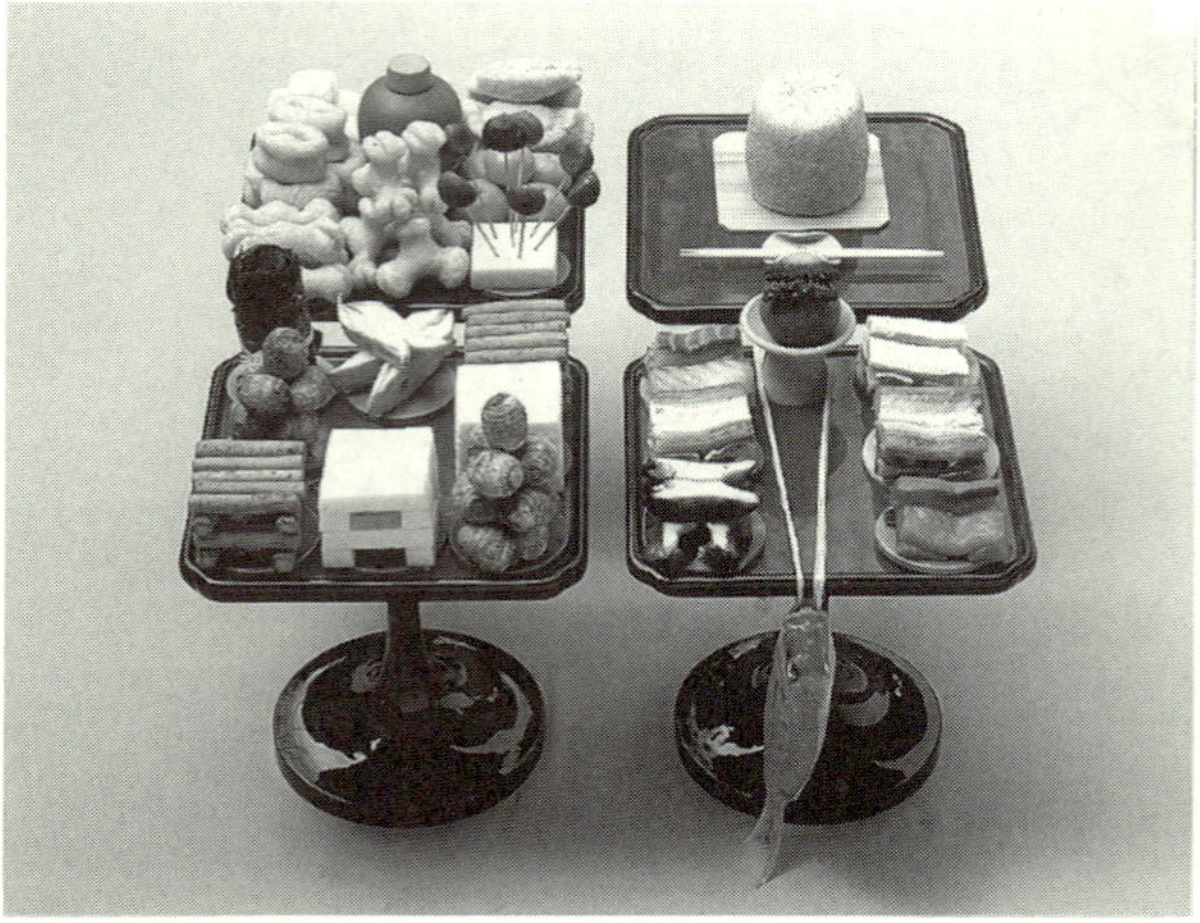

【２-51】 熟饌（調理神饌）の一例（御戸開八種神饌のうち）
（春日大社提供）

っている。

(5) 初穂《はつほ》

一般の家庭の神棚には、毎日特別の神饌を奉って鄭重《ていちょう》な祭祀《まつり》を営むことは、決して多くはないであろう。それに代って毎日の「日供祭《にっくさい》」（後述、本節の(7)）が行われているが、それ以外にも、日々の生活の中で初物《はつもの》はもちろん、珍しいものを余所《よそ》から頂いたり、あるいは何かの食べ物を買って来たり、美味《おい》しい料理が出来上がったり、ご飯が炊《た》き上がったり、朝の上《あ》がり端《ばな》が出たり（朝一番の茶をいれた時の意）、若水《わかみづ》（朝一番の水）を汲《く》んだり、酒の口開《くちあ》けをしたり、といったような場合には、必ずまず最初に少し取り分けてそれを神棚に供えるという慣《なら》わしがある。[12] これらは神饌の一種といえばいえなくもないであろうが、いわゆる「初穂」といえば、よりその本意に近いものとなろう。

初穂として、新鮮なもの、姿形《すがたかたち》の麗《うるわ》しい珍味佳肴《ちんみかこう》の

【2-52-(1)】　率川神社三枝祭の神酒にゆりの花を添える　(大神神社提供)

品々は、大いに神棚に供えて、その後に家内中で賞美《しょうび》すべきであろう。

(6)　供花《きょうか》

花を供えるというと、仏教的な色彩が強く意識されるかもしれないが、古来より花は神霊を慰《なぐさ》めるために、供覧《きょうらん》(原義は多くの人が見られるようにすること。ここでは神様に見ていただくこと)の意味から神前に奉る事例も少なくなく、著名な神社の祭典の際に、花が奉られることも多く見られる。

例えば、大神《おおみわ》神社(奈良県桜井市三輪鎮座)の摂社率川《せっしゃいさがわ》神社(奈良県奈良市子守町鎮座)の三枝祭《さいぐさまつり》(六月十七日)に神酒供進の酒樽《さかだる》が笹百合の生花で飾り奉られ(【2―52―(1)】)、また石清水《いわしみず》八幡宮(京都府八幡市八幡高坊鎮座)の石清水祭(九月十五日)に一年十二ヶ月を象徴する造花(この供花は、宮中から供進される建前になっている)が献じられ

【２-52-⑵-①】石清水祭供花の一部（杜《かき》若《つばた》）（石清水八幡宮提供）

【２-52-⑵-②】石清水祭供花の一部（菊）（石清水八幡宮提供）

る（【２―52―⑵①・②】）などの事例がみられる。

神棚に奉斎《ほうさい》された神々に対しても、季節の花々を折《お》り添《そ》えて奉ることも、大切な神慮の慰撫《いぶ》となるはずである。

⑺　日供祭《にっくさい》の神饌

「日供」とは、神々への日々の供え物である（またその飲食物の給仕《きゅうじ》をも含めて考えてもよいであろう）。一般家庭にあっては、初穂はもとよりのこと、毎日の給仕のために特別に料理を作ることは、心に思っていてもなかなか出来るものではない。そこで毎朝神棚に、米（洗米《せんまい》）・塩・水の三品を日供として奉ることを通例とする。あるいは、ご飯とお茶の初穂を供えたり、神棚の神前には先の三品《みしな》を供し、祖先の霊前にはご飯とお茶をと分けて供する家もあり、それらを簡略化《かんりゃくか》させてその中の一品だけを供する場合などもみられる。

全国各地の神社で用いられている祝詞の中に「朝《あした》の御《み》饌《け》夕《ゆふ(う)べ》の御《み》饌《け》仕《つか》へ《(え)》奉《まつ》りて」とあるごとく、「日供」の御饌を朝に夕に仕え奉ることは、多くの神社において普遍的《ふへんてき》に行われており、神棚の祭祀にあっても同様に行われることが理想である。しかしながら、一般家庭にあっては、毎朝毎夕に丁寧《ていねい》に「日供祭」を行なうことは、なかなか容易ではないであろう。丁寧に行なうことは非常に大切であるが、それが長続きしないのでは意味がない。形は簡素《かんそ》であっても、年中を通じて継続して実行できることが重要である。

したがって、毎日朝夕（あるいは夕方は諸般の都合で略すこともやむを得ないかもしれないが）米（洗米）・塩・水の三品を日供として奉ることを、出来得る限り実行したいものである。それがもし無理であったならば、ご飯が炊《た》けた時に神棚や仏壇に真先《まっさき》に供えてきた父祖代からの麗《うるわ》しい事例を想《おも》い、われわれは誰しもが毎日必ず食事をするのであるから、せめてその際には出来上がったご飯や味噌汁、あるいはパンの一切れや一杯のコーヒー・紅茶などを神棚に供えることを、是非とも実行するべきであろう。

(8)　神饌奉供上《ほうくじょう》の古伝《こでん》

神饌の献撤《けんてつ》（献は供えること、撤は供えたものを下《さ》げること）の順序や、神饌を盛る三方（折敷《おしき》・高杯《たかつき》〔坏〕）の台数、神饌の盛り方、神饌として必須《ひっす》の品物の必要な理由などについては、非常に煩雑《はんざつ》な内容となるので、今はその多くを省略に従い、一般家庭における神棚の奉斎上、神饌に関して心得ておく必要のある事柄について、以下に列記しておきたい。

① 調理した神饌（熟饌《じゅくせん》）には、箸《はし》を添《そ》えるのを本義とする（【2―53―(1)】）。その箸は、半紙を折り畳《たた》んで作った畳紙《たとう》（袋）に入れたりしてもよい。

【2-53-(1)】 箸が添えられた熟饌（金刀比羅宮提供）

② 三方（折敷・高杯〔坏〕）1台の上に、米（もしくはご飯・餅など）・神酒《みき》・塩・水の四種を供える場合は、【2―53―(2)】のように奉る。

③ 蓋《ふた》の付いた容器で神酒・水などを供える際には、拝礼に際して蓋を取り開け、拝礼が終了した後に蓋を閉じる。

④ 献酒《けんしゅ》をしない平日の瓶子《へいし》の置き場所や、神酒が三方（折敷・高杯〔坏〕）に載せられない場合には、【2―53―(3)】のように置く。

⑤ 神饌の品数やそれを盛る三方（折敷・高杯〔坏〕）の台数は、奇数《きすう》でも偶数《ぐうすう》でも差し支《つか》えない。但し、そこに盛る品物ごとに各一つだけ（例えば林檎《りんご》一個、餅一枚、卵一個、菓子一個など）を奉ることは古来忌《い》まれている。また、その盛り方については、四方（あらゆる角度）からみて麗《うるわ》しく盛り付けることを心掛け、単に人目にだけよいことは憚《はばか》らねばならない。

⑥ 神饌の主体は、米（洗米・ご飯・餅の類）・酒・塩・水であり、この四品は古来最も大切なものである。

⑦ 偶数（二台）の三方（折敷・高杯〔坏〕）を並べる場合には、【2―

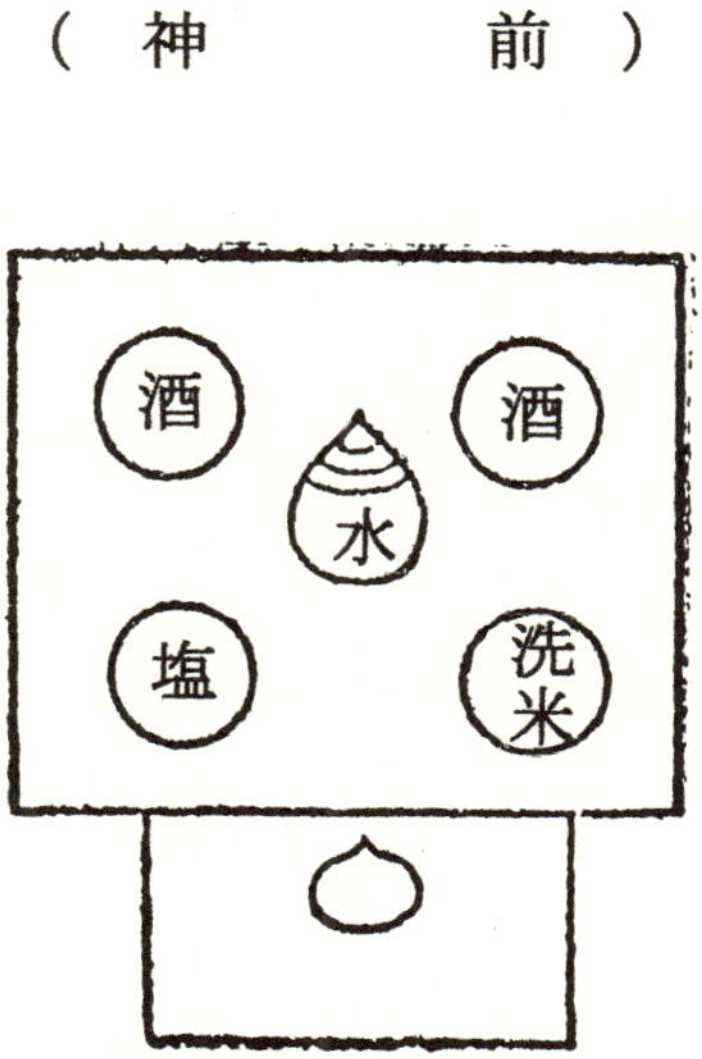

【2 -53-(2)】 米・神酒・塩・水（4 種）を奉献する場合の事例（以下【2-53-⒀】までの各図版は、『神道祭祀提要＝正しい神棚の祀り方＝』小林正勝著〔誠道会本部／刊〕の収載図を修正して使用した。以下【2-53-⒀】まで同様）

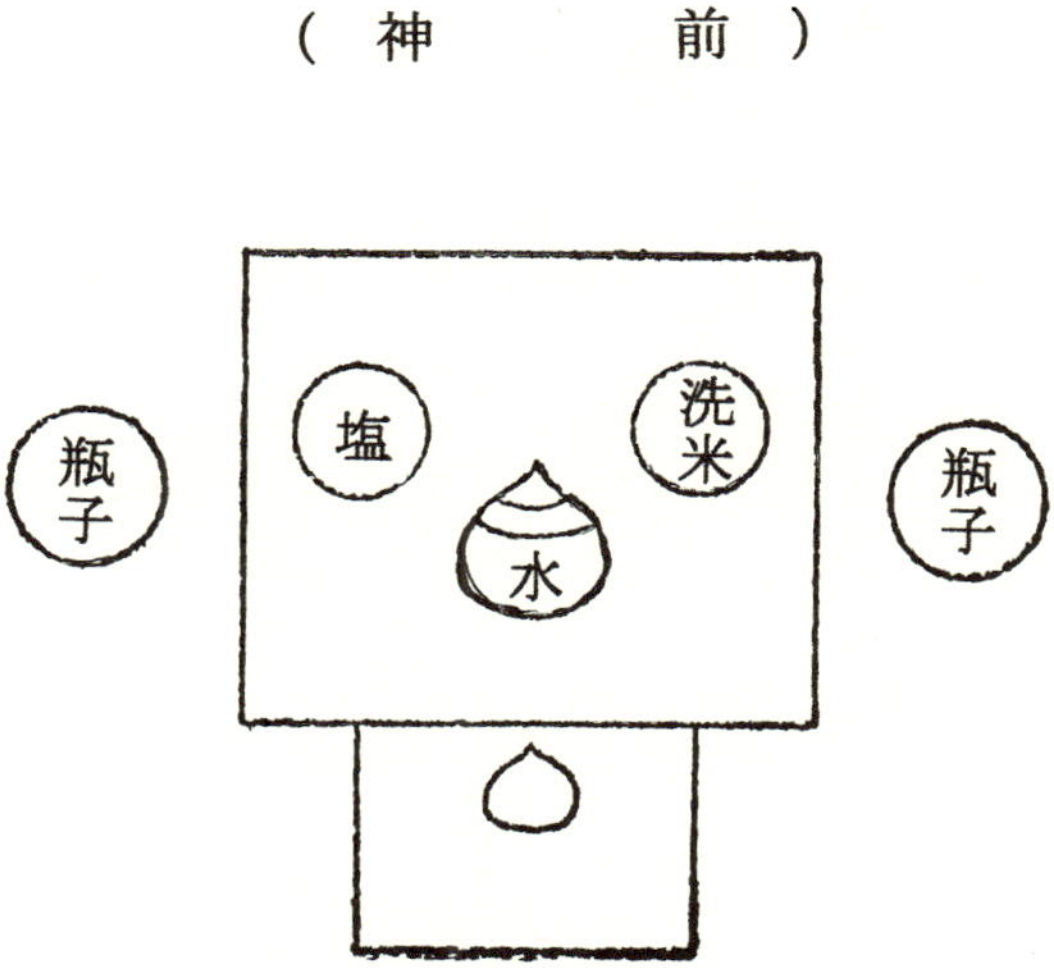

【2 -53-(3)】 洗米・神酒・塩・水（4 種）を奉献する（神酒を三方〔高杯［坏］上に奉献しない〔できない〕）場合の事例

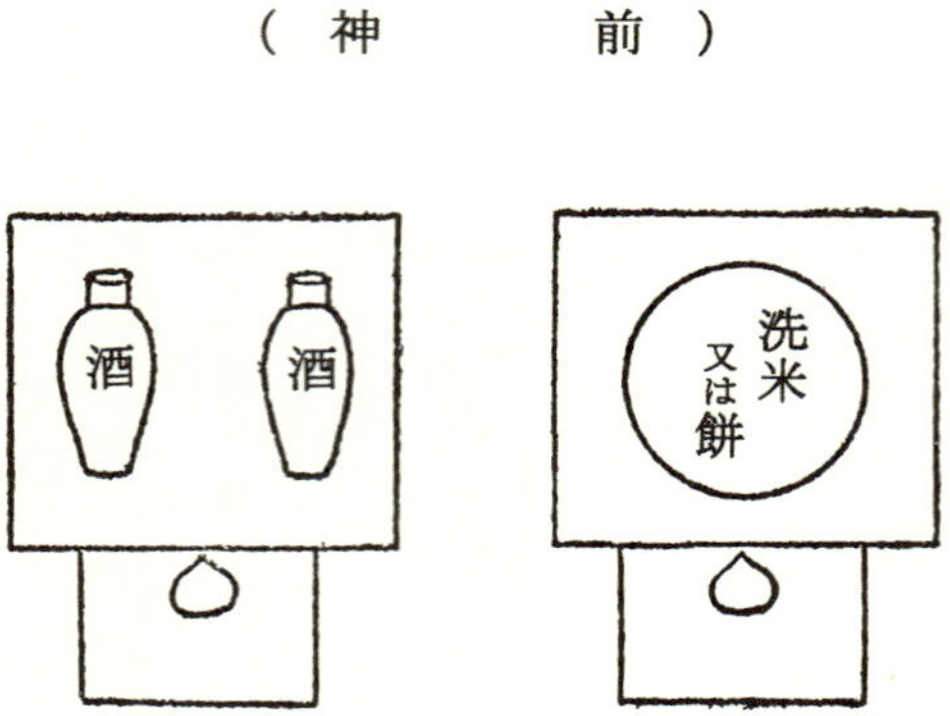

【2-53-(4)】偶数（2台）の三方（折敷・高杯〔坏〕）に米・神酒（2種）を奉献する事例

53―(4)のように米を載せたものを上位《じょうい》（神前に向かって右側）に、神酒を下位《かい》（向かって左側）に据える。

⑧奇数（三台）の三方（折敷・高杯〔坏〕）を並べる場合には、【2―53―(5)】のように米を載せたものを正中《せいちゅう》（中央）に、神酒を載せたものを神前に向かって右側に、その他のものを乗せたものを神前に向かって左側に据える。

⑨餅は、一枚だけ供えることを忌《い》み、紅白一重《ひとかさね》を供える際には、紅白何れを上下にするかについて、特別の定めはないので、個人個人の考え方で差し支《つか》えない。餅を奉る順序は、酒の次であるので、三方（折敷・高杯〔坏〕）の台数が奇数（3台）の場合は、【2―53―(6)】のように神前に向かって米の左隣に据え、偶数（4台）の場合には【2―53―(7)】のように神前に向かって米の右隣に据える。

⑩神酒は、【2―53―(8)】のように神饌が調理されたもの（熟饌《じゅくせん》）の場合には盃《さかづき》に注《そそ》いで奉り、生饌《せいせん》の場合には瓶子《へいし》のまま（盃に注がずに）奉るのが通例である。また、男神と女神とでは、その奉り方に相違があるともいわれるが、一般家庭の神棚の奉斎にあっては、そこまで詮《せん》

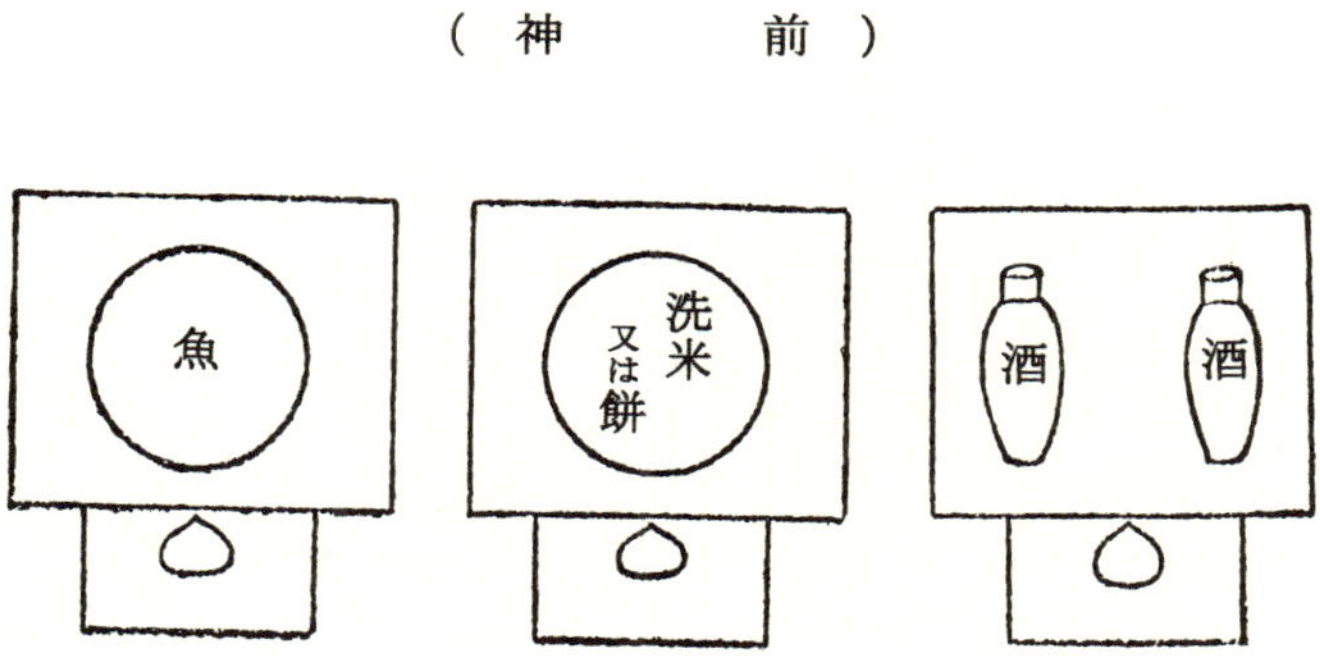

【2 -53-(5)】 奇数（3台）の三方（折敷・高杯〔坏〕）に米・神酒・魚（3種）を奉献する場合の事例

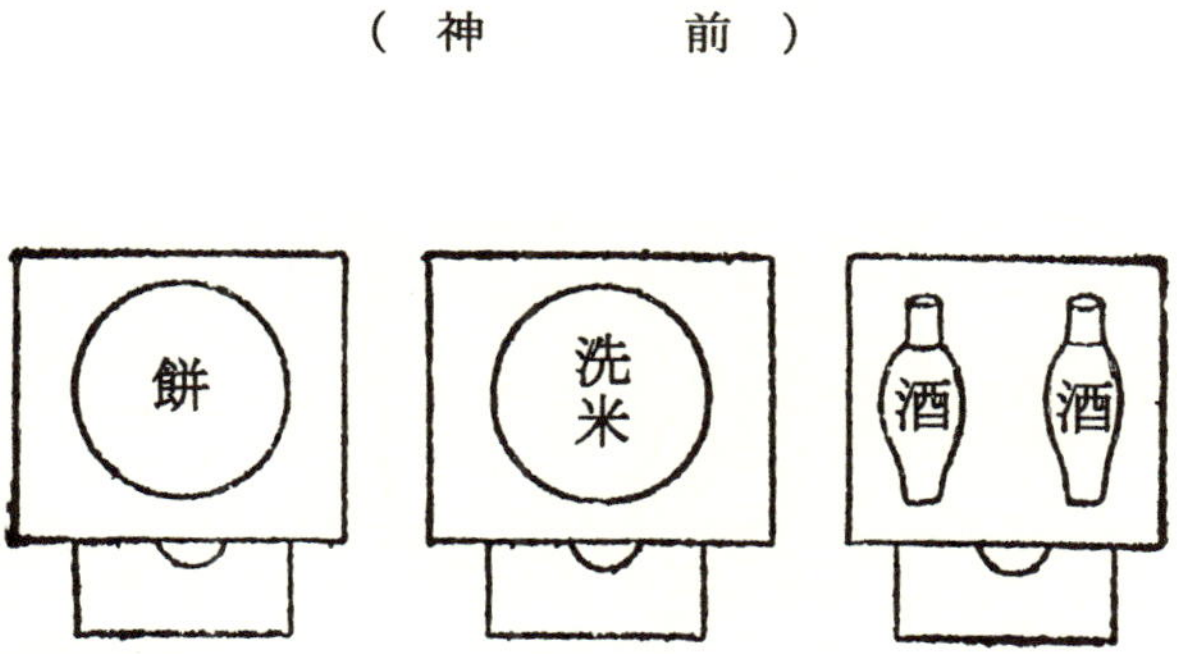

【2 -53-(6)】 奇数（3台）の三方（折敷・高杯〔坏〕）に米・神酒・餅（3種）を奉献する場合の事例

（神　　前）

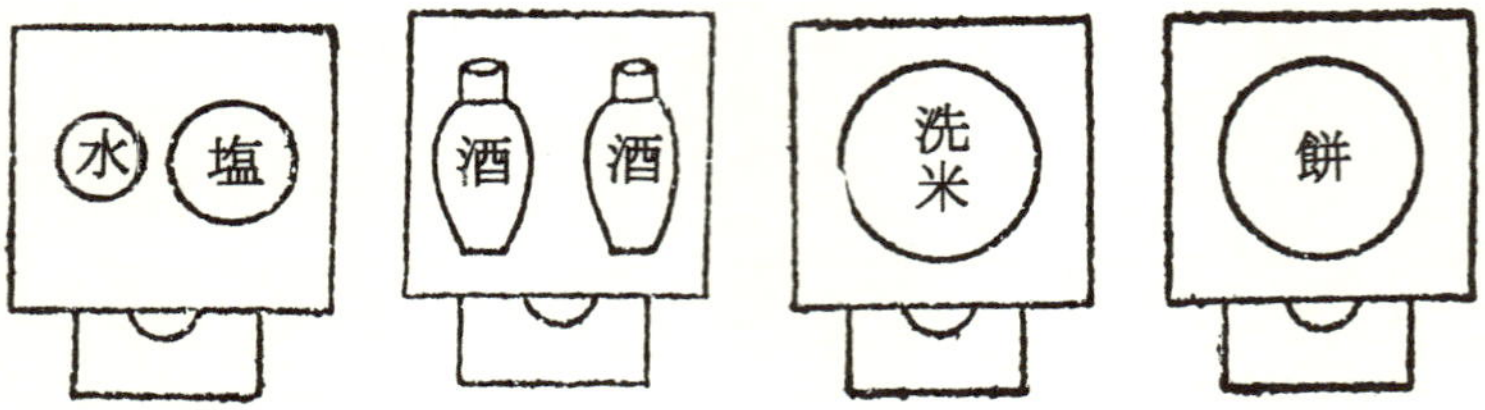

【2-53-(7)】 偶数（4台）の三方（折敷・高杯〔坏〕）に米・神酒・餅・塩・水（5種）を奉献する事例

（神　　前）

【2-53-(8)】 熟饌（調理神饌）の場合の神酒奉献（盃に注いで奉る）の事例

索《さく》する必要はない。

⑪貝類は、殻《から》の付いたまま奉る場合が少なくない。

⑫魚類は、海の魚を川の魚よりも上位とする（例えば鯛と鯉を奉る場合は、鯛を先に奉る）。

⑬海魚・川魚の盛り方は、正中《せいちゅう》の方に頭《かしら》を向けるのは当然だが、何時の頃からか「海魚は腹を、川魚は背を神前に向ける」

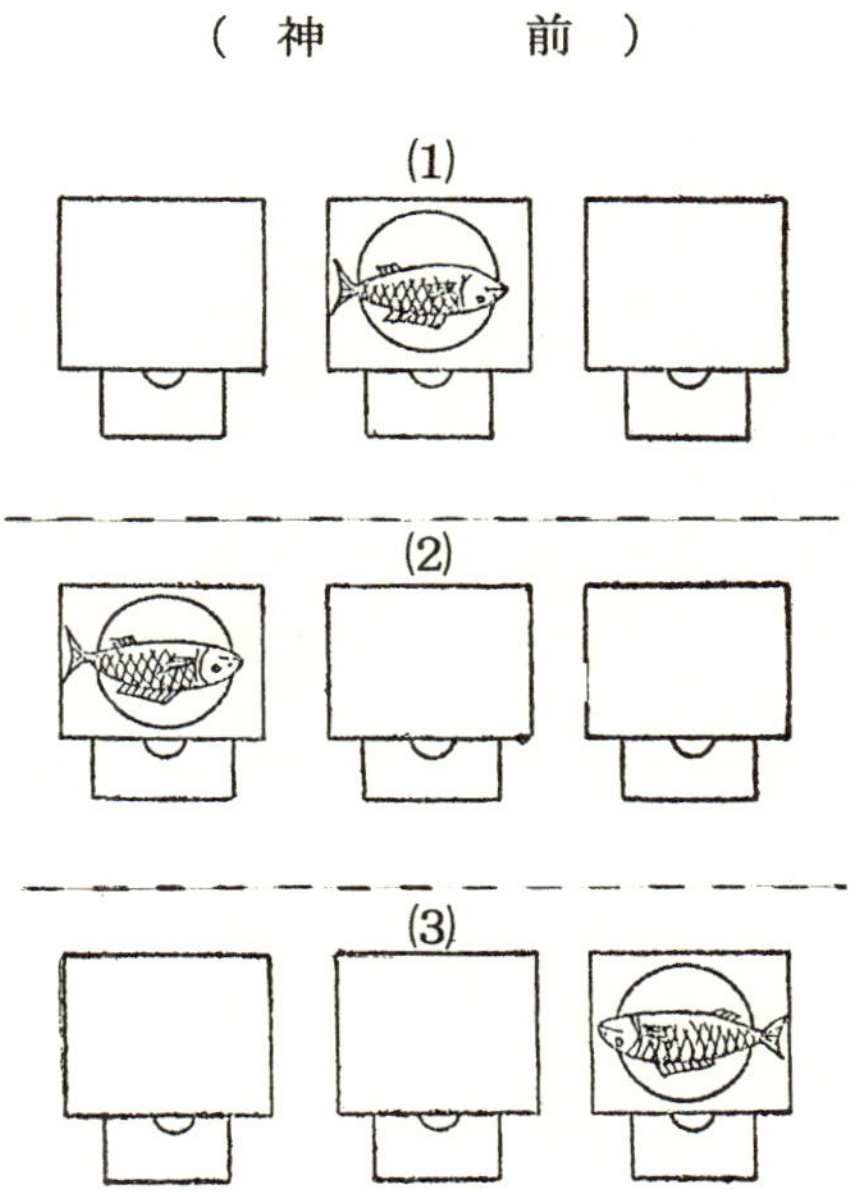

【2-53-(9)】 魚の奉献の方法　(1)魚を中央に備える場合　(2)魚を向かって左側に備える場合　(3)魚を向かって右側に供える場合

といわれて来たが、対者《たいしゃ》に背を向けるということは非礼であり、そのような供え方は誤りである。

⑭ 魚類は、全て腹を神前に向け、【2―53―(9)】(1)のように正中（中央）に、または【2―53―(9)】(2)のように神前に向かって左側に供える場合には頭《かしら》を右にして奉り、【2―53―(9)】(3)のように神前に向かって右側に供える場合には頭を左にして奉る。丸身《まるみ》の魚は、鱗《うろこ》も取らず、腹も割《さ》かずにそのまま奉る。

⑮ 海魚は、鯛《たい》を最上として、鰯《いわし》・鰈《かれい》・蛸《たこ》などの下魚《げざかな》を憚《はばか》る。

⑯ 川魚は、鯉《こい》を最上として、鰌《どじょう》・鯰《なまず》などの下魚を憚る。

⑰ 魚を土器《かわらけ》に載せる際には、檜《ひのき》の葉や笹の葉などを敷くとよいが、それらがなければ敷かずと

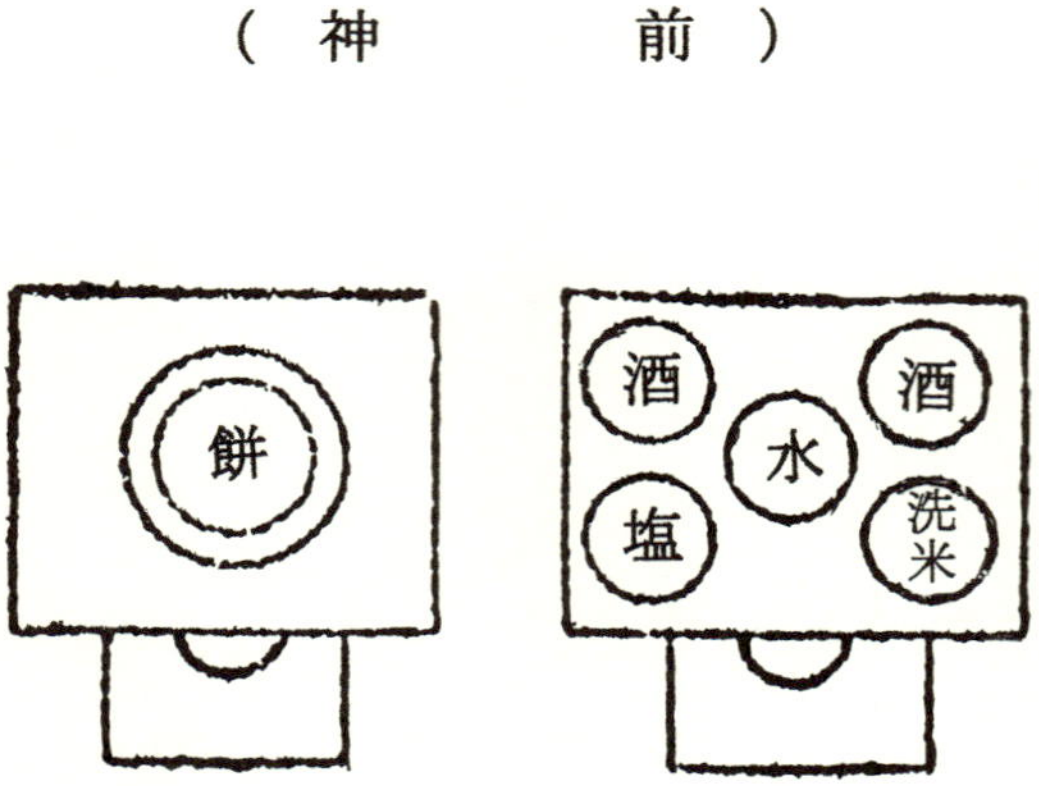

【2-53-⑽】三方（折敷・高杯〔坏〕）に2台で神饌を奉献する場合

もよい。

⑱いわゆる四脚《よつあし》（四足《しそく》）といわれる獣《けもの》の肉を忌むのは、仏教の弊害《へいがい》であり、神道本来には直接関わりはないが、慣《なら》わしも久しきに亘《わた》ればある種の風格にもなる。それを敢《あ》えて押し切ることは、かえって気持ちの安らぎを欠くことにもなるので、一般の慣わしに従うことが穏当《おんとう》であろう。

⑲鳥類は、通例羽の付いたまま、頭は魚の向きに準じ、脚《あし》を白紙で巻いて奉る。

⑳野菜では葱《ねぎ》・韮《にら》・大蒜《にんにく》などの臭気のあるものは避ける。（石清水八幡宮の特殊神饌として、「大蒜《おおびる》」〔にんにく〕を奉る例がみられる。）

㉑菓子を奉ることも差し支えないが、饅頭《まんじゅう》や団子《だんご》などは仏に供える物として忌まれている。

㉒本節の神饌奉献《ほうけん》例の図中に〈洗米《せんまい》〉とあるのは、主として精米された米・ご飯・餅などを含めたものであり、その中のどれか一つを奉ればよいが、もちろん全部を同時に奉っても差し支えない。

㉓神社祭式によれば、塩と水は神饌の最後に奉ることになっているが、

（神　　前）

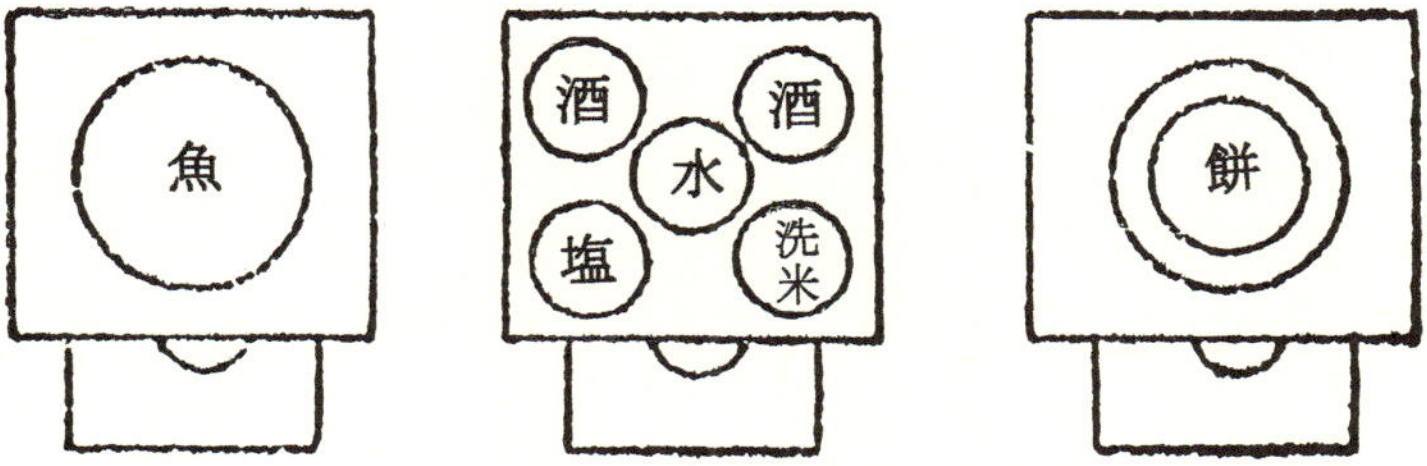

【2-53-(11)】　三方（折敷・高杯〔坏〕）3台で神饌を奉献する場合

（神　　前）

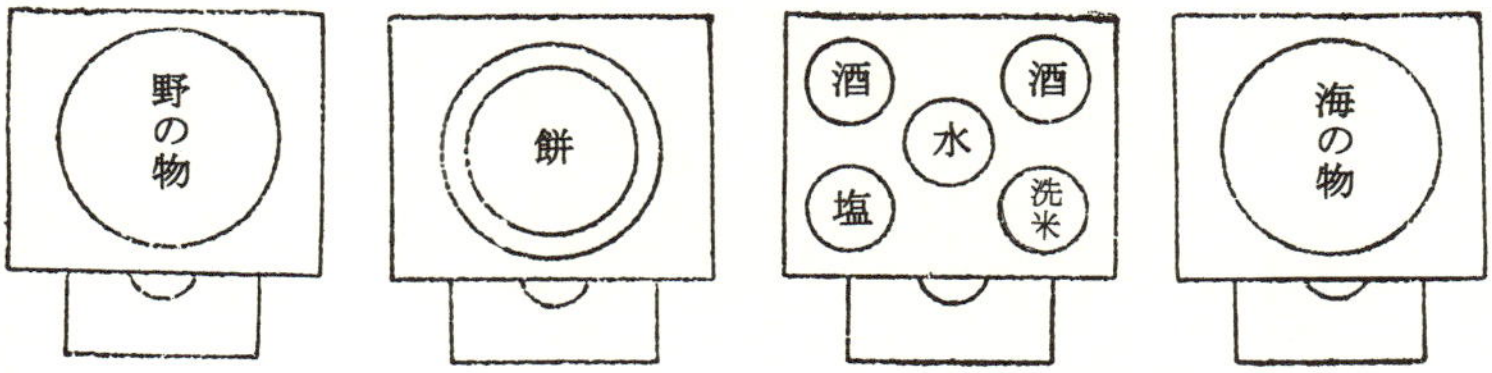

【2-53-(12)】　三方（折敷・高杯〔坏〕）4台で神饌を奉献する場合

（神　　前）

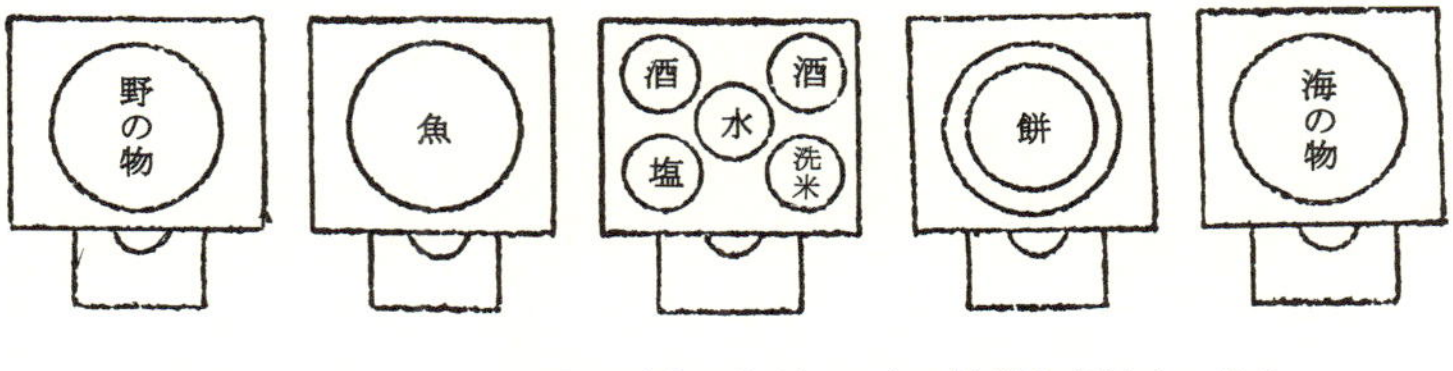

【2-53-(13)】　三方（折敷・高杯〔坏〕）5台で神饌を奉献する場合

この二品は神饌として欠くことの出来ぬ品々であるから、他の品々を奉らずとも、米（洗米）とともに必ず奉りたいものである。

㉔全体として神饌は、新鮮《しんせん》なもの、姿形《すがたかたち》の麗《うるわ》しいもの、色の鮮《あざや》かなもの、他の品々との対照《たいしょう》が色彩的であるものなどの点を考慮して、奉らねばならない。

㉕神饌の撤下品《てっかひん》（お下《さ》がり）は、さまざまな議論はあるが、家族皆で戴《いただ》くようにしたい。

㉖一般的な神饌の奉り方について、次に例示しておきたい。

①三方（折敷・高杯〔坏〕）二台の場合―【2―53―⑽】

②三方（折敷・高杯〔坏〕）三台の場合―【2―53―⑾】

③三方（折敷・高杯〔坏〕）四台の場合―【2―53―⑿】

④三方（折敷・高杯〔坏〕）五台の場合―【2―53―⒀】

⑤以下、これに準じて順次増加させればよい。

15　神棚の拝礼作法

神棚の拝礼については、各家庭ごとにその家の習わしがあったり、個人個人の信仰によっても自《おの》ずから建て前も異なってくるから、以下には広く一般にも通じる「神社祭式」の作法に準じて述べてみたい。

(1)　立礼《りゅうれい》と座礼《ざれい》

神棚奉安の状況（主として神棚が設置された高さ）から、神棚が比較的高い位置に設けられている場合には、立ったままでの奉仕や拝礼する作法が行なわれ、これを「立礼」と称する。立礼の作法は、屋外の庭上作法に由来するものである。

また、比較的低い位置に神棚が設けられている場合には、立ったまま拝礼する作法を行なうと、神棚に奉斎《ほうさい》されている神々を見下《みお》ろし礼を失するようにもなりかねないので、そのような際には座《すわ》った姿勢で奉仕や拝礼を行なう作法があり、これを「座礼」と称する。

(2)　正中《せいちゅう》

神前の正面（真中《まんなか》）を「正中」と称する（【2―54―(1)】）。神棚の御鏡《みかがみ》は正中に装《よそお》い、拝礼する際には、この御鏡を目標にするとよいであろう。

(3)　神前の呼称《こしょう》

神社の祭神（神霊・御霊《みたま》）の前（神前《しんぜん》）を、「御前《みまえ》」・「広前《ひろまえ》」・「大御前《おおみまえ》」などと称するが、今日一般的には「大前《おおまえ》」と称している。時に「太前《ふとまえ》」と称した事例もみられる（太前を「おおまえ」と呼んだ例もある）が、今日はほとんど

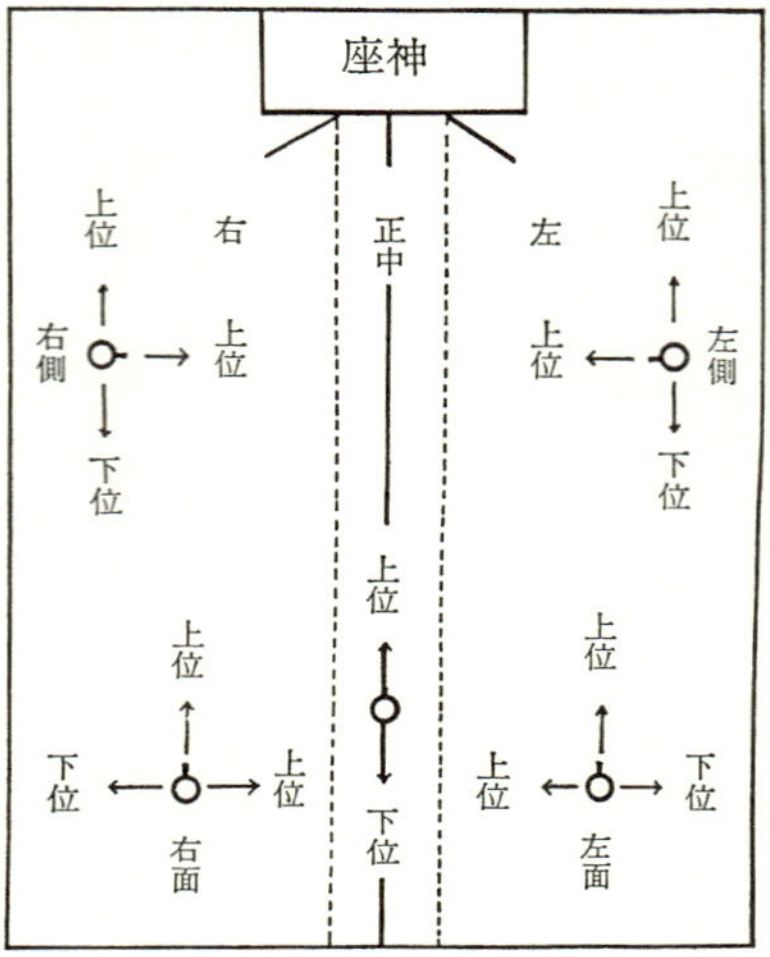

【2-54-(1)】　神前における座位の上下
『神社祭式行事作法教本』（金光慥爾原著、國學院大學祭式教室／刊）より

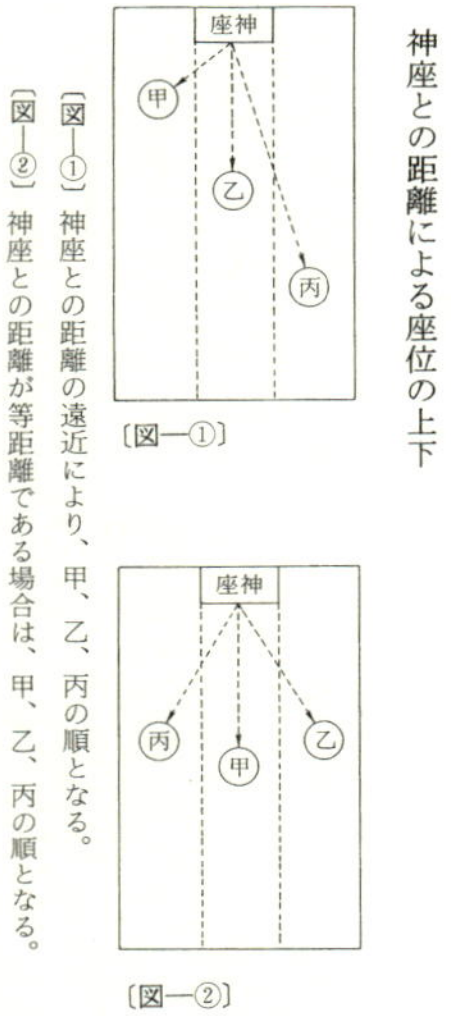

神座との距離による座位の上下

〔図—①〕
〔図—①〕神座との距離の遠近により、甲、乙、丙の順となる。

〔図—②〕
〔図—②〕神座との距離が等距離である場合は、甲、乙、丙の順となる。

【2-54-(2)】　『神社祭式同行事作法教本』（長谷晴男著、神社新報社／刊）より

用いられていない。また「大御前」は、今日にあっては伊勢の神宮の場合に限って使用されるのが通例である。

神棚の奉斎神（神霊・御霊《みたま》）の前は「大前」もしくは「御前」と称すればよいであろう。

(4)　神前における座位《ざい》の上下

神前における座位の上下は、神座の位置を基準として決定される。原則として神座に近いほうを上位《じょうい》とし、神座から遠いほうを下位《かい》とするが、神座から左右等しい距離にある場合には、左右に順位を付ける必要が生じ、神座の正面である正中線上を第一位とし、次に神座から見て左側（神座に向かって右側）を次位とし、その次に神座から見て右側（神座に向かって左側）を第三位とする。（【2―54―(1)】・【2―54

―⑵】）

⑸　揖《ゆう》

「揖」は、本節次項の「⑹拝《はい》」に次ぐ敬礼作法《けいれいさほう》（尊敬の作法）で、普通礼《ふつうれい》における軽いお辞儀《じぎ》、会釈《えしゃく》に相当するものであり、上体を軽く前に傾《かたむ》けて、敬意《けいい》を表すものである。（【2―55―⑴】・【2―55―⑵】）

神社祭式において、揖は座の起着《きちゃく》（起《た》つ時と座《すわ》る時）・列の起着・階段の昇降・建物や神門の出入・物品の授

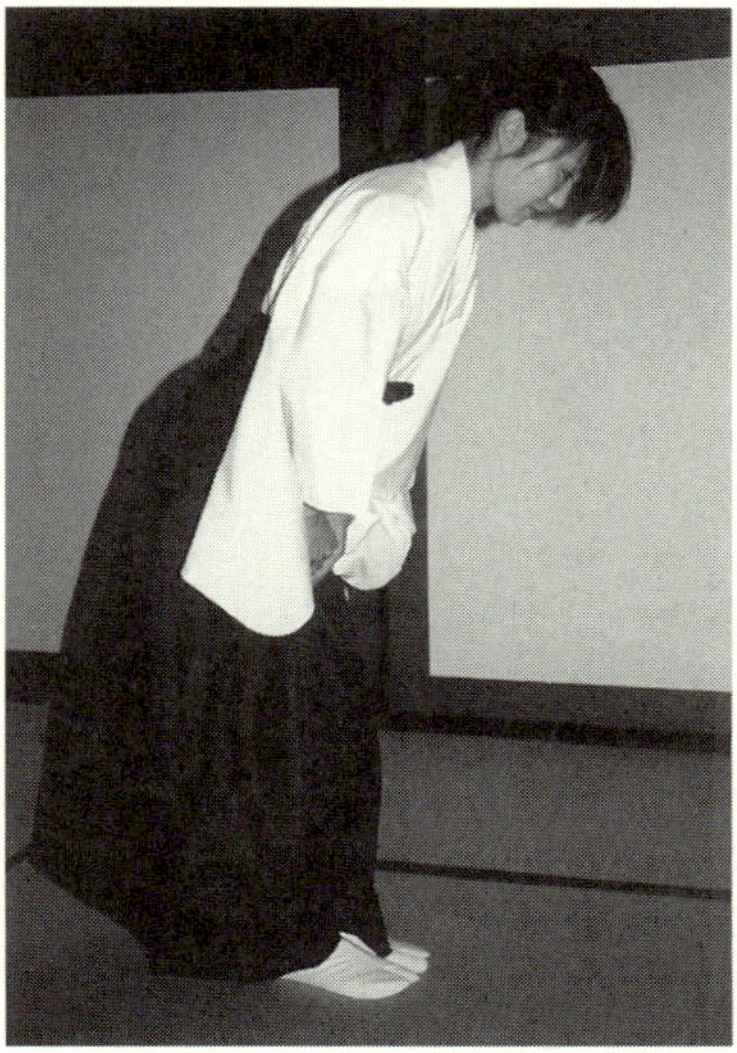

【2-55-⑴】　揖（小揖）の作法（立礼の場合）

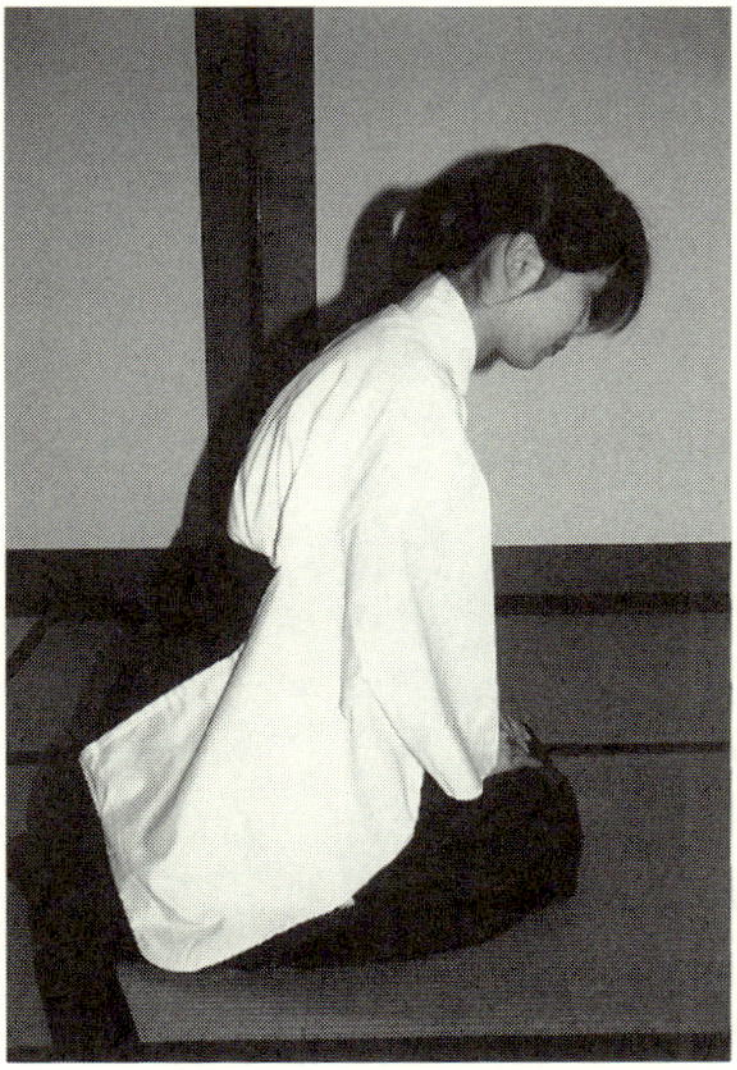

【2-55-⑵】　揖（小揖）の作法（座礼の場合）

受・神前の進退などの際に行なうこととされており、神棚への神饌の献撤《けんてつ》や拝礼作法の前後などに、揖の作法を心掛けるとよいであろう。

【2-56-(1)】 拝の作法（立礼の場合）

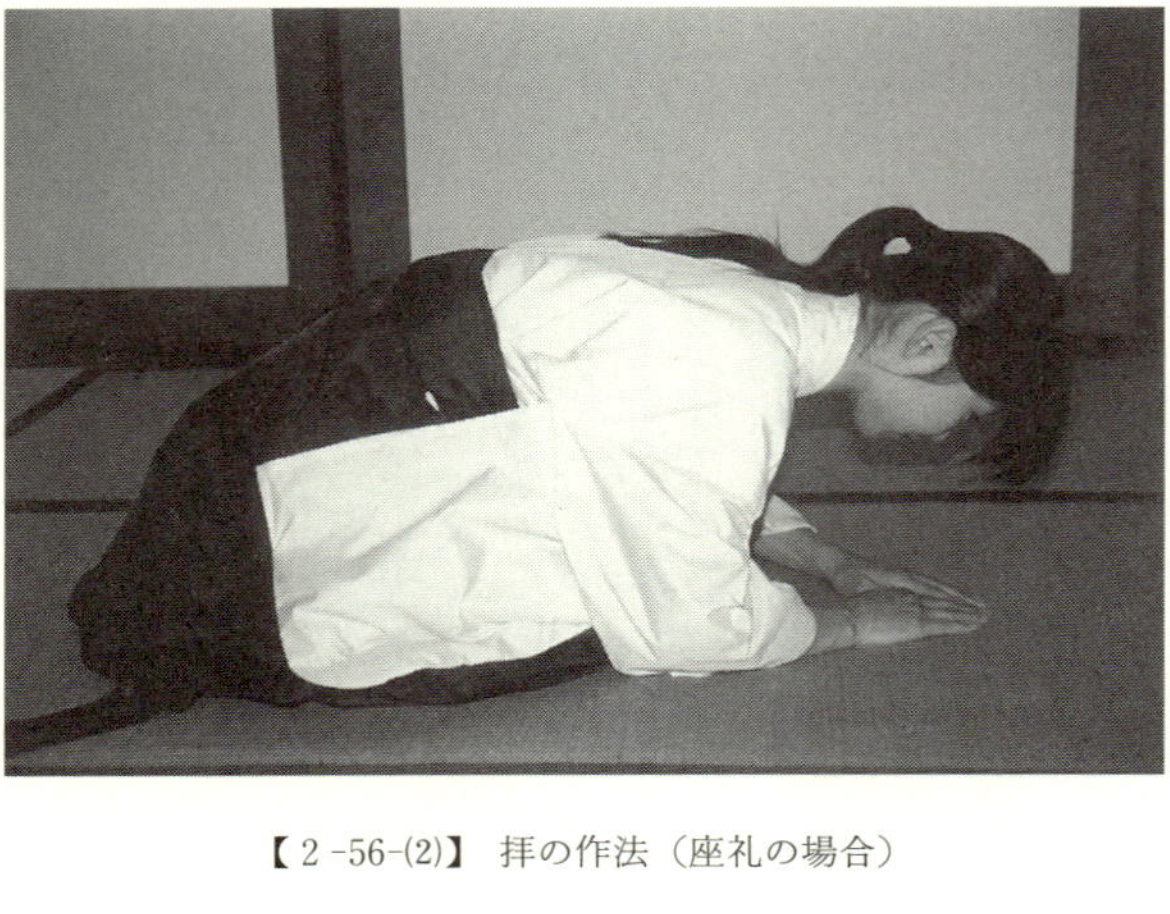

【2-56-(2)】 拝の作法（座礼の場合）

(6) 拝

「拝」は、オガム・オロガムすなわち「折れ屈《かが》む」という義であり、上体を前に深く折り屈ませて（背中が水平になる位まで深々と頭を下げて）最敬礼《さいけいれい》を表す作法である。敬礼作法の中ではこれが最も重いものであり、正立《せいりつ》（正しく直立する）もしくは正座《せいざ》して、不動の姿勢をもって最大級の誠敬《せいけい》（真心をもって敬まうこと）を表わす作法である。（【2―56―(1)】・【2―56―(2)】）

拝を二度繰り返して行なうことを「再拝《さいはい》」といい、一拝してもとの正体《せいたい》（正立もしくは正座）に復し、さらにもう一拝する作法である。また、再拝の後にさらに再拝を重ねる作法を「両段再拝《りょうだんさいはい》」（「再拝両段《さいはいりょうだん》」・「両度再拝《りょうどさいはい》」）といい、両段再拝を重ねた拝を「八度拝《はちどはい》」と称し、拝の度数が多いほど鄭重な作法となるが、通常は再拝による拝礼が行なわれている。

(7) 拍手

「拍手」は、両手を合わせ、静かに左右に開いて拍《う》ち合せる作法である。神前において拍手を行なう場合には、敬意の表現作法の一つとなり、拝とこの拍手の作法とを併《あ》わせ行なうことによって、最も重い敬礼作法《けいれいさほう》となる。拍手のことを「平手《ひらて》」・「開手《ひらて》」とも呼称し、「カシワデ」と称する場合もある。

両手を胸の辺《あた》りに上げて合わせ、指先を揃えて少しく上に向け（【2―57―(1)】）、次に右手の指先を左手の指先より少し（一寸五分―約4・5センチメートル程度）引き下げて（【2―57―(2)】）、静かに左右に肩幅程開いて（【2―57―(3)】）、ポンと拍ち合わせ（【2―57―(4)】）、さらにもう一度繰り返して両手を拍ち合わせてから、両手の指先を揃えて（【2―57―(5)】）静かに解《と》

【2―57―(3)】

【2―57―(1)】

【2―57―(4)】

【2―57―(2)】

【2―57―(5)】

【２-60-(1)】～【２-60-(5)】　拍手の作法

く。この作法を二拍手《にはくしゅ》という。（手を拍《う》ち合わせる際、指間を開かないこと。）

拍手の音は、必ずしも高いに及ばず、爽《さわ》やかなるをよしとしているが、忍手《しのびて》といって神葬祭《しんそうさい》などにおける拍手の場合には、高く明るい音は葬儀など悲哀《ひあい》に満ちた場所には相応《ふさわ》しくないというところから、高い音がしないように極《きわ》めて軽く小さく手を拍《う》つ（手を拍つ音が全くしないというわけではなく、通常では聞こえない程度の極《ごく》小さ目の音はする）習わしとなっている。

(8) 拝礼の作法

①拝礼作法（その一）

先ず心身を清め、衣服を正した後に、神前に進む。

1、揖《ゆう》をしてから宮形《みやがた》の扉を開いて、再度揖をする。但し、宮形の扉の開閉は、宮形の製《つくり》と神棚の奉安状況により、必ずしも拘泥《こうでい》するには及ばない。

2、揖をしてから神饌（米〔洗米〕・水・塩など）を供えて、再度揖をする。（切り火の習わしなどがあれば、揖の後に行なう）

3、再拝（二拝）する。

4、二拍手する。

5、一拝する。

6、揖をした後に、神前から退下《たいげ》する。家内中打ち揃って拝礼し得れば、退下の揖をする前に宮形の扉を閉じ、そうでない場合には、家族全員の拝礼が終わるのを待った後に、宮形の扉を閉じる。

②拝礼作法（その二）

1～3までは、（その一）に同じ。

4、一家の主人または代表者が、「神棚拝詞《かみだなはいし》」を奏上する。その作法は、再拝（二拝）した後に、少しく体を前屈《ぜんくつ》させて、音声は中音《ちゅうおん》にて奏上する。「神棚拝詞」は、誤りなく奏上するために、奉書《ほうしょ》などに書き記したものや、書物を見ながら奏上しても差《さ》し支《つか》えない。また、心のうちで唱《とな》えたり、特に詞《ことば》を奏上せずに、黙禱《もくとう》してもよい。

5、再拝（二拝）する。

6、二拍手する。

7、一拝する。

8、揖をした後に、神前から退下する。

（宮形の扉を閉じること、〈その一の6〉に同じ。）

③拝礼作法（その三）

1～3までは、（その一・その二）に同じ。

4、祓詞《はらえことば》奏上者（一家の主人または代表者）が、「祓詞」（または大祓詞）を奏上する。その作法は再拝（二拝）

した後に、少しく体を前屈《ぜんくつ》させて、中音にて奏上する。その際、家族一同で祓詞を斉唱《せいしょう》してもよいし、祓詞に替ええて大祓詞を皆で斉唱してもよい。

5、祓詞奏上者が、再拝（二拝）、二拍手、一拝する。

6、神棚拝詞奏上者（一家の主人または代表者）が再拝（二拝）する。

7、「神棚拝詞」を奏上する。その作法は、少しく体を前屈させて、音声は中音にて奏上する。特別の祈願内容がある時には、「祈願詞《きがんし》」（祈願内容を記した文章）を常の祝詞（神棚拝詞）の後に続ける。その場合には「別辞《ことわ》きて白《まを(もう)》さく」と繋《つな》いでから、その事柄を奏上して、末尾は「恐《かしこ》み恐《かしこ》みも白《まを(もう)》す」と結ぶ。（この間、家族一同は謹《つつし》んで低頭〔やや深めの前屈〕する。）

8、神棚拝詞奏上者に合わせて、家族一同揃って拝礼（再拝（二拝）、二拍手、一拝）する。

9、揖をした後に、神前から退下する。

（宮形の扉を閉じること、〈その一の6〉に同じ。）

(9) 祝詞《のりと》（神棚拝詞《かみだなはいし》）

神棚の奉斎神《ほうさいしん》に奏上する詞《ことば》は、「祝詞」というよりも「拝詞」（「神棚拝詞」）と称するのが妥当であろうが、「祓詞」や「祈願詞」・「拝詞」などを総称して「祝詞」といっても、差し支えないであろう。

神棚の奉斎神を拝する詞には、多くの古例とともに新例もあり、単に神前に奏上する詞としてならば、

家内安全《かないあんぜん》、寿命長久《じゅみょうちょうきゅう》、福徳円満《ふくとくえんまん》、商売繁盛《しょうばいはんじょう》

などといった詞でも祝詞といえなくもないが、祝詞文の表現には出来るだけ後世の俗語《ぞくご》は避《さ》けるべきである。

神棚の「拝詞」に、

諸《もろもろ》の大神等《おほ(お)かみたち》守《まも》り給《たま(い)》ひ幸《さきは(わ)》へ給《たま(え)》へ

という例があり、また祖霊を拝する詞に、

代々《よよ》の御祖《みおや》の御霊等《みたまたち》守《まも》り給《たま(ひ)》ひ恵《めぐ》み給《たま(え)》へ

という例などもみられる。

以下に、「祓詞」(「祓略詞」)と「神棚拝詞」の一例を示しておきたい。

〔祓詞《はらえことば》〕

掛《か》けまくも畏《かしこ》き　伊邪那岐大神《いざなぎのおほ(お)かみ》　筑紫《つくし》の日向《ひむか》の橘《たちばな》の小戸《を(お)ど》の阿波岐原《あは(わ)ぎはら》に　御禊祓《みそぎはら(え)》へ給《たま(い)》ひし時《とき》に生《な》り坐《ま》せる祓戸《はらへ(え)ど》の大神等《おほ(お)かみたち》　諸《もろもろ》の過事《まがごと》　罪《つみ》　穢《けがれ》有《あ》らむ《(ん)》をば　祓《はら(え)》へ給《たま(い)》ひ　清《きよ》め給《たま(え)》へと白《まを(もう)》す事《こと》を　聞《き》こし食《め》せと　恐《かしこ》み恐《かしこ》みも白《まを(もう)》す

〔祓略詞《はらえのりやくし》〕

祓《はら(え)》へ給《たま(い)》ひ　清《きよ》め給《たま(え)》へ

〔神棚拝詞《かみだなはいし》〕

此《こ》の神床《かむどこ》に坐《ま》す　掛《か》けまくも畏《かしこ》き　天照大御神《あまてらすおほ(お)みかみ》　産土大神等《うぶすなのおほ(お)かみたち》の大前《おほ(お)まへ(え)》を　拝《を(お)ろが》み奉《まつ》りて　恐《かしこ》み恐《かしこ》みも

白《まを(もう)》さく
大《おほ(お)》神等《かみたち》の広《ひろ》き厚《あつ》き御恵《みめぐみ》を辱《かたじけな》み奉《まつ》り　高《たか》き尊《たふ(とう)と》き神教《みを(お)し(え)》へのまにまに　直《なほ(お)》き正《ただ》しき真心《まごころ》もちて誠《まこと》の道《みち》に違《たが(う)》ふことなく　負《お(い)も》ひ持つ業《わざ》に　勤《いそ》しみ励《はげ》ましめ給《たま(い)》ひ　家門高《いへ(え)かどたか》く　身健《みすこ》やかに　世《よ》のため人《ひと》のために　尽《つ》くさしめ給へ《(え)》と　恐《かしこ》み恐《かしこ》みも　白《まを(もう)》す

〔唱詞《となえことば》〕

祓《はら(え)》へ給《たま(い)》ひ　清《きよ》め給《たま(え)》へ　守《まも》り給《たま(い)》ひ　幸《さきは(わ)(え)》へ給《たま(え)》へ

〔大祓詞《おおはらえことば》〕

高天原《たかまのはら》に神留《かむづま》り坐《ま》す　皇《すめら》が親神漏岐《むつかむろぎ》　神漏美《かむろみ》の命《みこと》以《も》ちて　八百《やほ(お)》万神等《よろづのかみたち》を　神集《かむつど(え)》へに集《つど(え)》へ賜《たま(い)》ひ　神議《かむはか》りに議《はか》り賜《たま(い)》ひて　我《あ》が皇御孫命《すめみまのみこと》は　豊葦原水穂国《とよあしはらのみづほのくに》を　安国《やすくに》と平《たひ(い)》らけく　知《し》ろし食《め》せと　事依《ことよ》さし奉《まつ》りき　此《か》く依《よ》さし奉《まつ》りし国中《くぬち》に　荒振《あらぶ》る神等《かみたち》をば　神問《かむと》はしに問《と》はし賜《たま(い)》ひ　神掃《かむはら(い)》ひに掃《はら(い)》ひ給《たま(い)》ひて　語問《ことと(い)》ひし　磐根《いは(わ)ね》　樹根立《きねたち》　草《くさ》の片葉《かきは》をも語止《ことや》めて　天《あめ》の磐座放《いは(わ)くらはな》ち　天《あめ》の八重雲《やへ(え)ぐも》を伊頭《いづ》の千別《ちわ》きに千別《ちわ》きて　天降《あまくだ》し依《よ》さし奉《まつ》りき　此《か》く依《よ》さし奉《まつ》りし四方《よも》の国中《くになか》と　大倭日高見国《おほ(お)やまとひだかみのくに》を　安国《やすくに》と定《さだ》め奉《まつ》りて　下《した》つ磐根《いは(わ)ね》に宮柱太敷《みやばしらふとし》き立《た》て　高天原《たかまのはら》に千木高《ちぎたか》知《し》りて　皇御孫命《すめみまのみこと》の瑞《みづ》の御殿《みあらか》仕《つか》へ奉《まつ》りて　天《あめ》の御蔭《みかげ》　日《ひ》の御蔭《みかげ》と隠《かく》り坐《ま》して　安国《やすくに》と平《たひ(い)》らけく知《し》ろし食《め》さむ《(ん)》国内《くぬち》に　成《な》り出《い》でむ《(ん)》天《あめ》の益人等《ますひとら》が　過《あやま》ち犯《を(お)か》しけむ《(ん)》種種《くさぐさ》の罪事《つみごと》は　天《あま》つ罪《つみ》　国《くに》つ罪《つみ》　許許太久《ここだく》の罪出《つみい》でむ《(ん)》　此《か》く出《い》でば　天《あま》つ宮事《みやごと》以《も》ちて　天《あま》つ金木《かなぎ》を本打《もとう》ち切《き》り　末《すゑ(え)》打《う》ち断《た》ちて　千座《ちくら》の置座《おきくら》に置《お》き足《た》らは《(わ)》して　天《あま》つ菅麻《すがそ》を本《もと》刈《か》り断《た》ち　末《すゑ(え)》刈《か》り切《き》りて　八針《やはり》に取《と》り辟《さ》きて　天《あま》つ祝詞《のりと》の太祝詞事《ふとのりとごと》を宣《の》れ　此《か》く宣《の》らば　天《あま》つ神《かみ》は　天《あめ》の磐戸《いは(わ)と》

を押《お》し披《ひら》きて　天《あめ》の八《や》重《へ(え)ぐも》雲を伊頭《いづ》の千別《ちわ》きに千別《ちわ》きて　聞《き》こし食《め》さむ《(ん)》　国《くに》つ神《かみ》は　高山《たかやま》の　末《すゑ(え)》　短山《ひきやま》の　末《すゑ(え)》に上《のぼ》り坐《ま》して　高山《たかやま》の伊褒理《いぼり》　短山《ひきやま》の伊褒理《いぼり》を掻《か》き別《わ》けて　聞《き》こし食《め》さむ《(ん)》　此《か》く聞《き》こし食《め》してば　罪《つみ》と言《い(う)つみ》ふ罪は在《あ》らじと　科戸《しなど》の風《かぜ》の　天《あめ》の八《や》重《へ(え)ぐも》雲を吹《ふ》き放《はな》つ事《こと》の如《ごと》く　朝《あした》の御霧《みぎり》　夕《ゆふ(う)べ》の御霧《みぎり》を　朝風《あさかぜ》　夕《ゆふ(う)かぜ》風の吹《ふ》き払《はら(う)こと》ふ事の如《ごと》く　大《おほ(お)つべ》津辺に居《を(お)》る　大《おほ(お)ふね》船を　舳《へと》解き放《はな》ち　艫《ともと》解き放《はな》ちて　大《おほ(お)うなばら》海原に押《お》し放《はな》つ事《こと》の如《ごと》く　彼《を(お)ちかた》方の繁木《しげき》が本《もと》を　焼《や》き鎌《がま》の敏《と》鎌《がま》以《も》ちて　打《う》ち払《はら(う)こと》ふ事の如《ごと》く　遺《のこ》る罪《つみ》は在《あ》らじと　高山《たかやま》の　末《すゑ(え)》　短山《ひきやま》の　末《すゑ(え)》より　佐久那太理《さくなだり》に落《お》ち多岐《たぎ》つ　速《はやかは(わ)》川の瀬《せ》に坐《ま》す　瀬織津比売《せおりつひめ》と言《い(う)かみ》ふ神　大《おほ(お)うなばら》海原に持《も》ち出《い》でなむ《(ん)》　此《か》く持《も》ち出《い》で往《い》なば　荒《あらしほ(お)》潮の　潮《しほ(お)》の八《や》百《ほ(お)》道《ぢ》の　八《や》潮《しほ(お)》道《ぢ》の　潮《しほ(お)》の八《や》百《ほ(お)あひ(い)》会　に坐《ま》す　速開都比売《はやあきつひめ》と云《い(う)かみ》ふ神　持《も》ち加加呑《かかの》みてむ《(ん)》　此《か》く加加呑《かかの》みてば　気吹戸《いぶきど》に坐《ま》す　気吹戸主《いぶきどぬし》と云《い(う)かみ》ふ神　根国《ねのくに》　底国《そこのくに》に気吹放《いぶきはな》ちてむ《(ん)》　此《か》く気吹放《いぶきはな》ちてば　根国《ねのくに》　底国《そこのくに》に坐《ま》す　速佐須良比《はやさすらひ》売《め》と云《い(う)かみ》ふ神　持《も》ち佐須良《さすら》ひ失《(い)うしな(い)》ひてむ《(ん)》　此《か》く佐須良《さすら》ひ失《(い)うしな(い)》ひてば　罪《つみ》と言《い(う)つみ》ふ罪は在《あ》らじと　祓《はら(え)たま(い)きよ》へ給ひ清め給《たま(う)こと》ふ事を　天《あま》つ神《かみ》　国《くに》つ神《かみ》　八《や》百《ほ(お)よろづのかみたちとも》　万　神等共に　聞《き》こし食《め》せと　白《まを(もう)》す

⑽　遥拝《ようはい》

「遥拝」とは、眼前《がんぜん》に奉斎《ほうさい》されていない（主として遠隔《えんかく》の地に奉斎されている）神祇を、遥《はる》か離れた場所から拝礼する儀式である。たとえ神棚にその神祇が奉斎されていたとしても、その本宮《ほんぐう》《もとみや》を遥かに拝礼することは、何ら差し支《つか》えないことである。（【2―58】）

朝、身を清めて直《す》ぐに神棚を拝礼した後に、屋外での遥拝の場合には、その鎮座地の方に向かって拝礼し、屋内で

【2 -58】 遥拝式（明治祭当日の明治神宮遥拝式）（金刀比羅宮提供）

の遥拝の場合には、その鎮座地の方に向かって拝礼するか、神棚の宮形を通じて遥拝する。

　遥拝の作法については、神棚の拝礼作法と同様であるが、再拝（二拝）、二拍手、一拝の作法による場合が一般的である。

　以下に、「遥拝詞」の一例を示しておきたい。

〔遥拝詞〕（その一）

掛《か》けまくも畏《かしこ》き　○○神社（○○神宮・○○宮・○○社）の大前《おほ(お)まへ(え)》を　遙《はるか》に拝《を(お)ろが》み奉《まつ》らくと　白《まを(もう)》す

〔遥拝詞〕（その二）

掛《か》けまくも畏《かしこ》き　○○神社（○○神宮・○○宮・○○社）の大前《おほ(お)まへ(え)》を　遙《はるか》に拝《を(お)ろが》み奉《まつ》りて　恐《かしこ》み恐《かしこ》みも
　白《まを(もう)》さく
日《ひ》に異《け》に蒙《かがふ》らしめ給《たま(う)》ふ　広《ひろ》き厚《あつ》き恩頼《みたまのふゆ》を　嬉《うれ》しみ
　忝《かたじけな》み　加此《かく》謝《ゐ(い)や》び　拝《を(お)ろが》み仕《つか(え)》へ奉《まつ》る事《こと》の状《さま》を　相《あひ(い)》
諸《うづな(い)》ひ聞《き》こし食《め》して　今《いま》も今《いま》も天皇《すめらみこと》の大御代《おほ(お)みよ》を始《はじ》め

奉《まつ》り　家《いへ(え)》をも身《み》をも守《まも》り給《たま(い)》ひ恵《めぐ》み給《たま(え)》へと　恐《かしこ》み恐《かしこ》みも　白《まを(もう)》す

〔遥拝詞〕（その三）

掛《か》けまくも畏《かしこ》き　〇〇神社（〇〇神宮・〇〇宮・〇〇社）の　大前《おほ(お)まへ(え)》を　遙《はるか》に拝《を(お)ろが》み奉《まつ》りて　恐《かしこ》み恐《かしこ》みも
白《まを(もう)》さく
大神《おほ(お)かみ》の広《ひろ》き厚《あつ》き恩頼《みたまのふゆ》を蒙《かがふ》りて　平常《つね》に安《やす》く楽《たの》しく在《あ》り経《ふ》る事《こと》を　畏《かしこ》み奉《まつ》り敬《ゐ(い)やま》ひ奉《まつ》り　斯《か》く謝《ゐ(い)や》び　拝《を(お)ろが》み仕《つか(え)》へ奉《まつ》らくを　聞《き》こし食《め》し享《う》け給《たま(い)》ひて　今《いま》も今《いま》も　家《いへ(え)》の内外《うちと》に　八十枉《やそまが》つ日《ひ》の過事《まがごと》在《あ》らしめず　家内《いへ(え)ぬち》賑賑《にぎにぎ》しく
家族親族《うからやから》身健《みすこ》やかに　心安《うらやす》く　生業《なりはひ(わい)》豊《ゆた》けく　常磐《ときは(わ)》に堅磐《かきは(わ)》に睦《むつ》まじく　楽《たの》しく在《あ》り栄《さか》えしめ給《たま(え)》へと　恐《かしこ》み
恐《かしこ》みも　白《まを(もう)》す

16　古い宮形・神符（神札・守札）・祭器具などの取り扱い方

神符《しんぷ》（神札《しんさつ》＝お札、守札《まもりふだ》＝お守り）などは、一般的には歳末や新年早々に拝受して、その後一年間神札（お札）は神棚に奉安し、守札（お守り）は身近に携行する。そして年末大晦日《おおみそか》に氏神神社などで行なわれる大祓式《おおはらえしき》の際や、正月十五日前後に行なわれる正月の松飾《まつかざ》りや注連縄《しめなわ》などを焚《た》き上げる「左義長《さぎちょう》」[13]などにおいて、古い注連縄や神棚・祭器具の使用されなくなったものなどとともに、神社境内に持ち寄って焚き上げることが行なわれている。

【2―59】

【2-59】 金刀比羅宮南神苑（神事場《じんじば》）にて行なわれるとんど神事（金刀比羅宮提供）

この古神札類の焚き上げに関して、平田篤胤は『玉たすき』六之巻の中に、

是につきて思ふ《(う)》に、誰《タレ》しの家々にても、年々に配り来る御祓筥《おはらいばこ》（筆者註、今日の神宮大麻《じんぐうたいま》などの神札＝お札類のこと）、多く積《ツモ》りては、所狭《セ》き事なる故に、新年のをのみ斎《イツ》きて、旧年のは、大凡《おおよそ》の家々は、神社の地内に収《ヲ(を)サ》めて焚挙《タキアケ》しめ、或は海川に流し遣《ヤ》るなど、然《さ》も有るべき事なるを、中には心なき人のわざと見えて、汚《ケガラ(わ)》はしき小《コ》溝《ミゾ》、また塵塚《チリヅカ》、或は街《ミチバタ》などに捨《ステ》たるを見る事あり、此は最《い》と有《ル》まじき事なり、其は木陰《こかげ》に息《イコ(い)》ひて其枝を手折《タヲ(お)》り、食つきて器《ウツハ》を損《ソコナ(う)》ふことさへ《(え)》に、心ある人は為《セ》ざる事なるに、況《マシ》てその御蔭《おかげ》を仰《アフ(お)》ぎて、斎き奉れる一年《ひととせ》の神霊代《ミタマシロ》し、一年竟《ヲヘ(おえ)》ぬとて、しか麁略《そりやく》にするよし有《ラ》む《(ん)》や、予《カネ》て其処分《サダメ》をなし置べき事なり、然《しか》りとて年年のを、悉《ことごと》く斎《いつ》き持《モ》たむ《(ん)》は、所狭《ところせま》ければ、己《おの》が家にては、往年此《いにシとしごろ》より、

年々の古《フル》き御祓筥はみな破《ヤブ》りて中《ナカ》なる玉串はとり総《スベ》て、一束《ひとたば》に封じて、神籬《ヒモロギ》の奥にいはひ《(わ)(い)》、新年の御祓筥を、本座に斎《イハ(わ)(い)》ひ奉り、さて其破りたる筥、また包《ツヽ》める紙をば、新に火を鑽《キリ》出して、焼失《やきうしな(う)》ふ事と定めつ、其は今は亡《ナキ》人なれど、教《へ(え)》子なりし高橋真《ノ》雄が、或人の言とて、年々の御祓串を放《ハフ(ほう)》らさず持斎《もちいつ》ける家は、栄《サカ》え饒《ニギ(わ)》はふ物ぞと云《へ(え)》る由《よし》を語れるに、実然《ケニサ》ることゝ諾《ウベ》なひ思《(い)》へ《(え)》ればなり、中の大麻《おおぬさ》ばかりにては、数百年のを集《メ》たりとも所せきまでには有らぬ物なり、心あらむ《(ん)》人は、斯《カク》も為《ス》べくや、

（ひらがなルビ著者）

と記している。

一般の家庭では、神棚の注連縄や紙垂《しで》などは普通一年に一度しか取り替えないであろうし、祭器具《さいきぐ》類にあっては数年以上使用するのが大多数であろうし、宮形《みやがた》に至っては多年埃《ほこり》を被《かぶ》ったままになっている場合も少なくないであろう。宮形は勿論のこと、神祀《まつ》りの調度や祭器具類は、新しく清浄なることを第一の要件とするから、一年に一度といわず、必要に応じて新しいものに交換することは差《さ》し支《つか》えないし、本来ならば常にそうあるべきであろう。

神棚の宮形やその祭器具・調度品類は、年末に新しい年を迎える準備をするときでなければ、替えてはならないと思っている人が少なくないようであるが、決してそのようなことはない。例えば、伊勢の神宮では毎年十月に斎行される神嘗祭《かんなめさい》を期《き》して、過去一年間使用してきた祭器具や調度品類を新しいものに取り替えており、神嘗祭を古来「神《じん》宮正月《ぐうしょうがつ》」と称する所以《ゆえん》である。

神を祀る日は、常に「生日《いくひ》の足日《たるひ》の吉日《よきひ》」であるのと同様に、より清浄な新しい宮形や、神棚の祭器具・調度品類を調進《ちょうしん》するには、一家の神棚の祭祀を期したり、年中に思い立った日があればその日を吉日《きちじつ》として、速《すみ》やかに実行

すればよいのである。

その際に、今まで使用してきた古い宮形や祭器具・調度品類などは、氏神神社などで年末年始の焚《た》き上《あ》げの時期まで預かってもらえるか否かを問い合わせて、可能ならば相応《そうおう》の焚上料《たきあげりょう》（玉串料）を添えて持参すればよいし、もしそれが不可能であるならば、前述の『玉たすき』に記されたような古《いにしえ》の手風《てぶり》を見習って、出来るだけ穢《けが》れのない地で焼却《しょうきゃく》し、焼却できない金属類・土器類などは、焼却灰とともにその一隅《いちぐう》に埋《う》めるということも止むを得ないであろう。

註（1）『神道要語集』祭祀篇一の分類では、「II　臨時的神棚」の具体例は挙げられてないが、別の記述において坪井博士は、「疱瘡棚《ほうそうだな》」・「方位除《よ》け棚」・「祈禱棚」などの例を挙げておられる。

（2）大黒天は、天竺《てんじく》（インド）における神の名で、「毘盧遮那《びるしゃな》」もしくは「摩醯首羅天《まけいしゅらてん》」の化身《けしん》といわれ、密教では障害鬼である「荼枳尼《だきに》」を破《やぶ》る神とし、青黒色・三面三目六臂《さんめんさんもくろっぴ》・逆髪《さかがみ》の忿怒《ふんぬ》形をしており、胎蔵界曼荼羅《たいぞうかいまんだら》では外院北方に配されている。中国では、この神を食厨《しょくちゅう》の神として寺内に祀ったが、わが国でもこれを受けて、寺の庫裏《くり》に神《しん》王《のう》（仏教やその行者を守護する神）の姿で袋を持った像を安置する風を生むに至った。

（3）能登地方で十一月五日に行なわれている「アエノコト」は、その典型的な事例である。

（4）盂蘭盆《うらぼん》は、梵語ullambana—「倒懸《とうけん》」（手足を縛って逆さまに吊ること）の音訳で、後代の中国における偽経《ぎきょう》「盂蘭盆経《うらぼんきょう》」によれば、目連《もくれん》が餓鬼道《がきどう》にあった母を救った孝行説話が「盂蘭盆会《うらぼんえ》」の典拠になったといわれる。わが国における盂蘭盆は、この「盂蘭盆経」の記事に基づいて、推古《すいこ》天皇十四（六〇六）年に始めて行なわれ、聖武《しょうむ》天皇天平《てんぴょう》五（七三三）年から宮中恒例の仏事となった。

（5）神祇官斎院《さいいん》（西院《さいいん》）に祀《まつ》られた坐摩神《いがすりのかみ》としての阿須波神・波比岐神に奉仕した女巫《おんなみこ》である少女。

（6）本来は古代社会で氏を名乗る氏族（あるいは氏人）が祀った祖先神または守護神のことであるが、氏神を祀る集団の歴史的変遷により、現在では鎮守神《ちんじゅがみ》、産土神《うぶすながみ》のいずれもが氏神と呼ばれることが多い。中世の武士団が荘園での在地性を強化していく過程で、その土地の神を氏神として祀るようになり、氏神を祀る集団の性格も血縁関係から地縁関係へと展開していき、土地の神である産土神と氏神が混同されるようになった。また同じ頃に、もともとは特定の土地・建物を守護するために祀られた鎮守神が荘園内に勧請されることにより、氏神と鎮守神も混同されるに至った。（〇以下略）（『神道事典』「氏神」の項）

（7）「招き猫」の由来については、江戸時代の遊女屋では縁起棚に陽物（男形を象った縁起物）を供える習慣があったが、明治五年（一八七二）、陽物を祭ることを禁じる政令が発令されたために、陽物の代りに招き猫が遊女屋の縁起棚に置かれるようになったといわれれている。

（8）平安時代以降、播磨国杉原《はりまのくにすぎはら》（兵庫県多可《たか》郡加美《かみ》町杉原谷）で産した奉書に似た薄く柔《やわ》らかな紙で、主に文書用紙として使用された。

（9）紐の結び方の一つで、輪を左右に角のように出して、中を石畳のように組んで結び、房を垂らした結び方をいう。御簾《みす》の掲げ紐《ひも》や文箱《ふばこ》の飾り紐などに使用される。

（10）御帳台は、寝殿造《しんでんづくり》邸宅内の母屋《もや》に敷設《ふせつ》された調度の一つで、浜床《はまゆか》の上に厚畳《あつじょう》を敷き、四隅に柱を立て、天井から四方に帳《ちょう》（帷《とばり》）を垂れ、正面を巻き上げて出入り口とした貴人の座所と寝所を兼ねた設《しつら》えである。

（11）神使は、一神に一使が一般的であるが、時に一神に数使ある場合もみられる。例えば、

春日・鹿島・厳島《いつくしま》の鹿

日吉（日枝）・春日の猿

熊野・住吉・諏訪・羽黒・日吉（日枝）の烏

二荒山《ふたらさん》・日吉（日枝）の蜂

などの例がみられる。

（12）本書第一章にも記したが、順徳《じゅんとく》天皇が禁中（宮中）における故実作法を記した『禁秘御抄《きんぴごしょう》』巻頭の次の一文は、これと同様の敬神観念が強く表現されたものである。

禁中事

一　賢所

凡《およ》そ禁中の作法、神事を先にし他事を後にす、旦暮《あけくれ》敬神の叡慮《えいりょ》懈《おこたり》無し、白地《あからさま》にも神宮并《ならび》に内侍所《ないしどころ》の方を御《おん》跡《あと》と為《な》したまはず、万物出来《よろづものいでく》るに随《したが》って必ず先づ台盤所《だいばんどころ》の棚に置き、女官《にょかんめ》を召して奉られる、（原漢文）

（13）地域によっては「松焚祭《まつたきさい》」とか「注連焼神事《しめやき》」・「とんど祭」などの名称で神事として行なわれるほか、「とんど」・「どんどん焼き」・「さいと焼き」・「ぼっけんぎょう」・「ほちょじ」・「三九郎焼き《さんくろうや》」などさまざまな名称のもと、村境や広場や畑など一定の場所で行なわれ、正月の門松《かどまつ》や注連縄・書初《かきぞ》めなどを持ち寄って焼き、その火で焼いた餅や蜜柑《みかん》などを食べると、年中の病を除くといわれた。

第三章　敬神行事

【3-1】 玄関前に設《しつら》えられた門松（金刀比羅宮旧社務所〔現高橋由一館〕玄関）

1　神棚と祭日

(1)　国家的祭日と家庭的祭日

年のはじめの　例《ためし》とて、
終《をは（おわ）り》なき世の　めでたさを、
松竹《まつたけ》たてて　門《かど》ごとに、
祝《いを（お）（う）》ふ今日こそ　たのしけれ。

これは明治二十六年〔一八九三〕八月十二日に文部省告示により発表された「一月一日」という唱歌《しょうか》(1)（千家尊福《せんげたかとみ》作詞・上真行《うえさねみち》作曲）の一番の歌詞であるが、ここにもみられるようにわが国においては、古来毎年正月になると門松《かどまつ》を立て、門ごとに注連縄《しめなわ》を張って、（【3―1】）新しい年を祝い、年の始めに当って家々の祭祀《まつり》が執り行なわれてきた。また、夏の盆《ぼん》行事も、現在は一般に仏教的行事のように思われているが、古来から祖先の祭祀を行なう日として、わが国固有の祭日であった。しかしながら、今日このような考え方のもとに、正月や盆を過ごしている人々は、ほとんどみられないのではなかろうか。

正月や盆（祖先祭祀《まつり》の日）ばかりではなく、節供《せっく》[2]や国家的な祝祭日《しゅくさいじつ》（後述のごとく、現在は「国民の祝日」という）にも、〈家庭の祭日〉として鄭重《ていちょう》に神棚の祭祀《まつり》を執り行なうべきである。

① 国家の祝祭日《しゅくさいじつ》

国家の「祝祭日」（現在は「旧祝祭日」と称すべきであろう）は、戦前に行なわれていた「祝日」と「大祭日《たいさいび》」とを併《あわ》せ称したもので、正式には「祝日大祭日」といい、祝日五日（四大節《しだいせつ》及び新年宴会《しんねんえんかい》）と大祭日七日の計十二日が制定されていた。

以下に述べる「祝祭日」については、天皇の御代替《みよが》わりによって日が移動したものもあるので、本書においては昭和時代（昭和二十年［一九四五］年以前）の制によることとした。

また、これらの「祝祭日」の制度は、戦後になって、後述する「国民の祝日」の制度に代った。

〔祝日〕

四方拝《しほうはい》（1月1日）

元旦の寅の刻（午前四時頃）に天皇が黄櫨染御袍《こうろぜんのごほう》（赤味がかった茶色に染めた天皇のみの上着〔袍《ほう》〕の服色）の束帯《そくたい》[3]を著《ちゃく》して清涼殿《せいりょうでん》（内裏《だいり》内の天皇の日常の御殿）の東庭に出御され、属星《ぞくしょう》[4]、天地四方、父母の山《さん》陵《りょう》（墓所）を拝し、その年の天災を払い除き、五穀豊穣《ごこくほうじょう》（穀物が豊に稔ること）と宝祚長久《ほうそちょうきゅう》（天皇の長命の永続）・天下泰平《たいへい》（世の中が穏《おだ》やかなこと）を祈る儀式を行なってきたが、明治以降は皇居内の神嘉殿《しんかでん》（後述の新嘗祭が行なわれる御殿）の南庭で、伊勢の神宮・天神地祇・四方の諸神・歴代山陵などを遥拝されるようになった。この儀式の行なわれる新年最初の日を祝日としたもの。

紀元節《きげんせつ》（2月11日）

『日本書紀』に記された神武天皇《じんむてんのう》の即位日とされる皇紀元年（西暦紀元前六六〇年）一月一日を、太陽暦に換算して祝日としたもので、神武天皇の盛徳《せいとく》・大業《たいぎょう》を仰ぎ、わが国運の興隆を祝し、建国の精神に立ち返って国家の発展を期する日である。（祝日とされたのは明治六年〔一八七三〕十月十四日・明治六年太政官布告第三四四号。またこの二月十一日は、明治二十二年（一八八九）に「大日本帝国憲法」が発布された日でもある。〔施行は、翌二十三年〔一八九〇〕十一月二十九日〕）

天長節《てんちょうせつ》（天皇誕生日当日―明治時代は11月3日・大正時代は8月31日〔大正元年・二年、三年以降は「気候を考慮して」10月31日を天長節祝日として各種行事が行なわれた〕・昭和時代は4月29日）[5]

今上天皇の誕生を祝賀し、長命と皇室・国家の安泰・隆昌を願って、天皇の誕生日を祝日としたもの。

天皇の誕生日を「天長節」として奉祝した初見は、『続日本紀』巻三十三の光仁天皇宝亀《ほうき》六年（七七五）九月壬寅《みづのえとら》（十一）日条に、

勅《みことのり》すらく、十月十三日は、是《こ》れ朕《あれ》が生日《せいじつ》なり、此《こ》の辰《とき》に至《いた》る毎《ごと》に、感慶《かんけい》兼ね集《あつま》る、（〇中略）内外《ないぐわ(が)い》

百官《ひゃくくわ(か)ん》に、輔宴《ほえん》を賜《たま(う)》ふこと一日《いちじつ》、仍《より》て此《こ》の日《ひ》を名《なづ》けて天長《てんちゃ(よ)う》の節《せつ》とす、庶《こひ(い)ねがは(わ)》くは斯《か》の功徳《くどく》を廻《めぐ》らして、虔《つつし》んで先慈《せんじ》に奉《ほう》じ、此慶情《このけいじゃ(よ)う》を以《もっ》て、普《あまね》く天下《てんか》に被《かがふ》らしめむ《(ん)》ことを、

とあるもので、その後久しくこの式も中絶していたが、明治元年（一八六八）に再興されて、同三年には祝日とされた。明治天皇の誕生日は九月二十二日であったが、太陽暦採用後の明治六年（一八七三）以降は換算されて十一月三日となった。

明治節《めいじせつ》（11月3日）

明治天皇の誕生日（旧暦の九月二十二日を新暦に換算）を記念する祝日で、明治天皇の偉業を称え、その威徳《いとく》を景仰《けいこう》（人格高い人を仰ぎ慕《した》うこと）するとともに、明治の時代を追慕《ついぼ》する趣旨《しゅし》から、昭和二年に制定された。

（祝日とされたのは昭和二年〔一九二七〕三月三日・昭和二年勅令第二五号）

以上の祝日（四方拝・紀元節・天長節・明治節）を、「四大節《しだいせつ》」と称した。右のほか、祝日はもう一日存在した。

新年宴会《しんねんえんかい》(6)（1月5日）

宮中の豊明殿《ほうめいでん》（宮中の宴会を行なう御殿）に天皇が出御《しゅつぎょ》されて、皇族・大勲位《だいくんい》（勲一等《くんいっとう》の上に位するわが国最高の勲位）・親任官《しんにんかん》（明治憲法下、旧制の高等官の最上位で天皇が親書《しんしょ》〔天皇が自らの名を自書〕して御璽《ぎょじ》〔天皇の印〕を捺《お》し、内閣総理大臣が年月日を記入し副署《ふくしょ》〔天皇の名に副《そ》えた署名〕した辞令により任命された官吏《かんり》）・勅任官《ちょくにんかん》（明治憲法下、勅任〔天皇の命で任用された官〕により叙任《じょにん》〔位に叙して官に任ずること〕された官吏〔高等官二等以上〕）・外国使臣《ししん》（君主や国家の命を受けた外国の大使・公使など）などを招き、祝賀儀

式が行なわれるその当日を祝日としたもの。

明治以前は「元日節会《がんにちのせちえ》」と称していた元旦当日の儀式は、元正天皇《げんしょう》霊亀《れいき》二年（七一六）正月から始まったといわれ、大極殿《だいごくでん》（大内裏《だいだいり》の中心にある建物で、天皇が親政を行ない、国儀大礼を行なう建物）や豊楽殿《ぶらくでん》（国儀大礼の際に祝宴を行なう建物）などにおいて行なわれたが、応仁《おうにん》の乱（一四六七～一四七七）以後一時中絶し、その後、延徳《えんとく》二年（一四九〇）に再興されて以降、天正《てんしょう》年間（一五七三～一五九二）からは再び例年行なわれるようになり、明治五年（一八七二）一月五日から「新年宴会」と名称を改め、翌六年（一八七三）に祝日の一つとして制定された。（明治六年十月十四日・明治六年太政官布告第三四四号）

〔大祭日〕

元始祭《げんしさい》（1月3日）

天孫降臨《てんそんこうりん》、天皇の位の元始（始まり）を寿《ことほ》いで（言葉で祝福して）、天皇が宮中三殿《きゅうちゅうさんでん》（賢所《かしこどころ》〔天照大御《あまてらすおおみ》神《かみ》の御霊代《みたましろ》〔神霊〕を祀《まつ》った神殿〕・皇霊殿《こうれいでん》〔歴代の天皇・皇后・皇親《こうしん》〔天皇の親族〕の御霊代を祀った神殿〕・神殿《しんでん》〔神産日神《かみむすびのかみ》・高御産日神《たかみむすびのかみ》・玉積産日神《たまつめむすびのかみ》・生産日神《いくむすびのかみ》・足産日神《たるむすびのかみ》・大宮売神《おおみやのめのかみ》・御食津神《みけつかみ》・事代主神《ことしろぬしのかみ》の八神並びに天神地祇《てんしんちぎ》を祀った神殿〕）において親祭《しんさい》（天皇自ら祭祀《まつり》を執り行うこと）する祭祀が行なわれる当日を祝日としたもの。（大祭日休日とされたのは明治六年〔一八七三〕十月十四日・明治六年太政官布告第三四四号）

春季皇霊祭《しゅんきこうれいさい》（春分の日）

天皇自《みずか》ら毎年春分の日に、皇霊殿で神武天皇を始め歴代の天皇・歴代外の天皇・皇后・皇親などの皇祖の神霊を祀る祭祀が行なわれる当日を祝日としたもの。この日、神殿においても諸神の神恩に感謝し、国の弥栄を祈念する「神殿祭」が行なわれる。春秋の皇霊祭・神殿際ともに、明治十一年（一八七八）六月五日に大祭日休日に加えられた。（明治一一年太政官布告第二三号）

神武天皇祭《じんむてんのうさい》（4月3日）

神武天皇が崩御《ほうぎょ》（死去を敬ったいい方）された日と伝承されているこの日、天皇の高き徳を偲び、追孝《ついこう》（死者を供養して孝道《こうどう》〔孝行の道〕を尽《つ》くすこと）する趣旨で皇霊殿と神武天皇の山陵《さんりょう》（山陵は天皇の墓のこと。畝《うね》傍《び》山東北陵《やまうしとらのみささぎ》・奈良県橿原《かしはら》市大字洞《ほら》字ミサンザイ）で祭祀が行なわれるが、その当日を祝日としたもの。（大祭日休日とされたのは明治六年〔一八七三〕十月十四日・明治六年太政官布告第三四四号）

秋季皇霊祭《しゅうきこうれいさい》（秋分の日）

祭意は、春季皇霊祭に同じ。同日に神殿祭も行なわれた。（大祭日休日に加えられた日も春季皇霊祭に同じ）

神嘗祭《かんなめさい》（10月17日）

当年の新穀を大御饌《おおみけ》（神に供進する食物・神饌）として伊勢の天照大御神に奉る、伊勢の神宮における最大最重要の祭祀で、明治十一年以前は九月に行なわれていたが、明治十二年（一八七九）以降は十月に改められた。同月十五日夜から翌十六日の朝方にかけて豊受大神宮《とようけだいじんぐう》（外宮《げくう》）に大御饌が奉られ、十六日午前に同宮で奉幣《ほうべい》の儀が行なわれ、同日夜から翌十七日朝方にかけて皇大神宮《こうたいじんぐう》(内宮《ないくう》)に大御饌が奉られ、十七日午前に同宮で奉幣の儀が行なわれる。宮中でもこの十七日に神嘉殿南庭で神宮の遙拝《ようはい》があり、賢所で親祭《しんさい》が行なわれるが、その当日を祝日としたもの。（大祭日休日とされたのは明治六年〔一八七三〕十月十四日・明治六年太政官布告第三四四号、祭日が九月から十月に改められたのは明治十二年〔一八七九〕七月五日・明治一二年太政官布告第二七号）

新嘗祭《にいなめさい》（11月23日）

当年の新穀で作った御饌《みけ》・御酒《みき》などを、天皇自ら天照大御神や天神地祇《てんしんちぎ》に奉《たてまつ》り、天皇自身も同じものを親しく食される〈神人共食《しんじんきょうしょく》の祭儀〉が新嘗祭（大嘗祭《だいじょうさい》）で、古くは陰暦《いんれき》十一月下卯日《しものうのひ》に行なわれた。また、天皇の即位の後に初めて行なわれるこの祭儀を、「（践祚《せんそ》）大嘗祭」と称する。この毎年の新嘗祭が行なわれる当日を祝日としたもの。（大祭日休日とされたのは明治六年〔一八七三〕十月十四日・明治六年太政官布告第三四四号）

大正天皇祭《たいしょうてんのうさい》（12月25日）

大正天皇が崩御《ほうぎょ》されたこの日、天皇を追孝して皇霊殿と大正天皇の山陵（多摩陵《たまのみささぎ》・東京都八王子市長房《ながふさ》町）で祭祀が行なわれる当日を祝日としたもの。（大祭日休日とされたのは昭和二年〔一九二七〕三月三日・昭和二年勅令第二五号[7]）

この祭日は、「皇室祭祀令」（明治四十一年〔一九〇八〕九月九日・明治四十一年皇室令第一号）第九条に規定された「先帝祭」を大祭日休日としたもので、明治時代は一月三十日に「孝明天皇祭」として（明治六年〔一八七三〕十月十四日・明治六年太政官布告第三四四号）、大正時代は七月三十日に「明治天皇祭」として（大正元年〔一九一二〕九月三日・大正元年勅令第十九号）、それぞれ定められていた。

以上の「大祭日」七日の他に、「地久節《ちきゅうせつ》」[8]（皇后誕生日）があったが、これは公定された（国定の）休日ではなかった。

②国民の祝日

戦後、従前の「祝日大祭日」を廃止して、『日本国憲法』のもとに昭和二十三年（一九四八）七月二十日に施行された「国民の祝日に関する法律」（昭和二三年法律第一七八号）によって、新たに「国民の祝日」が制定された。

「国民の祝日」の意義について、「国民の祝日に関する法律」の第一条に、

自由と平和を求めてやまない日本国民は、美しい風習を育てつつ、よりよき社会、より豊かな生活を築きあげるために、ここに国民こぞつて祝い、感謝し、又は記念する日を定め、これを「国民の祝日」と名づける。

と、規定している。

また、この時に制定された「国民の祝日」について、「国民の祝日に関する法律」第二条には以下の通り記載されている。（↑【　】……名称を変えて残された旧制『祝祭日』）

元日（1月1日）↑【四方拝】

成人の日（1月15日）

春分の日（春分日）↑【春季皇霊祭】

天皇誕生日（4月29日）↑【天長節】

憲法記念日（5月3日）

こどもの日（5月5日）

秋分の日（秋分日）↑【秋季皇霊祭】
文化の日（11月3日）↑【明治節】
勤労感謝の日（11月23日）↑【新嘗祭】

これら新たに制定された祝日の中で、満二十歳になった青年男女を祝う「成人の日」（1月15日）は、古来の旧正月の日であり、かつての時代の青年式の伝統を生かした日であるといえようし、「こどもの日」（5月5日）は「端午《たんご》の節供《せっく》」の日に当るなど、戦後新定された「国民の祝日」の日々をみると、わが国の伝統的な生活の中の〈祭りの日〉が重んじられ、それらの日々の中から祝日相当日として撰ばれた日が少なくなかったといえるのではなかろうか。

その後、今日に至る間に以下のような変遷がみられる。

・第一次改正

昭和四一年法律第八六号（「国民の祝日に関する法律の一部を改正する法律」／昭和四十一年（一九六六）六月二十五日公布〔『官報』同日付号外第七八号〕、同日施行）で、次の祝日が新しく加えられた。

建国記念の日（政令で定める日―2月11日・昭和四一年政令第三七六号、昭和四十一年十二月九日公布〔『官報』同日付号外特第四号〕、同日施行）
敬老の日（9月15日）
体育の日（10月10日）

（「体育の日」は、昭和三十九年〔一九六四〕のこの日、オリンピック競技大会〔一九六四―東京〕の開会式が行なわれたことを記念した祝日）

・第二次改正

昭和四八年法律第一〇号（「国民の祝日に関する法律の一部を改正する法律」／昭和四十八年〔一九七三〕四月十二日公布〔『官報』同日付本紙第一三八八号〕、同日施行）で、「「国民の祝日」が日曜日に当る時は、その翌日を休日とする」こととなった（通称・振替休日）。

・第三次改正

昭和六〇年法律第一〇三号（「国民の祝日に関する法律の一部を改正する法律」／昭和六十年〔一九八五〕十二月二十七日公布〔『官報』同日付本紙第一七六六五号〕、同日施行）で、「その前日及び翌日が「国民の祝日」である日（日曜日に当る日及び「国民の祝日」が日曜日に当る時の翌日を休日とした日を除く）を休日とする」こととなった。（これは5月4日を休日「国民の休日」とするための措置《そち》で、この日は〈祝日〉ではなく〈休日〉であるところから、この日が日曜日と重なっても振替は行なわない。）

・第四次改正

平成元年法律第五号（「国民の祝日に関する法律の一部を改正する法律」／平成元年〔一九八九〕二月十七日公布〔『官報』同日付本紙第三一一号〕、同日施行）で、今上天皇の即位に伴ない、従来の「天皇誕生日」（4月29日）を「みどりの日」に改め、新たに12月23日を「天皇誕生日」として祝日に加えることとなった。

・第五次改正

平成七年法律第二二号（「国民の祝日に関する法律の一部を改正する法律」／平成七年〔一九九六〕三月八日公布〔『官報』同日付号外第四二号〕、平成八年〔一九九七〕一月一日施行）で、新しく「海の日」（7月20日）(9)が「国民の祝日」に加えられた。

・第六次改正

平成一〇年法律第一四一号（「国民の祝日に関する法律の一部を改正する法律」／平成十年〔一九九八〕十月二十一日公布〔『官報』同日付号外第二一六号〕、平成十二年〔二〇〇〇〕一月一日施行）の通称「ハッピーマンデー法」（週休二日制度の土曜日を含めて三連休を設けるもの））といわれるもので、平成十二年から「成人の日」と「体育の日」とを、以下のように変更することとなった。

成人の日　1月15日→1月第二月曜日
体育の日　10月10日→10月第二月曜日

・第七次改正

平成一三年法律第五九号（「国民の祝日に関する法律及び老人福祉法の一部を改正する法律」／平成十三年〔二〇〇一〕六月二十二日公布〔『官報』同日付号外第一二七号〕、平成十四年〔二〇〇二〕一月一日老人福祉法に関する部分のみ施行、平成十五年一月一日施行）で、平成十五年一月一日から「海の日」と「敬老の日」とを、以下のように変更することとなった（通称「ハッピーマンデー法」による三連休の増加）。この改正の結果、「秋分の日」との兼ね合いによっては、敬老の日と秋分の日とに挿まれた一日が「国民の休日」となる可能性も生じることとなった。

海の日　7月20日→7月第三月曜日
敬老の日　9月15日→9月第三月曜日

・第八次改正

平成一七年法律第四三号（「国民の祝日に関する法律の一部を改正する法律」／平成十七年〔二〇〇五〕五月二十日公布〔官報同日付号外第一〇九号〕、平成十九年〔二〇〇七〕一月一日施行）で、新たに「昭和の日」（4月29日）を国民の祝日に加え、従来の「みどりの日」（4月29日）を5月4日に改正することとなった。また、国民の祝日が日曜日に当たる場合には、その日以後においてその日に最も近い国民の祝日でない日（現行は国民の祝日の翌日）を休日とすることとなった。この改正の結果、5月3日（憲法記念日）・同4日（みどりの日）・同5日（子供の日）の何れかが日曜日と重なった場合には、同6日も休日となる四連休が生じることとなった。

同法律の要旨は左記の通りである。

一、昭和の日の新設
1　国民の祝日として、新たに昭和の日を加える。
2　昭和の日は、四月二十九日とする。
3　昭和の日の意義は、「激動の日々を経て、復興を遂げた昭和の時代を顧み、国の将来に思いをいたす。」とする。

二、みどりの日の改正

みどりの日を現在の四月二十九日から五月四日に改める。

三、その他

国民の祝日が日曜日に当たるときは、その日後においてその日に最も近い国民の祝日でない日（現行は国民の祝日の翌日）を休日とする。

四、施行期日

本法律は平成十九年一月一日から施行する。

昭和の日　　（新設）　4月29日

みどりの日　4月29日→5月4日

このような経緯を経て、平成十九年〔二〇〇七〕一月一日以降の「国民の祝日」として、以下の十五日が定められている。（「　」内は、「国民の祝日に関する法律」に記されたそれぞれの祝日の趣旨）

元日《がんじつ》（1月1日）

「年の始めを祝う」日。

成人《せいじん》の日《ひ》（1月第二日曜日）

「おとなになったことを自覚し、みずから生き抜《ぬ》こうとする青年を祝いはげます」日。

建国記念の日《けんこくきねんのひ》（政令で定める日—2月11日）
「建国をしのび、国を愛する心を養う」日。
春分の日《しゅんぶんのひ》（春分日）
「自然をたたえ、生物をいつくしむ」日。
昭和の日（4月29日）
「激動の日々を経て、復興を遂げた昭和の時代を顧み、国の将来に思いをいたす」日。
憲法記念日《けんぽうきねんび》（5月3日）
「日本国憲法の施行を記念し、国の成長を期する」日。
みどりの日《ひ》（5月4日）
「自然に親しむとともにその恩恵《おんけい》に感謝し、豊かな心をはぐくむ」日。
こどもの日《ひ》（5月5日）
「こどもの人格を重んじ、こどもの幸福をはかるとともに、母に感謝する」日。
海の日《うみのひ》（7月第3月曜日）
「海の恩恵に感謝するとともに、海洋国日本の繁栄を願う」日。
敬老の日《けいろうのひ》（9月第3月曜日）
「多年にわたり社会につくしてきた老人を敬愛《けいあい》し、長寿を祝う」日。

秋分《しゅうぶん》の日《ひ》（秋分日）

「祖先をうやまい、なくなった人々をしのぶ」日。

体育《たいいく》の日《ひ》（10月第二日曜日）

「スポーツにしたしみ、健康な心身をつちかう」日。

文化《ぶんか》の日《ひ》（11月3日）

「自由と平和を愛し、文化をすすめる」日。

勤労感謝《きんろうかんしゃ》の日《ひ》（11月23日）

「勤労をたっとび、生産を祝い、国民たがいに感謝しあう」日。

天皇誕生日《てんのうたんじょうび》（12月23日）

「天皇の誕生日を祝う」日。

祝日には、それぞれにその当日に意味があって祝日（休日）になっているのであるから、本来その日の意義を充分に認識して、そのことを心から祝福しながら休むべき日であった。

しかしながら、最近の「国民の祝日」の改正をみると、単に三連休を増やしたいがために、もともと意味（理由）があって（依るべき根拠があって）定められた筈の祝日を、《意味もなく勝手に変更してしまった》といわざるを得ない。筆者の心情としては、例えるならば《個人の誕生日を他人によって勝手に変えられてしまった》、そんな気がしてならない。これは祝日の本来的な意味を全く無視した無謀な改正であり（というよりも「改悪」であり、）、今後これ以上このような無意味な祝日の変更は、厳に慎んで欲しいものである。

③家庭の祭日

このような国家的な祝日（既述のように、今日では国家的な祭日は存在しない）や、氏神神社の例祭日などには、家の神棚においても「家庭の祭日」として、日頃の拝礼時よりも神饌品を多目に供えて、鄭重《ていちょう》な祭祀を奉仕すべきであろう。

さらに、各家庭において特に由縁《ゆかり》ある日を選んで、その家における神棚の日々の祭祀《まつり》の中でも最も重要な祭日として鄭重に祭祀を営むことは、非常に大切である。

このような日々は、毎年その日が定まっているものであり、いわゆる恒例の「神棚の祭日」もしくは恒例の「家庭の祭日」といってよいであろう。このような日には、氏神神社の神職を招いて、厳粛に「神棚の祭祀《まつり》」を奉仕してもらうことも必要ではなかろうか。

④家庭の臨時祭《りんじさい》

神棚の祭祀《まつり》にあっても、恒例の祭祀の他に、臨時の祭祀も多々考えられる。各家庭においては、その家（家族）にとって非常に重要な事柄が、時々発生する。例《たと》えば家族の結婚式や、出産・命名《めいめい》・初宮詣《はつみやもうで》・七五三・入学・進級・卒業・就職・栄転《えいてん》・開業・旅行出発や帰還《きかん》・病気平癒《びょうきへいゆ》・病気全快《ぜんかい》・厄年《やくどし》・賀寿《がじゅ》（年祝《としいわい》）等々、さまざまな出来事が考えられる。

このような場合には、先ず一家揃って神棚に奉告し、あるいは祈願し、時には報賽《ほうさい》せねば（お礼を申し上げねば）

ならない。その日には、榊を新しいものに取り替えて、米・塩・水など平常の供え物の他に、酒や赤飯《せきはん》・魚類・菓実《かじつ》などを添えて日頃よりも一段と丁寧に奉って、「神棚の臨時祭」（「家庭の臨時祭」）を執《と》り行なうべきであろう。

(2)　一日・十五日・二十八日の神社への月参《つきまい》り

昔の式日《しきじつ》（紋日《もんび》・物日《ものび》ともいい、いわゆる祭日）は「お三日《さんじつ》」といって、通例は一日（朔日《さくじつ》）・十五日・二十八日を式日としたが、今日では二十八日はほとんど用いられなくなり、一日（朔日）と十五日の両日を、式日とする場合が一般的となった。

神棚の祭祀において、もし式日を設けるとするならば、一日（朔日）・十五日の両日に加え、その家（家族）に最も縁故のある日を選べばよいであろう。

(3)　神職を招いての月例祭《げつれいさい》

家庭の神棚における祭祀《まつり》は、通常は家族のみで執り行なう場合が大部分であろうが、時に氏神神社や一家が崇敬する神社の神職を招いて、執り行なう場合もある。

例えば、多くの場合、月例祭（月次祭《つきなみさい》）として毎月一日（朔日）や十五日などに、またその家に縁故《ゆかり》のある日を選んで一年に一度の例祭として、招いた神職によって神棚の祭祀が執り行なわれるならば、一段と神棚の祭祀に鄭重《ていちょう》が期せるであろう。

2　家庭の敬神行事

(1)　家庭日常の敬神行事《けいしんぎょうじ》

家庭における祭祀（神棚の祭祀《まつり》）を丁寧《ていねい》に行なう場合、さまざまな行事が考えられるが、その際には一般家庭で実行するのにさほど困難ではない程度の行事、あるいは無理をしないで長続きするような行事の実行を、心掛けなければならない。

既に述べてきたところと重複《ちょうふく》するかもしれないが、家庭日常の敬神行事について、以下に述べてみたい。

(2)　毎日家庭で実行すべき敬神行事

①朝の行事

朝起きて、顔を洗って、口を漱《すす》いで、手水を行なってから、家族揃《そろ》って神棚の前に座る。（神棚が高所に設《しつら》えられている場合には、その前に立ち止まり整列する。）

先ず、灯明《とうみょう》を点《とも》す。

次に、米・塩・水（酒・魚・野菜などがあれば加える）を三方か折敷《おしき》（あるいは高坏《たかつき》〔杯〕）などに乗せ盛って奉

【3－2】　神棚の拝礼（東京都大田区　小宮俊弘家）

る。

次に、一同心を静めて「祓詞《はらえことば》」を斉唱《せいしょう》する。

次に、一家の主人（または代理者）が再拝《さいはい》（二回の拝〔拝は90度位の最も深いお辞儀・最敬礼《さいけいれい》〕をする）し、「神拝詞《しんぱいし》」を奏上し、畢《おわ》って再拝・二拍手・一拝する。一同は「神拝詞」を奏上する間、平伏《へいふく》（60度位のやや深めのお辞儀、立っている場合は磬折《けいせつ》という）をする。「祓詞」や「神拝詞」の奏上が困難な場合には、省略して次の拝礼に移っても差し支えない。

次に、一同揃って〈再拝・二拍手・一拝〉の作法で神棚の奉斎神《ほうさいしん》を拝礼して（【3―2】）、神前から退く。

引き続いて祖霊舎《それいしゃ》（御霊舎《みたまや》）や仏壇《ぶつだん》に供え物を供えて祖先を拝礼し、終わってから朝食をとる。食事の際にも、食物を掌《つかさど》る神々に対する敬神の作法も忘れてはならない。

早朝から主人が職場へ出かけたり、遠方の学校へ通う子供がいたりして、一家揃っての食事が出来ない家庭もあるであろうが、そのような場合でも、神棚を拝礼してから食事をとり、職場や学校に出かけるなど、各人がそれぞれ適宜《てきぎ》に敬神の作法を行なうべきである。

現在では、単身赴任《たんしんふにん》で父親不在の家庭も少なくないが、そのような家庭では、母親の果たす役割も大きなものがあろう。

②夕《ゆうべ》の行事

夕方も、食事の前に家族一同揃って神拝をしてから食膳《しょくぜん》に着く。

床に就《つ》く際にも、神棚を拝してその日一日の無事を感謝しお礼を申し上げた後に、「お休みなさい」と皆で挨拶を交わすといったことを励行《れいこう》したいものである。

③その他の行事

その他、職場や学校から帰った時には必ず神拝し、到来物《とうらいもの》（戴き物）があった際にはできる限り神棚の神前に供えてから、家族皆で分け頂くようにし、学校から返却された子供の書画や作文・成績表なども、その出来不出来に関わらず、神前に供えて神々にご覧に入れるようにして、子供の成長を見守っていただくようにしたいものである。

(3)　毎月家庭で実行すべき敬神行事

毎月一日（朔日《さくじつ》）と十五日は、一ヶ月の中でも前半・後半の起点となる日であり、古来から氏神神社への参拝を欠かせない日であった。これは将来に亘って続けたい良風《りょうふう》であり、この日には、家庭においても神棚の清掃《せいそう》をし、榊を新しいものに取り替えて、日頃の日供よりも神饌の分量を増やすなどして、より鄭重《ていちょう》な祭祀《まつり》を奉仕すべきであろう。

この両日は、一家の誰にとっても有難《ありがた》く嬉《うれ》しい日でなければならない。例えば、子供に月々の小遣《こづか》いや学用品などを与える際には、この日に神前に供えてから手渡したり、これらの日を選んで新しい衣服や履物《はきもの》などを下《お》ろすようにしたりすれば、家族にとってはこれらの日々が嬉しく待ち遠しい懐《なつ》かしい日となる筈《はず》であり、衣食住あらゆるものが神々のお蔭であるということを、言わず語らずのうちに家族一同に教えることとなり、家庭における子供の躾《しつけ》も自然になされるであろう。

その月の内に「国民の祝日」があった際には、その当日には神棚の祭祀《まつり》を鄭重に行ない、特にその日に宮中や伊勢の神宮において祭典が行なわれるような場合には（神嘗祭《かんなめさい》・十月十七日―伊勢の神宮、新嘗祭《にいなめさい》・十一月二十三日―宮中など）、それぞれの祭典が行なわれる伊勢の神宮や宮中を遥拝《ようはい》（遥《はる》か遠い場所から拝礼する）し、その前か後に主人（父親）から家族一同にその日の祭儀の趣旨《しゅし》や様子を説明したり、国旗（日の丸）を掲揚し国歌「君が代」を一同揃って斉唱したり、時には関係ある詔勅《しょうちょく》（天皇のお言葉）や古典の一節を奉誦《ほうしょう》したりして、家族全員が同じ気持ちで、共に祝い祀《まつ》るようにしたいものである。

(4)　国旗（日の丸）と国歌（君が代）

かつてわが国においては、祝日や祭日（既述のように戦後「祭日」は廃止された）になると、官公庁舎は勿論のこ

【３－３】 祝日に国旗を掲げた家

と、都鄙《とひ》を問わずどこの家の門口にも国旗（日の丸）が掲げられていた（【３―３】）が、戦後「国民の祝日」となった今日では官公庁舎を除くと、民間では限られたほどしか国旗の掲揚はみられなくなってしまった。

さらにまた学校教育に場においても、入学式や卒業式など公的な式典の際の、国旗の掲揚《けいよう》や国歌（君が代）の斉唱などは、筆者にとっては当たり前のことと思っていたが、最近ではそれらのことが行われないとの事例も多く耳にするようになった。伝聞するところでは、義務教育の場において、入学から卒業までの間に一度も国歌（君が代）を歌ったことがない（教えてもらったことがない。また、家庭にあっても同様であろう。）という例すらあるようで、そのような学校であれば国旗（日の丸）の掲揚も当然行なわれていないことであろう。

戦後、国旗（日の丸）や国歌（君が代）をめぐる様々な論議がなされてきたが、平成十一年の第一四五回国会常会《じょうかい》（通常国会・一月十九日～八月十三日）において、従来慣行として国民の間に国旗及び国歌として定着していた「日章旗《にっしょうき》（日の丸）」及び国歌「君が代」について、成文化された法律としてその根拠を定めることが審議され、可決・成立し、平成十一年八月十三日に平成一一年法律第一二七号「国旗及び国歌に関する法律」として公布、即日施行された(10)。

序《ついで》ながら国旗（日の丸）や国歌（君が代）の歴史について、以下に簡単に記しておきたい。

5　国旗、国歌の由来等

(1)国旗

「日の丸」は、江戸時代以前にも使用されていたという記録が残っている。

また、江戸時代に入ってからは、幕府の船印《ふなじるし》として使用されるようになったと言われている。幕末になり「日米和親条約《にちべいわしんじょうやく》」に調印し（一八五四年三月）開国、諸外国との交流が始まったことから、外国の船舶と識別するための標識が必要となり、幕府は安政《あんせい》元年（嘉永《かえい》七年、一八五四年）の七月に日の丸の幟《のぼり》を〈日本惣船印《そうふなじるし》〉に定め、また、「日米修好《しゅうこう》通商条約」に調印した翌年の安政六年（一八五九年）には「日の丸」印の旗を〈御国《みくに》惣印〉と定めた。

万延《まんえん》元年（安政七年、一八六〇年）には、「日米修好通商条約」の批准書《ひじゅんしょ》交換のために渡米した使節団の一行が、日の丸と星条旗《せいじょうき》が掲げられたニューヨークのブロードウェイを進む様子が、現地の絵入り新聞で紹介されている。このようなことから、遅くとも江戸時代末期には、日の丸が日本の国旗として内外で認知されていたものと考えられる。

その後、明治時代に至り、三年（一八七〇年）に「商船規則」（太政官布告五七号）により、日の丸は日本船舶に掲げるべき国旗として定められた。

(2)国歌

「君が代」は、延喜《えんぎ》五年（九〇五年）に編纂された「古今《こきん》和歌集」（賀の巻）に、「わが君はちよにやちよにさざれ石の巌《いわお》となりて苔のむすまで」（詠《よ》み人知らず）として収載されていた和歌に由来する。これが、文献に現れる最初であると言われている。この歌は、約一〇〇年後（十一世紀初期）に成立した藤原公任《きんとう》撰の「和漢朗詠集《わかんろうえいしゅう》」（祝の部）にも収められている。

その後、平安末期頃から、初句を「君が代は」という形で流布するようになり、めでたい場合の舞い、謡《よう》曲《きょく》などに取り入れられ、長い間民衆の幅広い支持を受けてきたと言われている。

明治時代になり、日本にも国歌が必要と考えた薩摩（鹿児島）藩の大山巌《おおやまいわお》らは、その歌詞として「君が代」の古歌を選定したと言われている。当初の「君が代」（フェントン作曲—筆者註、イギリス公使館軍楽隊長）は、その後、曲の改訂が上申され、明治十三年（一八八〇年）に宮内省雅楽課の林広守《はやしひろもり》らによって現行の「君が代」の楽譜が完成された。

その後、明治二十六年（一八九三年）の文部省告示「小学校儀式唱歌並楽譜」において、祝日大祭日の儀式で歌うこととされた。

（以上の記述は「国旗及び国歌に関する法律」の施行に際し、平成十一年〔一九九八〕九月十七日付の文部省〔現、文部科学省〕初等中等局からの「学校における国旗及び国歌に関する指導について（通知）」中の「Ⅰ国旗及び国歌に関する関係資料集」の〈5　国旗、国歌の由来等（文部省において整理したもの）〉により、一部加除した。但し、年号数次の漢字化及びルビは筆者）

第二次世界大戦終結後、わが国に進駐した連合国軍最高司令官総司令部（General Headquarters of the Supreme Commander for the Allied Powers—ＧＨＱと略称）は直ちに国旗（日の丸）の掲揚及び国歌（君が代）の斉唱を禁止したが、程なく翌年以降次第に緩和されて、昭和二十五年（一九五〇）十月十七日には当時の天野貞祐《あまのていゆう》文部大臣談話として「祝日に日の丸を掲揚し君が代を斉唱して祝意をしめすようおすすめ」する通達が出された。(11) ここに至って、国旗（日の丸）と国歌（君が代）に対する取り扱い方が、戦前とほぼ同様になったといってよいのではなかろうか。

3　人生通過儀礼

(1)　人生通過儀礼

日本人の生活の知恵、生活文化の一つとして、人の一生涯の折々には儀礼や祭祀《まつり》があり、それらを「通過儀礼《つうかぎれい》」とか「人生儀礼」などと称している。

「通過儀礼」や「人生儀礼」などと呼ばれる各種の儀礼は、子供が一人前の社会人としての資格を得て、神と人々とに承認してもらうための、成長の各段階における関門において、また成人にとっては長い人生の要所要所の関門において、行なわれる宗教的な意義をもった儀礼である。

それらの「通過儀礼」や「人生儀礼」など折々の儀式や祭事は、地域や年齢によってさまざまであるが、全国的に普遍する主要なものとして以下のようなものがみられる。

①帯祝《おびいわ》い（着帯式《ちゃくたいしき》・着帯祝《ちゃくたいいわ》い）

人生の儀礼や祭事は、一人の人が誕生する以前から始まっており、懐妊《かいにん》して五ヶ月目の戌《いぬ》の日に行なわれ、子宝に恵まれたことを感謝し、胎児《たいじ》の健全な発育を願うとともに、丈夫《じょうぶ》な赤ちゃんを安産できるようにとの願いから、「岩田帯《いわたおび》」(12)といわれる帯を妊婦の下腹部に巻くものである。

戌の日が選ばれた理由については、犬は一度に多数の子を産むけれども、安産そのものであるところから、それにあやかりたいと願ったものといわれている。

② 出産祝い

子供が誕生すると、出産を祝うさまざまな儀礼や祭事が行なわれる。その内容は、時代や地域によって異なっているが、何れも子供の誕生を祝い、誕生した子供がすくすくと成長することを願って行なわれる。

〔七夜の祝い〕

子供が誕生して直ぐに「産湯《うぶゆ》」をつかわせるのは、誕生した子供を守り育ててくれる氏神の掌《つかさど》る水で清めて、その氏子となることを意味するといわれ、誕生から七日目には生まれた子供の成長を確かめる節目の「お七夜《しちや》」を祝

【3－4】 初宮参り（東京都大田区　六所神社提供）

い、この日に「命名《めいめい》」（名付け）が行なわれる。

生まれた子供に名を付ける命名は、社会へ仲間入りをしたことの公認を求める儀式であるともいわれ、名前が決まると奉書や半紙など白紙の真中に生まれた子供の名前を大書して、それを神棚に供えたり棚板の前に貼り下げる。その際、神棚に赤飯や神酒などを供えて、子供の無事出生を報告感謝し、前途に幸多からんことを祈念したい。

〔お宮参り・初宮参り《はつみやまい》・初宮詣《もう》で〕

子供が氏神の加護《かご》の下《もと》に誕生したことに感謝し、長寿で健やかに成長するように願って、氏神の社に参拝するのが「お宮参り」・「初宮参り」・「初宮詣で」などといわれるものである。参拝の時期について、男子は生後三十一日目に、女子は生後三十二日目に参拝するとか、または男子は生後三十二日目に、女子は生後三十三日目に参拝するとかといわれているが、地域によって七日目から百日目頃までと、必ずしも一定してはいないけれども、この参拝を行なうことによって、誕生した子供が漸《ようや》く「氏子」として認められるのである。

子供の誕生後三十日を過ぎた頃に氏神神社に参拝するのは、この頃になって産婦の「出産の忌《いみ》」が明けるということもあるが、出産後まだ間もない体の抵抗力の弱い子供の体調も考えるならば、あまり日数にとらわれる必要もないであろうし、特に冬の時季などには天候の良い暖かい日などを選ぶことも大切であろう。

今日では氏神への信仰とか出産の忌明けの行事としての参拝というよりも、生まれた子供の幸福を願う気持ちを込めて参拝する向きも多く、母親の実家から贈られた祝い着を付け祖母や母親に抱《だ》かれ、神社に参拝している姿を見かけることも少なくない。(【3—4】)

〔お食《く》い初《ぞ》め(箸始《はしはじ》め・箸揃《ぞろ》え・箸立て・魚味《ぎょみ》の祝い・真菜《まな》始め)・百日《ももか》の祝い〕

生後百日目頃に、大人と同じ食膳を準備してご飯を食べさせる儀式を「お食い初め」といい、百日目頃に行なわれる所から「百日の祝い」ともいい、始めて食膳につかせるところから「箸始め」・「箸揃え」・「箸立て」などといわれる。ご飯を食べさせる外に、魚を食べさせる例もあり、それを「魚味の祝い」・「真菜始め」(真菜の「な」とは食膳に供する〔食用の〕魚の意)ともいった。今日の「お食い初め」は、ご飯を食べさせる「お食い初め」と、魚を食べさせる「魚味の祝い」が一緒になったような形で伝承されているといえよう。

歯《は》が生える程に生まれた子供が成長したことを祝い、健やかな成長を願う儀式であるが、食べさせる真似《まね》だけで終わる場合が少なくない。お食い初めは、誕生した子供が一生幸福に育ち、食べるものに困らないようにとの親の願いが込められていたものである。

〔初節供《はつぜっく》・初誕生祝い〕

生まれた子供が始めて迎える節供（本章の註(2)参照）が「初節供」で、今日は五節供《ごせっく》のうち最初の上巳《じょうし》（三月三日）を女児の節供とし、端午《たんご》（五月五日）を男児の節供として、それぞれ子供の成長を願って女児は雛壇《ひなだん》を飾り、男児は武者飾りなどをする。

子供が生まれてちょうど一年目の誕生日に「初誕生祝い」が行なわれる。戦前は年齢を数《かぞ》え年（生まれた年を一歳、翌年を二歳というように数える年齢）で数えていたので、正月に誕生祝をする場合が多く、特に餅をついたり赤飯を炊《た》いたりして、親族や近隣に配って子供の成長を祝ったりした。現在は多くの家庭で西洋式に、バースデー・ケーキに年齢の数だけ蠟燭《ろうそく》を灯《とも》し、祖父母や両親からプレゼントを贈り家族一同で誕生日を祝う例が少なくない。

この節供《せっく》（初節供）や初誕生などの際にも、それぞれ子供の成長に対する感謝と将来への願いを込めて、神棚への拝礼はもとより、氏神神社などへの参拝も欠かしては成らないものである。

③七五三《しちごさん》

三歳・五歳・七歳の子供の成長祝いの儀を一括して称するもので、古来それらの年齢は子供の成長の段階で大きな関門となる時期でもあった。数え年で（現在は多く満年齢で行なわれるが）その歳に当る子供に晴れ着を着せて、十一月十五日(13)もしくはその前後の都合よい日に氏神神社に参拝し、子供の健康と成長を感謝し、今後の無事を祈願する祭儀である。【3―5】

【3-5】 七五三参り（金刀比羅宮提供）

三歳……古来の「髪置《かみお》きの祝い」―子供が始めて髪を伸ばし始める式を行なうの日の祝いに由来する。

（男児・女児ともに行なった）

五歳……古来の「袴着《はかまぎ》の祝い」―男子が指貫《さしぬき》（裾《すそ》を括《くく》って膨《ふく》らみをもたせた袴）を穿《は》き始める式を行なう日の祝いで、男児の祝いに由来する。

七歳……古来の「帯解《おびと》きの祝い」―着物の付帯《つけおび》〔付紐《つけひも》〕を取り除き、はじめて普通の帯に替える式を行なうの日の祝いで、女児の祝いに由来する。

七五三は、このように子供の成長に伴なって折々にその健康を祈る儀式の流れを汲むものであり、大正時代以降主として都会地で行なわれていたが、戦後になってから全国的に普及していった。

子供は「七歳までは神の子」といわれ、これまでは完全には地域社会の構成員として認められていなかった子供が、この七歳の祝いを境に氏子入りの機会を得られる地域も少なくない。

④入園・入学・卒業・就職奉告

成長に合わせた人生儀礼のほかに、受験・入学・卒業・就職など生活環境が大きく変化する時もまた、人生にとって大きな節目となる。このような場合にも、神々の加護を戴き、無事に過ごせるように氏神神社（崇敬神社）にそのことを奉告するとともに、成就の祈願を行なったり、お礼の参拝を心掛けることが重要である。

⑤成年式《せいねんしき》（成人式《せいじんしき》・成人祝《せいじんいわ》い）

その年齢や時期は地域によってまちまちであろうが、ある年齢に達すると地域共同体の大人への仲間入りをする儀式としての、「成年式」（成人式・成人祝い）が行なわれる。

古来男子の成年式として、十三歳から十五歳、遅くとも十九歳位までに「元服式《げんぷくしき》」が行なわれた。「元」とは〈頭《こうべ》〉を、「服」とは〈著《ちゃく》す〉という意味で、青年男子として頭に始めて冠《かんむり》を被《かぶ》る儀式が「元服」であり、これを「初冠《ういこうぶり》」ともいったが、武家の間では通常冠ではなく烏帽子《えぼし》を著《つ》けていたので、烏帽子の初著用を「烏帽子着《えぼしぎ》の祝い」と称した。

この元服（初冠・烏帽子着の祝い）は、多く小正月（旧暦一月十五日）に行なわれていたところから、戦後この一月十五日を「成人の日」と定めて国をあげて成人した人々を祝福する日としたのは、古来の成年式（成人式・成人祝い）の伝統を生かしたものであったが、既述（本書一六八頁）のように平成十二年以降現在は一月第二月曜日が成人の日となり、年によってその日にちが変更されてしまっていては、戦後「国民の祝日」を設けた際に一月十五日をなぜ「成人の日」としたのか、その意味もやがては失なわれてしまうのではなかろうか。（このことは、第二もしくは第三月曜日に変更された他の祝日についてもいえることである。）

成人とは、単に年齢が二十歳に達したというものではなく、これからは自分の行動全てに責任を持たねばならない立場になったということを自覚する節目の時であるといえよう。この日に氏神神社に参拝して、無事に二十歳となり大人の仲間入りが出来たことを感謝し、奉告することも忘れてはならない。

⑥神前結婚式《しんぜんけっこんしき》

結婚は、「冠婚葬祭《かんこんそうさい》」といわれる人生の数多い儀礼の中でも、最も晴れやかな節目となる慶祝すべき儀礼であり、神縁《しんえん》（神々の計らい）によって結ばれた二人の男女が、これから先、苦楽を共にして明るく楽しい家庭を築き、子孫の繁栄を図ることを、神前において誓い合うもので、適齢《てきれい》期の二人が、神々の照覧《しょうらん》の下《もと》に生涯の伴侶《はんりょ》として、新生活をスタートする極めて意義深い儀式である。（【3—6】）

明治以前のわが国の伝統的な結婚式は、家庭の床の間を神座に見立てて、その前で「神の料」としての神酒《おみき》を酌《く》み交《か》わすといった、小笠原流を中心とした家庭における結婚式の形式が一般的であった。

今日みられるような形式の神前結婚式は、明治三十三年（一九〇〇）五月十日に、当時皇太子であった嘉仁《よしひと》親王（後の大正天皇）と九條節子《くじょうさだこ》妃（後の貞明《ていめい》皇后）とが、宮中の賢所《かしこどころ》大前《おおまえ》において行なわれたご成婚《せいこん》の式が契機となって、このご成婚を記念して神宮奉斎会《ほうさいかい》(14)が神前結婚式の次第を定め、翌三十四年（一九〇一）三月三日に日比谷大神宮（後の東京大神宮）の神前において模擬結婚式が行なわれ、その直後に同神宮において正式に初めての神前結婚

【３－６】 神前結婚式（金刀比羅宮提供）

式が行なわれた。[15] その後、年とともに次第に神前結婚式も人々の間に知れ渡っては来たものの、第二次世界大戦前においては未だ家庭における結婚式が大勢を占めていた。

神前結婚式が一般化し隆盛を極めるようになったのは第二次世界大戦後のことであり、多くの神社はもとより、あらゆる場所に式場としての神殿が設けられて、神前結婚式が行なわれるようになって、従来の家庭における結婚式は、都市部を中心としてほとんど行なわれなくなった。殊に住宅の様式の変化（大勢の人を招くのにふさわしい広間〔大部屋〕を持たなくなったことなど）は、そのことに大いに影響しているといえよう。

今日行なわれている神前結婚式の作法や次第も現代的に改良され、結婚指輪の交換といった洋風の儀礼も取り入れられている。以下にその次第の一例を示しておきたい。

〔神前結婚式の次第〕（一例）

式場（社殿もしくは便宜の祭場）へ入場する

修祓《しゅばつ》……………祭儀を始めるに際してお祓《はら》いを行なう
一拝《いっぱい》……………神様に神前結婚式開始の挨拶をする
献饌《けんせん》……………神様に神饌（酒食などの品々）をお供えする
祝詞奏上《のりとそうじょう》…………神様に新郎新婦が結婚することや、二人の門出《かどで》を祝福する祝詞を申し上げる
三献の儀《さんこん》…………夫婦固めの杯《ふうふかたさかづき》（三々九度）、大中小三つの杯に注がれた神酒を酌《く》み交《か》わす

初献《しょこん》　新郎→新婦→新郎→納杯
二献　新婦→新郎→新婦→納杯
三件　新郎→尊父→新郎→納杯

誓詞奏上《せいしそうじょう》…………神様に新郎新婦が結婚生活を始めるに際して、誓《ちか》いの詞《ことば》（言葉）を申し上げる
（結婚指輪の交換…行なわない場合もある）
玉串を奉り拝礼…新郎新婦・媒酌人《ばいしゃくにん》夫妻・新郎新婦の両親などが神前に玉串を奉って拝礼する
親族固めの杯《しんぞくかたさかづき》…両家の親族を紹介して互いに固めの杯を交わす
撤饌《てっせん》……………神様にお供えした神饌を下げる
一拝……………神様に神前結婚式終了の挨拶をする
式場から退出する

〔神前結婚式の祝詞〕（一例）

掛《か》けまくも畏《かしこ》き〇〇神社《じんじゃ》（大神《おほ(お)かみ》）の大前《おほ(お)まへ(え)》に　恐《かしこ》み恐《かしこ》みも　白《まを(もう)》さく
八十日日《やそかひ》は在《あ》れども　平成　年　月　日の今日《けふ(きょう)》を生日《いくひ》の足日《たるひ》と　祝《いは(わ)(い)》ひ定めて（何某《なにがし》）の媒酌《なかだち》に依《よ》りて（某所）
に住める（何某《なにがし》）の真名子《まなこ》（〇〇）と（某所）に住める（何某《なにがし》）の真名娘《まなむすめ》（〇〇）と大前《おほ(お)まへ(え)》にて婚姻《とつぎ》の礼《ゐ(い)や》
式《わざ》を　執《と》り行《おこ》なはむ《(わ)(ん)》とす
故大神《かれおほ(お)かみ》の高《たか》き　尊《たふ(とう)と》き　大神徳《おほ(お)みのり》を　仰《あふ(お)》ぎ奉《まつ》りて　家族親族等《うからやからども》　参来集《まゐ(い)きつど(い)》ひ列並《つらなみ》て　御饌神酒《みけみき》を始《はじ》め　海川山《うみかは(わ)やま》
野《の》の種々《くさぐさ》の味物《ためつもの》を捧《ささ》げ奉《まつ》り　称へ辞竟《たた(え)ごとを(お)(え)まつ》へ奉らくは　天地《あめつち》の初《はじ》めの時《とき》に　伊邪那岐命《いざなぎのみこと》伊邪那美命《いざなみのみこと》　妹背二柱《いもせふたはしら》の
御祖大神《みおやのおほ(お)かみ》の創《はじ》め給《たま(い)》ひ定《さだ》め給《たま(え)》へる　惟神《かむ(ん)ながら》なる道《みち》の随《まにま》に　大神酒《おほ(お)みき》を厳《いつ》の平瓮《ひらか》に盛《も》り高成《たかな》して　大御蔭《おほ(お)みかげ》を
戴《いただ》き奉《まつ》り　千代万代《ちよよろづよ》の盃《さかづき》取《と》り交《か(わ)》はし　永《なが》き契《ちぎ》りを結《むす》び固《かた》めて　今《いま》より以後《のち》　天《あめ》なる日月《ひつき》の相並《あひ(い)なら》ぶ事《こと》の如《ごと》く
地《つち》なる山川《やまかは(わ)》の相対ふ事《あひ(い)むか(う)こと》の如《ごと》く　互《かたみ》に心《こころ》を結《むす》び力《ちから》を協《あは(わ)》せて　相助《あひ(い)たす》け　相輔《あひ(い)あなな》ひ　内《うち》には父祖《おや》の教《を(お)し(え)》へ
を守《まも》り　外《そと》には国家《みくに》の御法《みのり》に遵《したが(い)》ひ　身《み》を修《を(お)さ》め家《いへ(え)》を斉《ととの(え)》へ　生業《なりはひ(わい)》に勤《いそ》しみ励《はげ》み　子孫《うみのこ》を養ひ育《やしな(い)そだ》て　常磐《ときは(わ)》に
堅磐《かきは(わ)》に　変《かは(わ)》る事無《ことな》く　移《うつ》ろふ事無《(う)ことな》く　神習《かむ(ん)なら(い)》ひに習《なら(い)》ひ奉《まつ》らむ《(ん)》と　誓詞白《うけひ(い)ごとまを(もう)》さくを　平《たひ(い)》らけく安《やす》らけく聞食《きこしめ》し
諾《うべな(い)》ひ給《たま(い)》ひて　行《ゆ》く先永《さきなが》く二人《ふたり》が上《うへ(え)》に　霊幸《たまちは(わ)(い)》ひ坐《ま》して　高砂《たかさご》の尾上《を(お)のへ(え)》の松《まつ》の相生《あひ(い)おひ(い)》に　立《た》ち並《なら》びつつ　玉《たま》
椿八千代《つばきやちよ》を掛《か》けて　家門《いへ(え)かど》広《ひろ》く　家《いへ(え)》の名高《なたか》く　弥々《いよ》立《た》ち栄《さか》えしめ給《たま(え)》へと　恐《かしこ》み恐《かしこ》みも乞《こ(い)》ひ祈《の》み奉《まつ》らくと　白《まを(もう)》
す

〔誓詞〕（一例）

誓詞《せいし》

今日の吉日《よきひ》を選んで　私共は　尊《とうと》き此の〇〇神社（大神様）のご神前において　結婚式を挙《あ》げました
今後　恩頼《みたまのふゆ》を戴きまして　互《たが》いに相和《あいわ》し相敬《あいけい》して　一家《いっか》を斉《ととの》え　夫婦の道を守り苦楽を偕《とも》にし　平和な生活を営み　子孫繁栄の道を計り　終生渝《しゅうせいかわ》らぬことを　お誓《ちか》いいたします
幾久《いくひさ》しくご守護下さるようお願いいたします
茲《ここ》に謹んで誓詞を奉ります

平成　年　月　日

夫　氏　名
妻　氏　名

⑦厄年《やくどし》

「厄年」の「厄」には「木の節目《ふしめ》」という意味があり、古来より人生の節目を厄年として忌《い》み慎《つつし》む慣《なら》わしがみられる。これはもともとは陰陽道《おんみょうどう》の思想であったが、その後広く民間に定着したものであり、迷信的な要素もあるといわれているが、医学的な見地からみて合理性があるともいわれている。

厄年とは、災難や障《さわ》りが身に降《ふ》りかかりやすい年、悪い年回《としまわ》りの年であるといわれており、神々の加護を戴いて災厄が身に降りかからぬように祓い除き、福を招くことを目的に神社に参拝して「厄払《やくはら》い」(「厄除《やくよ》け」・「厄落《やくお》とし」などとも称する）をしてもらうのが一般的である。

何歳を厄年とするかについては、時代や地域・性別などによって一定していないが、今日ではおおよそ次のような年齢（数え年）を指している。

男子の厄年……二十五歳・四十二歳（大厄《たいやく》）・六十一歳

女子の厄年……十九歳・三十三歳（大厄）・三十七歳（大厄）・六十一歳

厄年の前年を「前厄《まえやく》」といい、後年を「後厄《あとやく》」といい、古来男子の四十二歳という年齢は、社会における重要な年回りとされ、神事においても重要な立場に当ったところから、「やくどし」の「やく」とは、神祭りを行なう〈神役《しんやく》〉の「役」のことであるともいわれ、その役を果たすのに当って神々に失礼のないようにと、飲食や行為を慎んで心身を清浄にするために神前で祓を受けたことが、「厄払い」の始めであるともいわれる。

厄払い（「厄除《やくよ》け」・「厄落《やくお》とし」）のために神社に参拝して祓を受けるが、全国各地には様々な厄払の形が残されている。

⑧賛賀《さんが》（年祝《としいわ》い・長寿祝《ちょうじゅいわ》い）

両親や祖父母を始め家族の人々が長寿であるほど、めでたいことはない。今日では一般に六十歳（数え年六十一歳）の「還暦《かんれき》の祝い」を始めとして、一定の年齢に達すると家族揃って長寿のお祝いが行なわれているが、これを「算賀」[16]（年祝い・長寿祝い）という。

人生の節目《ふしめ》を寿《ことほ》ぎ、これからも長生きできるようにということで「年祝い」（長寿祝い）が行なわれるが、その当日もしくは前後の適宜《てきぎ》の日に、これまでの加護に対するお礼と今後更なる長寿への祈願を込めて、氏神神社に参拝をしたいものである。

年祝い（長寿祝い）は、文字通り家族の長寿を祝福するものであると同時に、人生の節目における除災《じょさい》のための「祓」であるとみることも出来るかも知れない。

主なる年祝い（長寿祝い）として、以下の年次の祝儀が行なわれている（年齢は数え年）。

還暦……十干《じゅっかん》（甲《こう》《きのえ》・乙《おつ》《きのと》・丙《へい》《ひのえ》・丁《てい》《ひのと》・戊《ぼ》《つちのえ》・己《き》《つちのと》・庚《こう》《かのえ》・辛《しん》《かのと》・壬《じん》《みづのえ》・癸《き》《みづのと》）と十二支《じゅうにし》（子《ね》《し》・丑《うし》《ちゅう》・寅《とら》《いん》・卯《う》《ぼう》・辰《たつ》《しん》・巳《み》《し》・午《うま》《ご》・未《ひつじ》《び》・申《さる》《しん》・酉《とり》《ゆう》・戌《いぬ》《じゅつ》・亥《ゐ》《がい》）の組み合わせは六十通りあり、自分の生まれた干支《かんし》が再び巡《めぐ》って来るのは六十一年後になる。干支が一巡《いちじゅん》して元に戻るところから「還暦」の名があり、「本卦還《ほんけがえ》り」ともいわれる六十歳の祝いである。生まれ直す、すなわち赤ん坊に還《かえ》るという意味から、「赤い頭巾《ずきん》」や「赤いちゃんちゃんこ」・「赤い座布団」などを贈って祝う習慣がある。

古希《こき》……七十歳の長寿の祝いで、唐の詩人杜甫《とほ》の「人生七十、古来稀《こらいまれ》なり」の言葉から付された祝いの名称である。

喜寿《きじゅ》……七十七歳の長寿の祝いで、「喜」の略字「㐂」が〈七・十・七〉と分解できることから、行なわれるようになった祝いである。

傘寿《さんじゅ》……八十歳の長寿の祝いで、「傘」の略字「仐」が〈八・十〉に分解できることから、行なわれるようになった祝いである。

半寿《はんじゅ》……八十一歳の長寿の祝いで、「半」という字が〈八・十・一〉に分解できることから、行なわれるようになった祝いである。また、将棋盤《しょうぎばん》の目が縦横八十一あるところから〈盤寿《ばんじゅ》〉ともいわれる。

米寿《べいじゅ》……八十八歳の長寿の祝いで、「米」という字が〈八・十・八〉に分解できることから、行なわれるようになった祝いである。

卒寿《そつじゅ》……九十歳の長寿の祝いで、「卒」の俗字「卆」が〈九・十〉に分解できることから、行なわれるようになった祝いである。

白寿《はくじゅ》……九十九歳の長寿の祝いで、「百」の字から「一」をとると「白」という字になるところから、行なわれるようになった祝いである。

上寿《じようじゆ》……百歳の長寿の祝いで、六十歳の「下寿《かじゅ》」・八十歳の「中寿《ちゅうじゅ》」に対するものである。

茶寿《ちゃじゅ》……百八歳の長寿の祝いで、「茶」という字は「十」が二つと〈八・十・八〉とに分解でき、数の合計が一〇八となるところから、行なわれるようになった祝いである。

皇寿《こうじゅ》……百十一歳の長寿の祝いで、「皇」の字が「白」と「王」とに分解でき、さらに「白」が九十九・「王」が十と二ということで、数の合計が一一一となるところから、行なわれるようになった祝いである。

(2)　神棚への諸事の奉告

一家の中で、前述のような人生通過儀礼が行なわれる当日には、氏神神社に参拝してこれまでのお礼や、今後の無事を祈願することは勿論であるが、同時に家庭の神棚にも拝礼してそのことの奉告がなされねばならない。その際には、通常の日供神饌《にっくしんせん》以上に品目を増やして、より丁寧《ていねい》に神饌を供えて、家族一同揃って奉告拝礼を行なわねばならない。

註（1）　この歌は、明治二十六年八月十二日文部省告示第三号（官報第三〇三七号附録）で公布された『小学校祝日大祭日歌詞並楽譜』に収められたもので、作詞は千家尊福《せんげたかとみ》（男爵、出雲大社宮司・東京府知事・貴族院議員・司法大臣などを歴任）・作曲は上真行《うえさねみち》（宮内省楽師・東京音楽学校教授などを歴任）である。この外に「君が代」・「勅語奉答《ちょくごほうとう》」・「元始祭」・「紀元節」・「神嘗祭」・「天長節」・「新嘗祭」が掲載されており、後に制定された「明治節」を加えて「儀式唱歌」とも呼ばれた。なお二番の歌詞については、明治二十六年の告示の際のものと、その後大正二年に改訂されたものとでは、次のような相違がみられる。

（明治二十六年の文部省告示のもの）

初日のひかり　明《あき》らけく、
治《おさま》る御代の　今朝のそら、
君がみかげに　比《たぐ》へ《（え）》つつ、
仰ぎ見るこそ　尊《たふ（とう）》とけれ。

（大正二年文部省告示のもの）

初日のひかり　さしいでて、
四方《よも》に輝《かがや》く　今朝のそら、
君がみかげに　比《たぐ》へ《（え）》つつ、
仰ぎ見るこそ　尊《たふ（とう）》とけれ。

（2）　節供は「節句」とも書くが、節日《せちにち》（「せつじつ」ともいう）の供御《くご》の意味から、季節ごとに定められた祝い日を指すようになった。江戸時代になると、特に月日の陽数（奇数）の重なる日を選んで、人日《じんじつ》（正月七日―七草の節供）・上巳《じょうし》（三月三日―桃の節供）・端午《たんご》（五月五日―菖蒲《あやめ》の節供）・七夕《しちせき》（七月七日―七夕《たなばた》祭（星祭））・重陽《ちょうよう》（九月九日―菊の節供）を特に五節供《ごせっく》と称したが、明治六年一月の改暦に伴なって廃止された。

（3）束帯は、「石の飾りの付いた革の帯で腰を束ねた装束」の意で、律令制以降の男子の朝服《ちょうふく》（朝廷内で着用するように定められた衣服）として天皇は即位以外の晴れの儀式の際に、臣下は参朝以下大小の公事の際には必ず着用した正服《せいふく》（正装）である。その形状や構成は時代による変遷や季節・職掌・式の次第などにより多少の相違もみられたが、冠《かんむり》・袍《ほう》・石帯《せきたい》・半臂《はんぴ》・下襲《したがさね》・衵《あこめ》・単《ひとえ》・表袴《うえのはかま》・大口《おおくち》・襪《しとうづ》・靴《かのくつ》（浅沓《あさぐつ》・深靴《ふかぐつ》・半靴《ほうか》などを履《は》く場合もある）などと、付属具としての笏《しゃく》・帖紙《たとう》・檜扇《ひおうぎ》などで構成される。武官と帯剣が勅許された文官（中務《なかつかさ》省官人、納《な》言《ごん》・参議《さんぎ》以上）は、太刀・平緒《ひらお》が加えられる。

（4）陰陽道《おんみょうどう》でその人の一身（運命）を左右（支配）するといわれる星。生年によってその人の生涯を支配する本命《ほんみょう》星《しょう》と、年度によって変る当年星がある。前者は、子年《ねどし》生まれの人は貪狼《どんろう》星、丑《うし》・亥《い》年生まれは巨門《こもん》星、寅《とら》・戌《いぬ》年生まれは禄存《ろくぞん》星、卯《う》・酉《とり》年生まれは文極《もんごく》星、辰《たつ》・申《さる》年生まれは廉貞《れんてい》星、巳《み》・未《ひつじ》年生まれは武曲《ぶこく》星、午《うま》年生まれは破軍《はぐん》星といわれるように、北斗七星及び金輪《こんりん》星・妙見《みょうけん》星の何れかがその星となる。後者は、日・月・木・火・土・金・水・羅睺《らご》・計都《けいと》の九星中の何れかがその星となる。

（5）大正天皇の即位に伴ない大正元年（一九一二）九月三日・大正元年勅令第一九号で天長節が八月三十一日に変更され、翌二年（一九一三）七月十六日・大正二年勅令第二十九号にて「天長節祝日」が追加され、その後、昭和天皇の即位に伴ない昭和二年（一九二七）三月三日・昭和二年勅令第二五号で天長節は四月二十九日に変更された。

（6）この新年宴会は、元来新年朝賀《ちょうが》（元旦に皇太子以下諸臣が朝廷に参上して、天皇・皇后に新年のお慶びを申しあげる儀式で、「みかどおがみ」・「朝拝」などとも称した。）とともに行なわれる祝宴であり、ともに一月一日に行なわれるべきものであったが、明治維新以降の祭儀の制度下においては、一日には朝賀に先立って歳旦祭《さいたんさい》（小祭）があり、二日には前日に引き続き朝賀が、三日には元始《げんし》祭（大祭）が、四日には政始《まつりごとはじめ》の儀がそれぞれ行なわれ、大規模な朝賀とそれに伴なう祝宴とを同時に行なうことは不可能であったところから、余儀なく朝賀と祝宴日とが異なったものと考えられる。

（7）これより先、大正元年（一九一二）九月三日・大正元年勅令第一九号にて明治六年（一八七三）以来「先帝祭《せんていさい》」として執り行ってきた「孝明天皇例祭」（一月三十日）を廃して、新たに明治天皇崩御日の七月三十日を「明治天皇例祭」と定め祭日が変更されていた。

（8）「地久節」は、明治六年（一八七三）の改暦に伴なって同年十月十四日に新たな祭日祝日を休暇日と制定した（明治六年十月十四日・明治六年太政官布告第三四四号）際に、天皇誕生日である「天長節」に対して制定された皇后誕生日であったが、他の祝祭日のように公定された（国定の）休日ではなかった。明治期には明治天皇の（一条）美子《よしこ》皇后（昭憲皇太后《しょうけんこうたいごう》）の誕生日の五月二十八日（嘉永《かえい》三年四月十七日生まれを新暦に換算）に、大正期には大正天皇の（九條）節子《さだこ》皇后（貞明《ていめい》皇后）の誕生日の六月二十五日（明治十七年生まれ）に、昭和期には昭和天皇の（久邇《くにの》宮《みや》）良子《ながこ》皇后（香淳《こうじゅん》皇后）の三月六日（明治三十六年生まれ）に、それぞれ宮中において祝賀の儀式が行なわれたが、各地の女学校においても、この日特に奉祝式が行なわれていた。

（9）「海の日」は、明治天皇が東北巡幸《じゅんこう》の帰途、灯台視察船「明治丸」に乗船され青森から函館を経て、明治九年（一八七六）のこの日、横浜に無事安着されたことに由来し、長らく祝日（休日）ではなかったが、海運国日本の繁栄を願い、海の恩恵に感謝する様々な行事が行なわれてきたそれまでの「海の記念日」（昭和十六年〔一九四一〕六月二十日日次官会議において制定を決定）を、「国民の祝日」としたものである。

(10)　国旗及び国歌に関する法律

平成十一年八月十三日法律第一二七号
平成十一年八月十三日施行（附則）

（国旗）
第一条　国旗は日章旗とする。
2　日章旗の制式は、別記第一のとおりとする。
（国歌）
第二条　国歌は君が代とする。
2　君が代の歌詞及び楽曲は、別記第二のとおりとする。

附　則

（施行期日）
1　この法律は、公布の日から施行する。
（商船規則の廃止）
2　商船規則（明治三年太政官布告第五十七号）は、廃止する。
（日章旗制式の特例）
3　日章旗の制式については、当分の間、別記第一の規定にかかわらず、寸法の割合について縦を十分の七とし、かつ、日章の中心の位置について旗の中心から旗竿側に横の長さの百分の一偏した位置とすることができる。

別記第一

日章旗の制式

一　寸法の割合及び日章の位置

縦　　横の三分の二

日章

直径　縦の五分の三

中心　旗の中心

二　彩色

地　白色

日章　紅

別記第二

第三章　敬神行事

君が代の歌詞及び楽曲

一　歌詞

君が代は
千代に八千代に
さざれ石の
いわおとなりて
こけのむすまで

二　楽曲

（筆者註、この後に上記符面が記されている）

古歌
林 広守 作曲
きみがー よーは ちよにーー やちよに
さざれ いしの いわおと なりて
こけの むーすー まーーで

(11)　学校における「文化の日」その他国民の祝日の行事について

（昭和二十五、〔一九五〇〕十、十七、天野文部大臣談話）

「文化の日」その他国民の祝日は、よりよき社会、より豊かな生活を築きあげるために、国民こぞつて祝い感謝し、又は記念する日として、われわれ国民がみずから定めた日であります。したがつて各学校においては、学生生徒児童に対しこれらの祝日の意義を徹底させ、進んで国家及び社会の形成者としての自覚を深くさせることは極めて必要なことと思われます。このために様々な行事を催されると思いますが、その際、国旗を掲揚し、国歌を斉唱することもまた望ましいことと考えます。又各官庁、各家庭においてもぜひともこれらの祝日には国旗を掲揚し、祝意をしめされるようおすすめします。

(12) 「岩田帯」の名称の由来についての伝承が、京都府八幡市南東部の岩田地区にみられるが、胎児が岩のように丈夫に強くたくましく育つようにとの願いが込められて、その名が生じ付されたといわれる。

(13) この日が七五三の日とされるのは、徳川五代将軍綱吉の子供の徳松《とくまつ》が、三歳の「髪置き」を行なった元和元年(一六一五)十一月十五日に因《ちな》むといわれているが、異説もある。また『東都歳時記《とうとさいじき》』には、十一月十五日を宮参り・髪置・袴着・帯解などの祝いの日と記しているが、公家や将軍家では正月の吉日を選ぶ例が少なくなかった。

(14) 神宮奉斎会は、伊勢の神宮の崇敬団体として明治三十二年(一八九九)九月に内務大臣の認可を得て設立された団体で、神宮の尊厳を欽仰《きんぎょう》し皇祖の遺訓・皇上《こうじょう》の聖勅《せいちょく》を奉戴し、国典を攷究《こうきゅう》し、国体を講明《こうめい》し、国礼を修行することを目的とし、この目的に叶う諸種の事業を行なう神宮崇敬の協賛団体であった。本院を日比谷大神宮(関東大震災後は飯田橋大神宮〔現在の東京大神宮〕)に置き、全国に二十三の本部と四十余箇所に支部が設置され、神宮から委託された「神宮大麻」の頒布による強固な経済的基盤が築かれていた。その後、明治四十五年(一九一二)四月の神宮神部署《かんべしょ》官制の改正公布に際し、大麻頒布が神宮神部署に移管されるに伴ない、その経済的基盤が失われ、以後の神宮奉斎会の主たる事業は国式・国礼の介助事業を行なうのみとなり、神前結婚式を盛んに行なうようになった。
(戦後昭和二十一年〔一九四六〕二月、民間団体としての神社本庁設立に伴ない解散した。)

(15) これ以前にも神前結婚式は行なわれていたようで、出雲大社教では明治三十一年(一八九八)に既に神前での婚儀が行なわれていたといわれる。

（16）「算賀」の「算」は〈年齢〉の意味で、年寿《ねんじゅ》を祝賀する儀として奈良時代以降行なわれて来た。四十歳から始めて五十・六十・七十・八十・九十と十年ごとに行ない、文献には「〇〇の賀」とみえ、「賀算《がさん》」・「賀祝《がのいわい》」ともいった。四十の賀を「初賀《しょが》」というが、四十《しじゅう》の「シ」を忌み嫌《きら》って「五八《ごはち》の御齢《みよわい》を賀す」などともいった。また『論語《ろんご》』に四十を「不惑《ふわく》」と記しているが、わが国では「初老《しょろう》」といって、この年から直衣《のうし》・狩衣《かりぎぬ》などに白裏を付すなど、服制の面からも四十歳は一つの節目と考えられていた。その後次第に寿命が長くなるにつれて、還暦以降の算賀が定着するようになった。また、算賀のうち十の倍数によらない賀が行なわれるようになったのは、室町時代頃からである。

第四章　神道葬祭（神葬祭）と祖霊の祭祀《まつり》

1　神道葬祭（神葬祭）

(1)　神道葬祭《しんとうそうさい》（神葬祭《しんそうさい》）

①神道葬祭（神葬祭）

核家族化が極端なまでに進んでいる現代社会であるが、未だなおわれわれ日本人の多くの家庭の中には、それぞれの家の祖先の御霊《みたま》を祀《まつ》る設備が存在している。その多くは「仏壇《ぶつだん》」であるが、神道の形式によるものも少なくなく、この神道形式による祖霊《それい》（祖先の御霊）を祀る舗設《ほせつ》（設《しつら》え）を「祖霊舎《それいしゃ》」（「祖霊棚《それいだな》」・「御霊舎《みたまや》」）と称し、仏教・神道とともにその形式は異なってはいるものの、ともに祖先の御霊を祀るための設備である。

人の生命は、悠久の時代の神々や祖先から戴《いただ》き受け継がれて来たものであり、人が身罷《みまか》った時にはその御霊は神や祖先の許《もと》へ導かれるとともに、霊璽《れいじ》（御霊代《みたましろ》――仏壇に祀られる位牌《いはい》に相当する）に故人の御霊が遷《うつ》され、やがて家の祖霊舎に祀られ、一家の守護神として日夜子孫を見守って下さり、その繁栄と幸福《しあわせ》を齎《もたら》すとされている。

人の生涯の折々に行なわれる多くの人生儀礼の中で、その最後を飾る大切な儀礼（儀式）が「葬儀」であり、神道の形式に従って行なわれる葬儀が「神道葬祭」（「神葬祭」）である。神道葬祭（神葬祭）は、天神地祇《てんしんちぎ》《あまつかみくにつかみ》を対象として行なわれる祭祀ではなく、故人（死者）を対象として行なわれる祭祀であって、神社祭祀一般とは異なるものの、故人（死者）はやがて祖霊（祖神）となり、その祖霊（祖神）は家の守護神となるということを考え合わせるならば、わが国の伝統的な神祇信仰からしても、決して不自然なものではない。

②神道葬祭（神葬祭）の歴史

神道の形式によって行なわれる葬儀が神道葬祭（神葬祭）であるが、葬儀といえば多くの人々は仏教の固有儀式と考えられがちであり、事実、仏教形式による葬儀が今日においてもその大部分を占《し》めている。しかしながら、『古事記』や『日本書紀』などの記述をみると、仏教渡来以前からわが国固有の葬法《そうほう》が存在したことが知られる。

『古事記』上巻にみられる記述、すなわち葦原中国平定のために高天原から降されたものの、その使命を果たさぬまま「還矢《かえしや》」にて死亡した天若日古《あめわかひこ》の葬儀に際して、

是《ここ》に天在《あめな》る天若日古《あめわかひこ》が父《ちち》、天津国玉神《あまつくにたまのかみ》、及其《またそ》の妻子《めこ》ども聞《き》きて、降《くだ》り来《き》て哭《な》き悲《かな》しみて、乃《すなは(わ)》ち其処《そこ》に喪屋《もや》を作《つく》りて、河雁《かは(わ)かり》を岐佐理持《きさりもち》（筆者註、葬儀の際に死者への捧げ物を持ち従う者）とし、鷺《さぎ》を掃持《はは(ほう)きもち》（筆者註、葬儀の際に穢《けが》れを払《はら》い、墓所の掃除のために箒《ほうき》を持ち従う者）とし、翠鳥《そに》（筆者註、翡翠《かわせみ》）を御食人《みけびと》（筆者註、死者に供える御食を調理する者）とし、雀《すずめ》を碓女《うすめ》（筆者註、米を搗《つ》く女）とし、雉《きぎし》を哭女《なきめ》（筆者註、葬儀の時に哀《あわ》れを添えるために雇われて泣く役をする女）とし、如此行《かくおこな(い)》ひ定《さだ》めて、日八日夜八夜《ひやかよやよ》を遊《あそ》びたりき、

というような葬儀を行なったことが窺われる。

仏教の伝来以降、僧尼が葬儀に関わることが普遍《ふへん》的となり、天武《てんむ》天皇の葬儀に際し、

諸僧尼《ほふ(う)しあまら》、殯《もがり》の庭《みや》に発哭《みね》たてまつりて、（『日本書紀』巻第二十九天武天皇朱鳥《しゅちょう》元年〔六八六〕九月甲子《きのえね》〔二

十七日」条）

との葬法が行なわれたり、持統《じとう》天皇の葬儀には火葬が用いられたりという記録などからも知られるように、奈良時代頃から急速に外来の仏教的形式による葬儀が次第に普及し、従来とは葬法が一変してしまったが、多くは古来の風に従った葬儀を行なっていたようで、葬儀に関しては特別の制限はなかったものと思われる。

しかしながら、江戸時代に入って程なく勃発《ぼっぱつ》した「天草の乱」の事後策として「宗門改《しゅうもんあらた》め」が実施され、「寺請《てらうけ》制度《せいど》」（「寺檀《じだん》制度」）[1]が施行されたことから、庶民の葬儀は殆《ほとん》どといってよいほど仏葬一辺倒《いっぺんとう》となっていった。そのために、神職の家族であっても神職本人を除いては、檀那寺《だんなじ》を定めて檀徒《だんと》たる証明を受けねばならないなど、神職の反発も少なくなかった。

これより先、唯一《ゆいいつ》神道を唱《とな》えた吉田家にあっては、兼倶《かねとも》以後の代になってからは、いわゆる「吉田流（吉田式）の葬儀」が行なわれて来たが、江戸時代半ば以降国学《こくがく》[2]の興隆《こうりゅう》に伴なって、国学者らの神道葬祭（神葬祭）の研究も進められるとともに、神職の「離檀運動《りだんうんどう》」（寺院の檀家である関係を断《た》つこと）も次第に活発となり、やがて白川家・吉田家から裁許状《さいきょじょう》（神職の免許状）を受けた神職本人とその後継者に限って、神葬祭を行なうことが認められるに至った。

明治維新以降、「寺請制度」（「寺檀制度」）が廃止され、葬儀は自由に任されることになったが、明治五年（一八七二）六月二十八日の太政官布告《ふこく》によって、「自葬《じそう》を禁止し葬儀は神官僧侶に依頼すべきこと」が法制化され、これに伴ない同日付け太政官布告で、神官も氏子から依頼があれば葬儀を取り扱ってよい旨が定められた。その後、明治十五年（一八八二）一月二十四日に官国幣社の神官は国家の宗祀《そうし》（国が尊び祀るもの）たる神社奉仕に専念《せんねん》するために、葬儀に関与することが禁止されたが、府県社以下神社の神官は当分の間従前通りとされた。

また、明治九年（一八七六）十月二十三日に別派特立《べっぱとくりつ》（一宗派として独立）した神道黒住派《くろずみは》・神道修成派《しゅうせいは》を始めとする教派神道《きょうはしんとう》各派（十三派）は、神道の宗教的活動を専らとする宗教教団であり、個人の宗教儀礼である葬祭を行なうことについては、神社とは異なり何ら問題は無かったところから、各派ごとに独自の葬祭儀式を整えたので、その信徒の間には神道葬祭（神葬祭）がかなり広まっていった。

戦後は、神道葬祭（神葬祭）に関わる法的な規定もなくなり、自由にそれを行なうことが出来るようにはなったものの、過去の経緯《いきさつ》もあり仏葬の絶対的多数は変っていない。しかしながら、今日徐々にではあるが、神道葬祭（神葬祭）への要望が次第に高まりつつあるような傾向がみられる。

③神道葬祭（神葬祭）の祭儀（次第）

神道葬祭（神葬祭）は、多くの祭儀によって構成されているが、神社における通常の祭儀のように、画一化された一定の規定もなく、地域による慣習・風習などや、霊魂観の相違などもあって、その形態は複雑多様である。

神道葬祭（神葬祭）は、わが国古来からの祖先崇拝（祖先祭祀）がその根本に存在し、儒葬《じゅそう》（儒教の儀式による葬儀）を基準として、国学者らの葬祭研究の成果を踏まえて、幕末から明治時代初期頃までに一応の形式が整えられ、その後次第に普及して今日に至ったものである。その祭儀（次第）の細部については、地域によって差異がみられるけれども、現在行なわれている一般的な祭儀の次第について以下に述べてみたい。

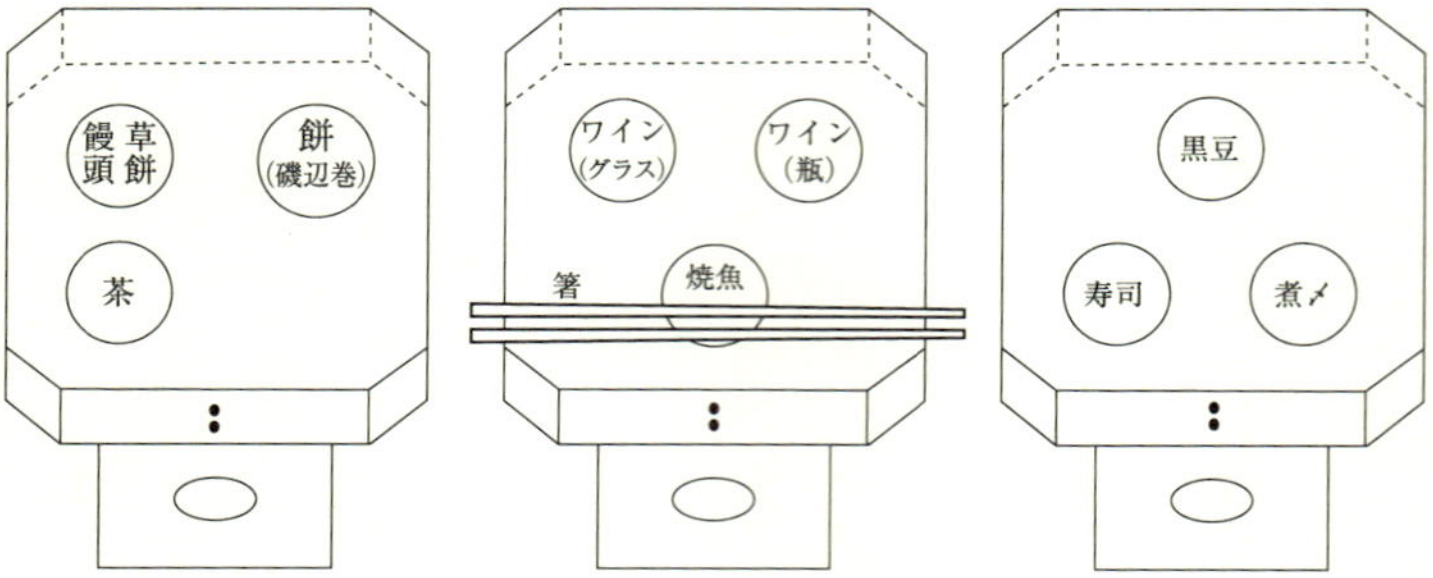

【4－1】常饌《じょうせん》の一例

Ⅰ　神道葬祭（神葬祭）前儀

ⅰ、枕直《まくらなお》しの儀

故人に対する最初の儀礼として、その死を憂《うれ》い、生前の高き徳を偲《しの》びつつ、今後の葬儀の段取りを整える儀式である。

遺体を殯室《ひんしつ》（遺体を安置する部屋）に遷して、首位を北方（もしくは東方または室の上位）にして安置し、面部《めんぶ》（顔）を白布で覆い、白色の枕《まくら》屏風《びょうぶ》を立て、灯火を点《とも》し、守刀《まもりがたな》（または守鏡）を枕頭《まくらもと》に置く（守刀は小案〔小机〕の上に柄《つか》を向こう側にして、刃《やいば》は外側に向ける）。前面には案を設け、生前に嗜好《しこう》した日常の食膳（常饌《じょうせん》）（【4－1】）もしくは洗米《せんまい》・米・塩・水などを供え、家族などの近親者や親しい知人などが慎んで側《かたわら》に候《こう》し（控え）て、故人の安らかな眠りが祈られる。

ⅱ、納棺《のうかん》の儀

納棺の儀は、慎んで故人の遺体を棺《ひつぎ》に納める儀式である。

その作法もさまざまであるが、多く行なわれている事例として、喪主以下家族・親族が殯室《ひんしつ》（遺体を安置する部屋）に集まり、遺体を沐浴《もくよく》（湯水で身体を清めること）させ、髪を整え、（成人男性であれば髭《ひげ》も剃《そ》り、）新しい衣服に改め（白木綿《しろもめん》の小袖《こそで》を着せる例が少なくない）、面上を白布で覆《おお》って、褥《しとね》（敷物）を敷いた棺の中に納め、礼服その他故人が生前に愛用したさまざまな品物を共に棺の中に納めた後に蓋《ふた》をして、その上を白布で覆う。

納棺が終わると棺を正寝《せいしん》（表座敷）に移し、柩前《きゅうぜん》を舗設《ほせつ》して遺影《いえい》や勲章《くんしょう》その他故人を顕彰《けんしょう》した品々を飾り、常饌《じょうせん》もしくは生饌《せいせん》（採《と》りたてのまま手を加えてない姿形そのままの〔調理していない〕神饌）を供え、喪主以下一同が拝礼して、発柩《はっきゅう》（葬送の本儀礼を行なうに先立って、柩《ひつぎ》が喪家《そうか》を出発すること）に至るまでの間、喪主以下家族・親族などが交代しながら柩前に伺候《しこう》する（柩の側近《そばちか》くに控える）。

iii、柩前日供《きゅうぜんにっく》の儀

納棺《のうかん》の儀が終わって正寝に舗設された柩の前に、発柩《はっきゅう》に至るまでの毎日朝夕、故人が生前に食事の際に嗜好《しこう》した食べ物を常饌として、または洗米・塩・水などを日供として柩前《きゅうぜん》に供え、喪主以下家族・親族一同が揃って拝礼し、生前同様に故人を敬いつつもてなす儀式である。

II　神道葬祭（神葬祭）本儀

i、産土《うぶすな》神社に帰幽奉告《きゆうほうこく》の儀

人の霊魂はその死とともに産土神の許に帰るという「産土信仰」から、忌服《きぶく》[3]に関わりない者を喪家《そうか》（喪中《もちゅう》の家）の使者として産土神社に遣わし、誰某《だれそれ》の帰幽《きゆう》（死没《しぼつ》）のことを連絡し、産土神社においてはその使者の参列の下《もと》に、直ちにその旨の奉告祭を斎行する。

　これに先立って、家族の中に死没者が生じた際には、出来る限り忌服に関わらない人が、まず神棚および祖霊《それい》舎《しゃ》（御霊舎《みたまや》）に帰幽の旨を奉告する。神棚に家族の誰某《だれそれ》の帰幽を奉告する拝礼を済ませた後、扉を閉じて白紙を張ってその前面を覆い、家族の者は当分の間（概《おおむ》ね五十日祭を経た忌明後《きあけご》の清祓《きよはらえ》を済ませる頃まで）神棚の拝礼を取りやめる。引き続き祖霊舎（御霊舎）に祀られた祖霊に対しても、家族の誰某の死没奉告の拝礼を行なう。

ii、通夜祭《つやさい》

　通夜祭は、古代の葬送儀礼における「殯斂《もがり》」の遺風《いふう》であり、夜を撤《てつ》して故人の蘇《よみがえ》りを願う祭儀である。命の果《は》てた後、葬儀を執り行うまでの間、喪主以下家族・親族一同が、故人の側《かたわら》に控えて生前同様の礼を尽《つ》くし、心を込めて鄭重《ていちょう》に奉仕すべき神道葬祭（神葬祭）の諸祭儀中でも殊《こと》に重要な祭儀であり、葬場祭《そうじょうさい》（いわゆる告別式《こくべつしき》）の前夜に行なうのが本義である。

　本来の通夜祭とは、故人の家族・親族一同が終夜《しゅうや》に亘《わた》って柩《ひつぎ》の側に集まり控えて、その面影《おもかげ》を慕《した》いつつ、その功績を称《たた》え偲《しの》び、再び霊魂が帰り来て生命が蘇ることを、ひたすら祈り願うために行なわれる祭儀であり、生饌《せいせん》ばかりでなく故人が生前好んだ品々を御饌《みけ》（常饌）として供え、誄歌《しのびうた》[4]を奏《かな》でて故人を追慕《ついぼ》する。従って非常に厳粛《げんしゅく》かつしめやかな祭儀であるが、今日、葬儀の前夜祭的な感覚で捉《とら》えられるようになってしまっているのは、甚《はなは》だ遺憾《いかん》なことである。

iii、遷霊祭《せんれいさい》（移霊祭《いれいさい》）

遷霊祭は、故人の御霊を霊璽《れいじ》（御霊代《みたましろ》）に移し留《とど》める祭儀で、「移霊《いれい》祭」とも称する。霊璽に移し留められた故人の御霊は、やがて祖霊の中に加わって一家の祖霊舎《それいしゃ》（御霊舎《みたまや》）に安置され、末永く家の守護神として祀《まつ》られ、御霊が遷し離された後の遺体は、程なく墓所に埋葬《まいそう》されることになる。

遷霊祭は、神道葬祭（神葬祭）の意義付けを考える際に、その前後における意識が二分されるような、非常に重要な祭儀といえるのではなかろうか。すなわち、遷霊祭に至る間の諸祭儀には、再び霊魂が帰り来て故人の生命が蘇《よみがえ》ることをひたすら願うという意識が強く窺われるのに対して、遷霊祭を行なって故人の御霊を霊璽に遷し留めることは、ある意味ではその人の死を確定することでもあり、これ以降の諸祭儀は、遺体を永遠の安住の地たる墓所に葬《ほうむ》るための祭儀へと、その性格が変化すると考えることができる。

遷霊祭は、本来発柩《はっきゅう》に先立って夜間に灯火を滅《めっ》した浄暗裡《じょうあんり》（真《ま》っ暗闇《くらやみ》の清浄な中）に斎行されるものである。出棺《しゅっかん》が夜間に行なわれる場合には問題はないのであるが、今日の葬儀の殆どは、通夜祭以外の祭儀が昼間に行なわれているところから、遷霊祭は出棺の前夜に通夜祭に引き続いて行なわれている例が少なくない。

iv、発柩祭《はっきゅうさい》（出棺祭《しゅっかんさい》・棺前祭《かんぜんさい》）

発柩祭は、葬場において葬送の本儀を行なうに先立って、柩《ひつぎ》が喪家《そうか》を出発せんとする際に、そのことを柩《きゅう》前《ぜん》に告げるために行なわれる祭儀であり「出棺祭」とも「棺前祭」ともいわれ、故人にとっては、数多くの想い出のある住みなれたわが家との別離《わかれ》の儀式でもある。その後直ちに霊柩《れいきゅう》を奉じ葬列を整え、葬場に向けて出発する。

出棺に際して、故人の御霊を遷し留めた霊璽は、葬場や火葬場には持参しない。

v、発柩後祓除の儀《はっきゅうごばつじょぎ》《はらえ》

発柩後祓除の儀は、古来の「後祓《あとばらえ》」といわれたもので、発柩の後に通夜祭以来の調度を取り去って、家中の火を改め、各部屋を清掃してから、家に留まった家族・親族などを始め、家中の各部屋や家の敷地内を隈《くま》なく祓い清める儀式である。

その後、仮御霊舎《かりみたまや》の調度を整えて、葬場祭《そうじょうさい》・火葬祭《かそうさい》・埋葬祭《まいそうさい》などを終えて帰宅した後に執り行なわれる帰家祭《きかさい》の準備に当る。

vi、葬場祭《そうじょうさい》（告別式《こくべつしき》）

葬場祭（告別式）は、故人の遺体に対して最後の決別《けつべつ》を告げる祭儀で、喪主以下家族・親族はもとより近親者や会葬者《かいそうしゃ》一同が、挙《こぞ》って故人の在りし日の面影《おもかげ》を慕《した》いその威徳《いとく》を称賛《しょうさん》する、人生儀礼の最終を飾る最も厳粛《げんしゅく》な儀礼である。【4―2】

喪家から葬列を整えて新たに設けられた葬場に至り、そこで本儀を執り行うのが本来の慣わしであるが、今日は常設の斎場《さいじょう》で行なわれる場合が多くなったが、もちろん喪家において行なうことも差し支えないし、その事例も少なくない。

祭儀次第の中で、斎主が奏上する祭詞《さいし》（葬祭において奏上される祝詞《のりと》）には、故人の経歴や功績、人柄や言動

【4－2】 葬場祭（北海道苫小牧市　永井承邦氏提供）

などが詳細に語られ、また弔辞《ちょうじ》の奉呈《ほうてい》や弔電の奉読が行なわれて、故人の足跡が称えられ、その面影を偲《しの》びつつ厳粛裡《げんしゅくり》に最後の決別が告げられる。

やがて葬場祭（告別式）が終了し参列者・会葬者の退出した後、改めて列次を整えて、墓所もしくは火葬場に向かう。（今日の葬儀では殆どが「火葬」であるため、埋葬《まいそう》のために葬場から直接墓所に向かう「土葬《どそう》」の例は極めて少ない。）

vii、埋葬祭《まいそうさい》

埋葬祭は、葬場祭（告別式）の後に、再度列次を整えて、喪主以下の家族・親族や故人と特別に縁故のある人々などが、霊柩に付き従って墓所に至り、柩《ひつぎ》を埋葬し、その後に行なわれる祭儀である。

墓所を祓い清めた後に、土葬の場合には遺体を納めた柩をそのまま、火葬の場合には遺骨を埋葬する。

viii、火葬祭《かそうさい》

火葬祭は、埋葬に先立って遺体を火葬に付すに際して行なわれる祭儀であり、火葬の儀を終了後直ちに遺骨を奉じて墓所に至り、埋葬を行なう。事情によって当日中に埋葬できない場合には、出来るだけ早い機会に埋葬することが望ましい。

最近は、火葬が済んだ後に遺骨を家に持ち帰り、五十日祭が過ぎてから埋葬する向きが少なくないが、墓所の準備がなかったり、遠方にあるような場合はやむを得ないであろうが、火葬後直ちに遺骨を埋葬することによって、遺骨も速やかに安定するであろうし、葬儀終了の一つのけじめともなる。

ix、帰家祭《きかさい》

帰家祭は、埋葬の儀が終了し喪主以下一同が帰家（帰宅）した後、仮御霊舎《かりみたまや》の霊前において、葬儀が滞《とどこお》りなく終了したことを奉告する祭儀である。

帰家に先立って、葬儀に関連した一同（一連の葬儀儀式に関与した神職や喪主以下の家族・親族など）は、家の門口《かどぐち》において手水の後、大麻《おおぬさ》・塩湯《えんとう》による祓い清め（帰家清祓《きかきよはらえ》）を行なう。

この帰家祭以降に執り行われる神道葬祭（神葬祭）後儀の諸祭儀は、仮御霊舎の霊前において営まれる。

III　神道葬祭（神葬祭）後儀

【4－3】 仮御霊舎の霊前に供えられた日供の一例（北海道苫小牧市　永井承邦氏提供）

i、霊前日供《れいぜんにっく》の儀

霊璽《れいじ》に故人の御霊の遷霊《せんれい》を行なった後には、その霊前での祀《まつ》りを奉仕し、遺体を埋葬した後には墓前をも祀り、霊前・墓前それぞれに追考《ついこう》（供養《くよう》して孝道《こうどう》〔孝行の道〕を尽す）の心を尽さなければならない。

霊前には、遷霊の後、朝夕二度（少なくとも毎朝一度）常饌または洗米・塩・水などを日供として供える。【4―3】この日供奉仕は、霊璽を御霊舎に合祀《ごうし》（いっしょに合せてお祀りする）するまでの連日行なう。墓前には、以下の仮御霊舎の祭儀奉仕に会わせて、墓前祭を行なう。

ii、翌日祭《よくじつさい》

翌日祭は、葬儀（葬場祭〔告別式〕）の翌日に、霊前・墓前それぞれにおいて執り行う祭儀で、葬儀が無事に終了したことを奉告する祭儀である。

iii、毎十日祭《まいとおかさい》（十日祭・二十日祭・三十日祭・四十日祭・五十日祭）

帰幽（死没）の日から数えて十日目・二十日目・三十日目・四十日目・五十日目と、十日目毎《ごと》に霊前・墓前において執り行う祭儀である。

五十日祭は最後の十日祭でもあり、この祭儀を済ませることによって「忌明《きあけ》《いみ》」とする場合が少なくない。さらにまた、この五十日祭を経た後に、これまで仮御霊舎に祀られてきた霊璽《れいじ》を祖霊舎（御霊舎）に合祀する例も多く、毎十日祭の中でも五十日祭は重要な祭儀とされている。

iv、忌明後祓除《きあけごばつじょ》《いみ はらえ》の儀

忌は概《おおむ》ね五十日をもって完了するところから、一般的に五十日祭が終了してから祓除が行なわれる。仮御霊舎以下家人や家内の各所を祓い清め、その後神棚や祖霊舎（御霊舎）に貼った白紙を取り除いて、これ以後神社を始め神棚や祖霊舎（御霊舎）の参拝・拝霊は常の状態に復する。

v、祖霊舎に合祀《ごうし》の儀

五十日祭終了後（百日祭もしくは一年祭の場合もある）に「清祓《きよはらえ》」を行ない、その後仮御霊舎に祀られていた霊璽を祖霊舎（御霊舎）に合わせ祀る祭儀である。祖霊舎（御霊舎）に合祀された故人の御霊は、これ以降祖霊の一柱として代々の祖霊とともに祀られて、一家の守護神として折々の祭祀が懇《ねんご》ろに奉仕され、追孝の誠が捧げられる。

vi、百日祭《ひゃくにちさい》

帰幽の日から数えて百日目に、霊前・墓前において行われる祭儀である。遺族は忌明けの後も毎日祖霊舎（御霊舎）や墓前の拝礼を欠かさず行ない、過ぎ去り行く日々の中の節目となる日の祭儀には、氏神神社の神職の奉仕のもと、厳粛《げんしゅく》・鄭重《ていちょう》に祭祀を営む事が大切である。

vii、一年祭《いちねんさい》

一年祭は、帰幽の一年後の同日に、霊前・墓前で行なわれる祭儀である。霊前祭のうちでも、節目に相当する五十日祭・百日祭とこの一年祭は重きが置かれるが、別《わ》けてもこの一年祭はより丁寧《ていねい》に奉仕せねばならない。

2　喪中《もちゅう》の神棚作法と心得

(1)　喪中の神棚作法と心得

一家の喪中の際には、神棚の宮形の扉を閉《と》じ、神棚の上より（あるいは前に）白紙一枚を貼《は》り下げ（【4―4】）、原則として服喪《ふくも》（喪に服すること）中は総《すべ》ての祭祀《まつり》を避《さ》けなければならない。

しかしながら、神祀りは一日たりとも忽《ゆるが》せにすべきではないという趣旨から、このような場合には、喪のかかっていない血縁の遠い人などに、神棚の拝礼や神社の参拝を委《ゆだ》ねるべきであるとの議論もあるし、また服喪の期間（日数）についても諸説がみられる。このことに関して、平田篤胤は『玉たすき』六之巻の中に、次のように述べてい

【4－4】　神棚の白紙（北海道苫小牧市　永井承邦氏提供）

る。

家の神棚《カミダナ》は、第十四《ノ》の詞に云《へ》る如く、大《おほ(お)》御《み》神《かみ》の御霊代《ミタマジロ》を始《ハジ》め奉り、八《や》百《ほ(ほ)》万《よろづノ》神等《かみタチ》を斎《イツ》き奉りたる神籬《ヒモロギ》なれば、其の神実《カムザネ》の尊《タフ(とう)ト》き事は、中《マヲ(もう)ス》も更《さら》なる事なれど、直《タヾチ》に其本宮《そノもとツみや》に参《マヰ》りて拝《を(お)ろが》み奉るとは、其趣《そのサマコト》異なり、然《サ》るは本より家内《イへ(え)ヌチ》に斎《いつキ》奉りては、其《そノ》身《み》其《ノ》家既《スデ》に穢《けが》るゝ時は、神棚にも穢《けがレ》の及《オヨ》ばむ《(ん)》事、こは何《イカニ》とも止《ヤム》べからざる事なり、然《サ》れば予《オノ》が家にては、父母の喪《モ》なれば五十日、祖父母の喪には、三十日の遠慮《えんりょ》として、暇《イミ》（筆者註、喪の忌に服すること）の日数のみ神拝《しんぱい》を止《ヤ》めて、忌《き》《いみ》明《あ》けに身滌《ミソギハラヒ(ひ)》祓をなして、其《ソレ》より拝礼することとなり、（産穢《さんえ》、死穢《しえ》、改葬《かいさ(そ)う》等のけがれも、右に准《ナゾラ(え)》へて、世間《せけん》普通の日数を限《カギ》りとす、〔〇中略〕されど若過《モシアヤマ》ちてけがるゝか、其外《そノほか》種々の穢《けがれ》に触《フレ》たりとも、三日或《あるヒ》は五日過ぎて禊祓《ミソギハラ》ひ《(い)》、又は行《ぎや(ぎょ)うずい》水などして、其後は神拝怠《オコタ》る事なし、但し当分は、常《ツネ》の着座《ちゃくざ》より少し退《シリゾ》きて拝み奉らむ《(ん)》も然るべし、）また若《モシ》くは、其《ソノ》身穢《ケガ》れたりとも、一族又は家子等《やっコラ》の中にて、忌服《きぶく》なき者を撰《エラ》びて、別火《べっくわ(か)》潔斎《けっさい》を為《ナ》さしめ、我《ワレ》に代《カハ(わ)》りて神事を勤《ナサ》しめむも然《シカ》るべし、（ひらがなルビ著者）

との記述は、喪中の期間中における神棚の奉仕を考える際に、大いに参考とすべきであろう。

(2) 忌《き》と服《ぶく》

今日、神社本庁が定めている忌服《きぶく》の期間は、次の通りである。(「神職服忌《ぶっき》心得」による)

〈忌の期間〉……忌とは、死を畏《おそ》れ忌《い》み憚《はばか》るという意で、死の穢《けがれ》のある期間は派手なことを控えて身を慎《つつし》み、故人の死を悼《いた》み、御霊を和《なご》めるためには避けられない期間であり、最も長くても五十日間であり、その期間を「忌中《きちゅう》」と称する。

① 父母・夫・妻・子	十日
七歳未満の子	五日
② 祖父母・孫・兄弟姉妹	三日
③ 曽《そう》祖父母・曾孫《そうそん》《ひまご》・甥姪《おいめい》・伯叔父母《おじおば》	二日
④ 高《こう》祖父母・玄孫《げんそん》《やしゃご》・兄弟姉妹の孫・従兄弟《いとこ》姉妹・従曽祖父母	一日

配偶者《はいぐうしゃ》の親族の忌の期間については、総《すべ》て所定の期間を一項目づつ繰り下げた日数による。但し、七歳未満の子については二日、前項④については忌に服さない。

遠方にあって訃報を受けたときは、受けた日からその残りの日数の忌に服し、忌の期間を過ぎた場合は、その当日だけ服する。但し、父母・夫・妻・子にあっては、受けた日から所定の忌に服する。

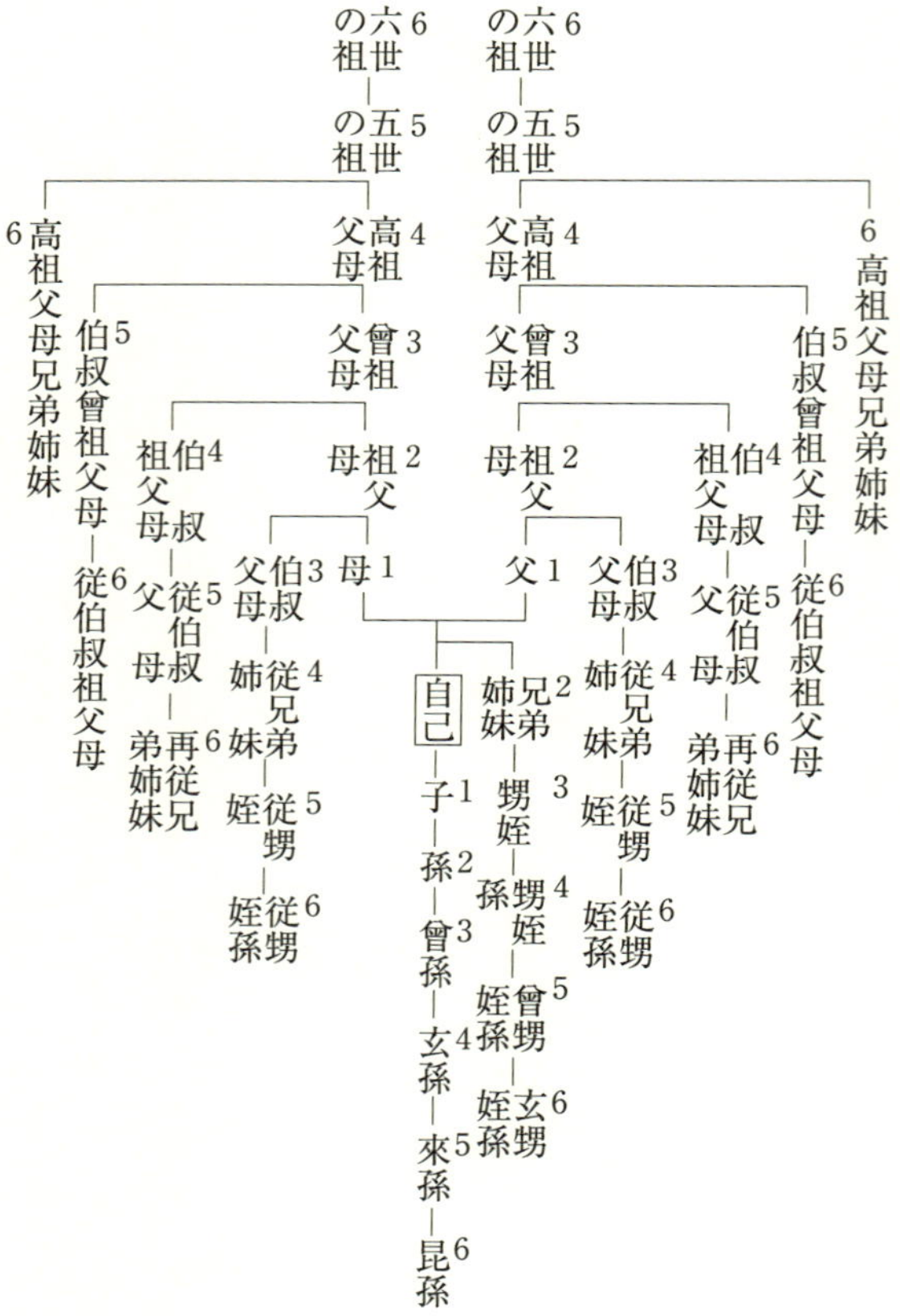

【4－5】 等親表

忌の期間は、特殊の事情があって止むを得ない場合は、適宜《てきぎ》縮《しゅく》減《げん》することも差し支えない。（家族・親族間の親等関係については、【4—5】を参照されたい）

〈服〉……服とは、喪《も》服《ふく》を著用することをいい、忌明《きあ》けの後も身を慎み、悲しみの気持ちを乗り越えて平常心に立ち帰るための期間であり、その期間を「喪中《もちゅう》」といい、「服喪《ふくも》」も同意義である。「服」の期間は、特定の日数を限ったものではなく、忌明けの後に日常生活に戻るため「心のけじめ」を付ける期間として、個人個人の心情に委ねられる物である。

服はその人の心得に任す。

昨今の時代は、「忌」と「服」との意義が混同されるようになったために、家庭祭祀や人世儀礼（通過儀礼）などの面において、多くの誤解や混乱も生じている。

○

家族や親族に不幸が生じた際に、祝い事や神社の参拝をどのようにしたらよいのか、迷うことも少なくないであろう。そのような場合には、右記の忌服《きぶく》を一応の目安としてみては如何《いかが》であろうか。

今日多くの場合、とりあえず「忌」の期間が過ぎた後は、早々に世間通常の諸事に関わらざるを得ないことが少なくないが、その際にもしも「服《ぶく》」のことが気になるようであれば、氏神神社の神職に「服祓《ぶくばらえ》」（除喪《じょも》）を依頼したらよいであろう。

3　祖霊舎（祖霊棚・御霊舎）の祭祀《まつり》

(1)　祖霊《それい》の祀《まつ》り

今日、「祖霊の祭祀《まつり》」としてのお彼岸《ひがん》やお盆《ぼん》というと、仏教独自の行事と思われがちであるが、それらはもともとわが国古来の祖霊の祭祀（先祖祭《せんぞまつり》）の日であった。特にお盆の時には祖先の御霊が子孫の家に帰ってくるといわれているが、このような考え方は仏教の根本の教理《きょうり》（教えの体系）の中にはみられず、むしろわが国固有の習俗（信仰）に由来するものであるといえよう。

祖先の御霊を祀ることは、多くの家々でなされているが、近世江戸時代の寺請《てらうけ》制度（寺檀《じだん》制度）の名残《なごり》から、宗旨・宗派の相違はあるにせよ、仏教の作法に従って（仏教の形式で）「ほとけ様（仏様）」として、仏壇に祀《まつ》られている場合が多い。しかしながらその一方で、神道の作法（神道の形式）で「神様」として、祖霊舎《それいしゃ》（祖霊棚《それいだな》・御霊舎《みたまや》）に祀られている場合も少なくなく、神と仏（神道と仏教）と祀る形式こそ異なってはいるが、祖先の御霊を祀っていることに相違はない。

家庭の中に、伊勢の神宮を始めとして氏神神社やさまざまな神々を神棚に奉斎し、さらに先祖を祖霊舎に奉斎するという「敬神」・「崇祖」の日常生活こそ、わが国古来の考え方の中から生まれたものであり、今日なおその考え方が受け継がれているということを、改めて認識することは重要であろう。

(2)　祖霊舎（祖霊棚・御霊舎）

一家の祖先や肉親の御霊《みたま》を奉斎する（祀《まつ》る）設備が祖霊舎（祖霊棚・御霊舎）であり、神棚と別に分けて奉斎するのが本義である。

神棚と祖霊舎（祖霊棚・御霊舎）との上下関係を考えるならば、神棚が上位であり祖霊舎（祖霊棚・御霊舎）が下位となる。そこで祖霊舎（祖霊棚・御霊舎）の奉斎場所として、神棚よりも一段低い場所や、神棚の下に奉斎したりする例もみられるが、毎日の拝礼を考えるならば、神棚の設置場所に準じたところに奉斎することが宜しいのではないかと思われる。

【4－6－(1)】　大型御霊舎（〔株〕井筒提供）

(3)　祖霊舎（祖霊棚・御霊舎）の調度と供え物

①祖霊舎（祖霊棚・御霊舎）の調度

祖霊舎（祖霊棚・御霊舎）の調度として、一般的に素《しら》木造《きづくり》の「厨子《ずし》」[5]形式のもの（【4―6―(1)】・【4―6―(2)】）が設けられる場合が少なくない。中央に御幣を

【4－6－(2)】　小型御霊舎（〔株〕井筒提供）

立てて神座とし、その奥に祖先や肉親の霊号《れいごう》(6)（古くは諡号《しごう》―贈《おく》り名《な》と称した）を記載した霊璽《れいじ》（巻子《かんす》〔巻物《まきもの》〕もしくは木牌《もくはい》〔木製の札・木の位牌《いはい》〔【4―7―(1)】・【4―7―(2)】〕〕が納められる。その手前左右に灯明と榊を立て、正面には注連縄を張る。

その形式については、地域によりまた古来からの仕来《しきた》りによってさまざまな例がみられるので、それぞれの仕来りに従うのがよいであろう。もしも新たに求める必要が生じた際には、家風に見合った相応《ふさわ》しいものを撰ぶべきであろう。

②祖霊舎（祖霊棚・御霊舎）の供え物

祖霊舎（祖霊棚・御霊舎）の榊や供え物の奉献《ほうけん》は、神棚へのそれと基本的に同一と考えて差《さ》し支《つか》えない。例えば、米（洗米）・酒・塩・水など神棚の神饌と同様の品々を供えたりするほか、日常生活の中でご飯が炊《た》けた際に茶碗や皿に盛って供えたり、珍《めずら》しいものが手に入った時に、初穂《はつほ》として供えることもある。

特に亡き誰かに所縁《ゆかり》のある祭日には、常とは異なって魚や野菜・果物・菓子などを加えて供えたり、その人が在世《ざいせい》中に好んだ品物、刺身や寿司その他さまざまな料理や飲み物など、家族の人々が食するために調理した食物を始め、お酒や煙草《たばこ》など故人の嗜好品《しこうひん》に至るまで、その霊前に是非とも供えたいものである。また、神棚に奉斎された神霊と

【４－７－(1)】 霊璽（大）（〔株〕井筒提供）

【４－７－(2)】 霊璽（小）（〔株〕井筒提供）

は異なり、祖霊に対しては水の外にお茶（紅茶・コーヒーなども）を供えても差し支えない。

(4)　祖霊舎（祖霊棚・御霊舎）の拝礼作法

祖霊舎（祖霊棚・御霊舎）の拝礼作法については、基本的には神棚の拝礼作法と同一である。

(5)　祖霊舎（祖霊棚・御霊舎）拝詞《はいし》

〔祖霊舎［祖霊棚・御霊舎］拝詞〕

此《こ》の御霊舎《みたまや》に鎮《しづ》まります　吾御祖等《わがみおやたち》の神霊《みたま》の御前《みまへ(え)》を拝《を(お)ろが》み奉《まつ》りて　此《こ》れ（家名）の家《いへ(え)》をも身《み》をも　安《やす》く平《たひ(い)》らけく守《まも》り給《たま(い)》ひ恵《めぐ》み給《たま(い)》ひて　子孫《うみのこ》の末《すゑ(え)》に至《いた》るまで　長《なが》く久《ひさ》しく立《た》ち栄《さか》えしめ給《たま(え)》へと　恐《かしこ》み恐《かしこ》みも　白《まを(もう)》す

〔祖霊拝詞〕（その一）

代々《よよ》の先祖等《みおやたち》（某命《なにがしのみこと》）の御前《みまへ(え)》を拝《を(お)ろが》みて　慎《つつし》み敬《ゐ(い)やま(い)》ひも　白《まを(もう)》さく

広《ひろ》き厚《あつ》き御恵《みめぐ》みを蒙《かがふ》り　高《たか》き尊《たふ(とう)と》き家訓《みを(お)しへ(え)》を戴《いただ》き奉《まつ》りて　親族《うから》家族《やから》互《かたみ》に睦《むつ》び和《やは(わ)ら》らぎ　力《ちから》を合《あは(わ)》せ心《こころ》を一《ひと》つにし　身《み》を慎《つつし》み業《わざ》に励《はげ》み　篤《あつ》く交《まじ(わ)》はり博《ひろ》く親《した》しみ　喜《よろこ》びと感謝《かんしゃ》の心《こころ》を以《も》ちて　麗《うるは(わ)》しく仕《つか》へ《(え)》奉《まつ》る状《さま》を　めぐしと見《み》そなは《(わ)》し給《たま(い)》ひて　子孫《うみのこ》の八十続《やそつづき》に至《いた》るまで　家門《いへ(え)かど》高《たか》く広《ひろ》く立《た》ち栄《さか》ゆべく　夜《よ》の守《まも》り日《ひ》の守《まも》りに守《まも》り恵《めぐ》み幸《さきは(わ)》へ《(え)》給《たま(え)》へと　恐《かしこ》み恐《かしこ》みも　白《まを(もう)》す

〔祖霊拝詞〕（その二）

慕《した(わ)》はしく 尊《たふ(とう)と》き 我先祖等《わがさきつおやたち》の霊《みたま》の御前《みまへ(え)》を 拝《を(お)ろが》み奉《まつ》りて 謹《つつし》み 敬《ゐ(い)やま(い)》ひも 白《まを(もう)》さく
御祖等《みおやたち》の広《ひろ》き厚《あつ》き恩頼《みたまのふゆ》に依《よ》りて己《おのれ》（氏名《しめい》）が 家《いへ(え)》をも身《み》をも 安《やす》らけく平《たひ(い)》らけく守《まも》り恵《めぐ》み給《たま(い)》ひ 親族家族《うからやから》を
始《はじ》めて 子孫《うみのこ》の八十《やそ》続《つづき》に至《いた》るまで 弥栄《いやさか》えに栄《さか》ゆる門《かど》と守《まも》り 幸《さきは(わ)(え)》へ給《たま(え)》へと 乞《こ(い)》ひ祈《の》み奉《まつ》らむ《(ん)》と 白《まを(もう)》す

〔みたまなごめとなへ《(え)》ことば〕

あめつちの むすびの中《なか》に 千早《ちはや》ぶる 神《かみ》の御祖《みおや》の 祖々《おやおや》と 伝《つた(え)》へ来《き》まして ちちははの 与《あた(え)》へ給《たま(い)》ひし 分《わ》け御霊《みたま》
この現《うつ》し世《よ》を まかりなば とは《(わ)》のみたまの ふるさとの 神《かみ》のみかどに 帰《かへ(え)》るなり 神《かみ》のみかどは あめつち
の 永《なが》きいのちに 異《こと》ならず 耳《みみ》に聞《き》こへ《(え)》ず 目《め》に見《み》へ《(え)》ぬ 清《きよ》き汀《なぎさ》に しき波《なみ》の 寄《よ》する常世《とこよ》の くにと云《い(う)》ふ
常世《とこよ》のくにに 白雲《しらくも》の 千重《ちへ(え)》を押《お》し分《わ》け 茜《あかね》さす 日《ひ》の若宮《わかみや》が 立《た》つと云《い(う)》ふ 日《ひ》の若宮《わかみや》の高殿《たかどの》に 代々《よよ》のみたま
は 明《あか》る 妙《たへ(え)》 照《て》る 妙《たへ(え)》もちて 身《み》をよそひ《(い)》 瑞《みづ》の曲玉《まがたま》 とりかけて 安《やす》く穏《おだ(い)》ひに 坐《ま》すと云《い(う)》ふ 安《やす》く穏《おだ(い)》ひに 坐《ま》
すことを 仰《あふ(お)》ぎこひ《(い)》祈《の》み うつそみの われも家族《うから》も 一筋《ひとすぢ》に 神《かみ》のま道《みち》の まさ道《みち》を 信《うけが(い)》ひまつり つつし
みて 親子《おやこ》はらから むつまじく 家をととのへ《(え)》 身《み》を修《おさ》め 清《きよ》く明《あか》るく うれひ《(い)》なく 生《い》くるまことを 天翔《あまがけ》り
国翔《くにがけ》りても みそなはし《(わ)》 みたまは高《たか》く 安《やす》らけく いやとこしへ《(え)》に しづまりて 家《いへ(え)》の栄《さか》えを 守《まも》りませ
家《いへ(え)》の栄《さか》えを 守《まも》りませとまをす《(もう)》

（「金刀比羅本教神拝詞集」）

(6) 祖霊舎（祖霊棚・御霊舎）の祀《まつ》りと忌《き・いみ》明《あ》け・年祭《ねんさい》（年忌《ねんき》・式年祭《しきねんさい》）

①祖霊舎（祖霊棚・御霊舎）の祀り

家族の人々の誰かが身罷《みまか》った場合には、その人はやがてその一家の守護神となって、子孫や一家の幸福《しあわせ》を守護《まも》ってくれるという、わが国古来からの考え方がある。子孫は必ず先祖を手厚く祀《まつ》り、日々の祀りはもとより、個々の先祖の年祭（年忌《ねんき》）を鄭重《ていちょう》に奉仕せねばならない。その御霊を慰《なぐさ》め、安らかに鎮《しず》め奉って、一家・一族の永き繁栄《はんえい》を祈ることが大切である。

　そのために、日毎に祖霊への奉仕（祀り）を行なうことは、神棚の奉仕（祀り）を欠かさず行なうことと同様であるが、祖霊舎（祖霊棚・御霊舎）の祀りで重要なものは、正辰祭《せいしんさい》という故人の死去の当月当日《とうげつとうじつ》（いわゆる祥月命日《しょうつきめいにち》）にその人を追慕《ついぼ》して執り行う祀り（両親や祖父母など近い祖先に範囲を限定する場合が少なくない）と、春秋の彼岸《ひがん》の時季（春分の日・秋分の日）の祭祀（春季霊祭《しゅんきれいさい》[7]〔春季霊神祭《れいじんさい》〕・秋季霊祭〔秋季霊神祭〕）やお盆の時季の祀り（御霊祭《みたままつり》）である。これらの祭は、恒例の祖霊祭であり、その日々には氏神神社や崇敬神社の神職を招《まね》いて、日頃の個人での奉仕よりも丁寧《ていねい》な祭祀を依頼するとよいであろう。

②忌明けと年祭（式年祭・年忌）

　神道葬祭（神葬祭）を行なった場合、前述のごとく遷霊祭《せんれいさい》において故人の御霊《みたま》を移した霊璽《れいじ》を、仮安置の座から祖霊舎（祖霊棚・御霊舎）に遷《うつ》し、祀《まつ》り代《か》えねばならない。その時期については、多くの場合、帰幽《きゆう》の後に十日目ごとの祭祀《まつり》を奉仕して、〈忌《き》《いみ》明《あ》け〉といわれる五十日祭を済ませてからという場合が少なくない。（祖霊舎〔祖霊棚・御霊舎〕への遷座を、百日祭若しくは一年祭の後とする場合もある。）

　亡くなった日（祥月命日《しょうつきめいにち》）に特別の祭祀（正辰祭《せいしんさい》）を行なうことは当然であるが、一年祭を経た後の年祭（式年《しきねん》祭《さい》、また年忌《ねんき》ともいう）は、三年目（満年数、以下同様）の三年祭を始めとして、五年祭・十年祭・二十年祭・三十年祭・四十年祭・五十年祭・百年祭と順次斎行し、百年以後は百年目ごとに行なわれる。これらの祭は、臨時の祖霊祭である。（五十年祭を「祀《まつ》り上《あ》げ」とする例が多い。また百年祭以降毎百年祭は、一家にとって特に重要な功績のあった祖先に限られる場合が少なくない。）

式年祭のうち、一年祭・五年祭・十年祭・二十年祭・三十年祭・五十年祭・百年祭・その後百年目ごとなどの祭は、重儀であるので氏神神社や崇敬神社の神職を招いて、鄭重《ていちょう》に祭儀を行なわねばならない。

註（1）江戸時代にキリスト教信仰の禁止を目的として、人々がキリシタン信徒でないことを明らかにするために、必ずいずれかの寺院の檀徒《だんと》（檀家《だんか》）であることを、その寺院（檀那寺《だんなじ》）に証明させた制度。

（2）近世学術の発達と国家意識の勃興によって発生してきた学問の一つである。『古事記』・『日本書紀』・『万葉集』・『律令』などのわが国の古典を、主として文献学的に研究して、儒教や仏教が渡来する以前のわが国固有の文化や精神を明かにしようとした学問で、国学四大人といわれる荷田春満《かだのあずままろ》・賀茂真淵《かものまぶち》・本居宣長《もとおりのりなが》・平田篤胤《あつたね》とその門流によって確立された。

（3）近親者の死没に伴なって、一定の期間喪《も》に服《ふく》する（自宅に謹慎する）ことで、穢《けが》れを忌《い》む「忌《き》」と、喪服《もふく》を着る「服《ふく》」からなる。

（4）死者を弔《とむら》い、生前の徳を称える歌。

（5）厨子は、別に「御櫝《おとく》」ともいわれるが、その起源は宮中の御厨子所《みづしどころ》（調理所）の食物棚に発して、その後転じて食物を載せる二階棚《にかいだな》の名となり、さらに変化して前面に中央で合わさるように作られた両開き（観音開き《かんのんびら》）の扉を付けて「厨子」と称えるようになった。

（6）今日の霊号は、故人の徳を称えた諡号《しごう》―贈り名《おくな》を贈ることは行なわれなくなっているし、個人の身分を云々するということもなくなっているところから、単に氏名に「命《みこと》」のみを付して霊号とするのが一般的である。

（7）本来であれば祖先の人々一人一人の祥月命日《しょうつきめいにち》に正辰祭《せいしんさい》を行なわねばならないが、現実には困難であるところから、ごく近い数代（祖父母の代位まで）を除いて、曾祖父母の代以前の祖先については、春秋二度に集約して御霊《みたま》祭《まつり》（霊神祭《れいじんさい》）として奉仕される。

〈付〉 神社参拝の手引き（心得と作法）

(1) 神社参拝の心得

神社に参拝するためには、心身ともに清浄でなければならない。そのために、「禊《みそぎ》」や「祓《はらえ》〔1〕」が厳重になされねばならない。

しかしながら、多くの場合、祭祀への参列や神社へ参拝する際に、厳重な禊や祓を行なうことは、なかなか困難である。そこで禊の代りに「手水《てみづ》」を行ない、祓として「修祓《しゅばつ》」を行なって、身も心も浄《きよ》められた状態となって、始めて神前に額《ぬか》づくことが許される。

このような心身を清浄にするための過程を経てから、神前に感謝や祈願のための誠の心を捧げることが可能となるのである。

(2) 神社参拝の作法

神社の境内に入って参道《さんどう》を進んで行くと、社殿の手前に手水舎《てみづしゃ》（水屋《みづや》・御手洗《みたらし》）（【付—1—(1)】・【付—1—(2)】）が設けられており、「洗心」・「奉献」などの文字が刻《きざ》まれた水盤《すいばん》には、常に浄《きよ》らかな水が湧《わ》き満《み》たされている。その

【付―１―(1)】 手水舎（金刀比羅宮御本宮手水舎）

【付―１―(2)】 手水所（金刀比羅宮金刀比羅本教本部神殿前手水所）

清水で手を洗い、口を漱《すす》ぐという手水の一般的作法は、次の通りである。

〔手水の作法〕

手水舎（手水所）に至って水盤の前に立ち、小揖《しょうゆう》（15度程度の軽いお辞儀《じぎ》）をした後、先ず右手で柄杓《ひしゃく》を掴《つか》み、水盤への水の注《そそ》ぎ口もしくは水盤の中から浄水《じょうすい》を汲《く》み、左手に濯いで洗い清める。【付―2】

次に、柄杓を左手に持ち替えて、同様に右手に濯《そそ》いで洗い清める。【付―3】

次に、柄杓を再度右手に持ち替えて、柄杓の水を左の掌《てのひら》（手の平《ひら》）で受けて、口に含んで口を漱《すす》ぐ。【付―4】

口を漱ぐ際に、柄杓に直接口を付けるのは無作法であるから、慎まねばならない。口を漱ぎ終わった後、再び水を左手に注ぐ。

【付―2】

【付―3】

最後に、柄杓を立てて残った水を柄《え》に流して清め、柄杓を元あった場所に伏せて置き、小揖をして手水舎から出る。【付―5】このようにして手水を行ない、心身が浄められた後に、神前に進んで拝礼を行なう。

〔拝礼の作法〕

神前において祈願や報賽《ほうさい》（お礼）の拝礼を行なう場合、その真心《まごころ》の表現として賽銭《さいせん》(2)を奉る。あるいはまた、拝殿の向拝《こうはい》に懸《か》けられた鈴を鳴らし、心を込めて〈二拝・二拍手・一拝〉の神拝作法により拝礼を行なう。

先ず拝（直立の姿勢から背中が平になるよう腰を90度に折り曲げる）を二度繰り返す。【付―6】

次に、両手を胸の高さで合わせ、右手を少し引いて（右手中指先を左手中指第一～第二関節のあたりまで引く、【付―7】）、拍手（両手を拍ち合わせる）を二度行なう。【付―8】

【付―4】

【付―5】

【付―6】

【付―7】

さらに、胸の前で両手を合わせて心からの祈念を行ない（【付―9】）、その後もう一度拝を行なう（【付―6】）。

その際、最初の二拝の前と最後の一拝の後に、深揖《しんゆう》（45度程度の深めのお辞儀）を加えると、より丁寧な拝礼作法となる。

何か特別の祈禱《きとう》（祈願）や正式参拝《せいしきさんぱい》を行なう際には、拝殿に昇殿《しょうでん》して玉串《たまぐし》を奉り拝礼する場合もある。昇殿前に適宜《てきぎ》の場所において、あるいは昇殿の後拝殿内において修祓《しゅばつ》[3]を行ない、改めて心身を浄化してから、神前に玉串を奉り拝礼を行なう。これを「玉串奉奠《ほうてん》」・「玉串拝礼」などと称するが、その基本作法については、次の通りである。

〔玉串を奉り拝礼を行なう作法〕

神職から進められた玉串は、その下部（根本の方）を右手で上から、上部（葉先の方）を左手で下部から受けて

【付—8】

【付—9】

（【付—10】）、胸の高さにやや左高に捧《ささ》げ持つ。（【付—11】）

次に、座（席）を離れて神前の玉串案《たまぐしあん》（玉串を奉るための机）の前に進み出て、深揖《しんゆう》（45度程度の深めのお辞儀）をする。

次に、玉串を立てて、左手を下げて両手で本《もと》（根本の方）を持ち、祈念《きねん》を込める。（【付—12】）

次に、右手を放し、左手で葉先を右に廻《まわ》しながら、右手を玉串の中程を裏側から執り（左手を離し）、本を神前に向けて、左手を下に添えて玉串案の上に奉る。（【付—13】）

次に、〈二拝・二拍手・一拝〉の作法で拝礼を行ない、さらに深揖をした後、神前を退いて元の席（座）に戻る。

拝礼が終わって拝殿から退出する際には（または拝殿から退出した後、適宜の場所において）、神前に供えられた神酒のお下りを拝戴する「直会《なおらい》の儀」（【付―14】）が行なわれる。

神社参拝の作法は、祭神に対する参拝者の誠意《まこと》の心が、一つ一つの所作として表れたものであって、祭神に対する最も鄭重《ていちょう》な作法であるといえよう。

(3) 神社参拝拝詞（神拝詞）

〔神拝詞〕

【付―11】

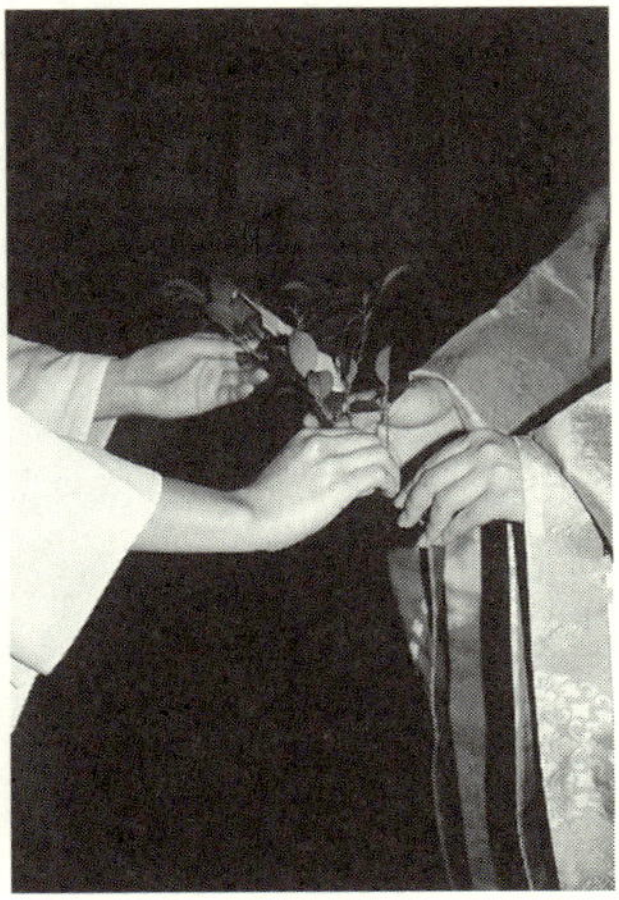

【付―10】

【付―12】

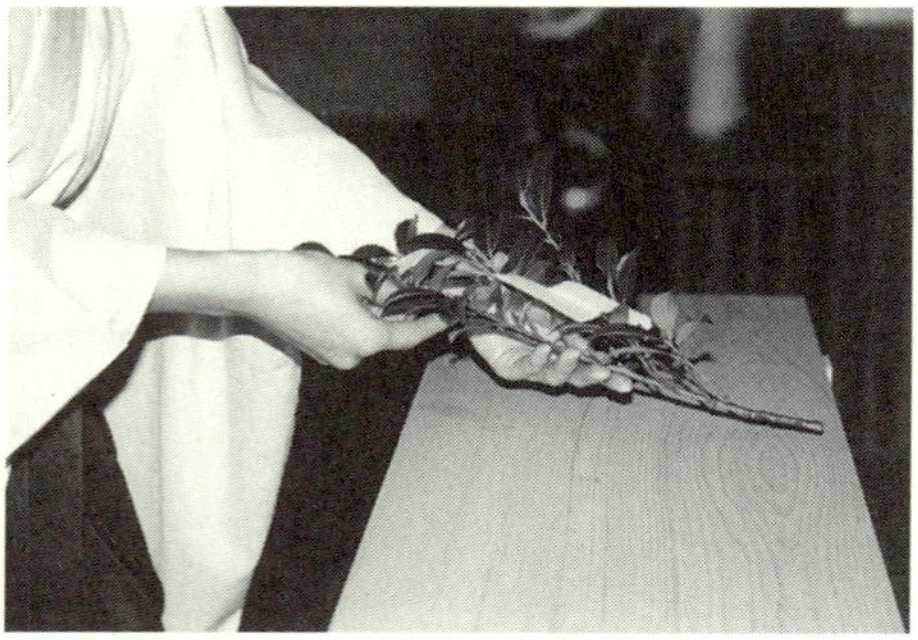

【付―13】

【付―14】 直会の神酒拝戴（金刀比羅宮提供）

掛《か》けまくも畏《かしこ》き 何某神社《なにがしじんじゃ》の 大《おほ（お）》前《まへ（え）》に 恐《かしこ》み恐《かしこ》みも 白《まを（もう）》さく
大《おほ（お）》神《かみ》の高《たか》き 尊《たふ（とう）と》き 恩頼《みたまふゆ》を 嬉《うれ》しみ 忝《かたじけな》み奉《まつ》りて 今日《けふ（きょう）》を吉日《よきひ》と 祝《いは（わ）（い）》ひ定《さだ》めて 大《おほ（お）》前《まへ（え）》に 参《まゐ（い）》出《い》で
越《こ》し方《かた》を 謝《ゐ（い）や》び 且《かつ》は行《ゆ》く先《さき》の 大《おほ（お）》御幸《みさち》を 願《ね》ぎ奉《まつ》る状《さま》を 平《たひ（い）》らけく安《やす》らけく 諾《うづな（い）》ひ聞《き》こし食《め》して 今《いま》より行《ゆ》
く先《さき》弥々《いよよ》畏《かしこ》き 大《おほ（お）》神徳《みめぐみ》《みのり》を 蒙《かがふ》り坐《ま》して 身健《みすこ》やかに 家《いへ（え）》内安《ぬちやす》く 生業《なりはひ（わい）》向《む》く栄《さか》に 立《た》ち栄《さか》えしめ給《たま（い）》ひ
内外《うちと》の枉事《まがごと》は 兆《きざ》さぬ先《さき》に 遠《とほ（お）》く払《はら（い）》ひ退《しりぞ》け給《たま（い）》ひて 子孫《うみのこ》の八十《やそ》続《つづ》き 家《いへ（え）》門高《かどたか》く広《ひろ》く 繁《しげ》り昌《さか》へしめ給《たま（え）》へ
と 恐《かしこ》み恐《かしこ》みも 白《まを（もう）》す

註（1） 禊は、「身滌《みそぎ》」とも記すように、身体に付着した汚穢《おえ》を水で洗浄して清浄にすること（水中に潜《もぐ》って裸の身体をゆらゆらと振り濯《すす》ぐこと）で、記紀神話によれば、伊邪那岐命《いざなぎのみこと》が黄泉国《よみのくに》から帰られた後に、身が穢れたといわれて、筑紫の日向の橘の小門《おど》の阿波岐原《あは（わ）ぎはら》において禊を行なわれたことを縁由《えんゆ》としている。

祓は、人に不幸を齎《もたら》すような罪（ここでいう罪は、古代社会における罪の観念であり、法律的な意味での罪ばかりでなく、倫理・道徳的観念としての罪や、鳥獣《ちょうじゅう》による災いや自然災害なども含まれていた）を取り除くことで、禊のように水を必要とはしなかったが、罪を贖《あがな》う（償《つぐな》う）ための品物として祓具《はらえつもの》（祓物《はらえつもの》）が必要であった。六月・十二月の大祓の時に差し出される形代《かたしろ》（人形《ひとがた》）がそれであり、それは『古事記』にみられる須佐之男命《すさのおのみこと》が高天原で様々な罪を犯された時、その罪を償うために「千位置戸《ちくらのおきど》」といわれる多くの贖物《あがもの》を差し出しただけでは足りず、自らの髭《ひげ》や手足の爪を切り取られて高天原を追放されたとの故事に由来している。

このように「禊」と「祓」とは本来別個の儀礼であったが、両者の機能には類似するところがあったために、早く奈良時代初期頃には両者が混合してしまったようで、その後は「禊」を「はらへ《（え）》」と読んだり、「祓」を「みそぎ」と読んだ例や、「禊祓」とか「祓禊」と記して「みそぎはらへ《（え）》」・「はらへ《（え）》みそぎ」と読み、二文字を単に「みそぎ」とも「はらへ《（え）》」とも読むようにもなった。

（2） 賽銭は、神への様々な捧《ささ》げものの一つであり、古くは米を紙に包んだ「おひねり」が普通であったが、貨幣経済の発展とともに、次第に今日のような金銭に変化した。

（3） 修祓を受ける際には、神職が「祓詞《はらえことば》」を奏上している間は、厳粛な気持ちで深めのお辞儀《じぎ》（60度程度）をし、「大麻《おおぬさ》」などで祓を受ける際には、やや深めのお辞儀（45度程度）の姿勢をとるとよい。

《主要参考文献》

『祖先祭祀ト日本法律』穂積陳重著（大正6年〔一九一七〕4月、有斐閣）

『国民宝典大祭祝日略説』八雲都留麻著（増補訂正再版／大正12年〔一九二三〕7月、八重垣書院）

『神典』大倉精神文化研究所編（昭和11年〔一九三六〕2月、大倉精神文化研究所）

『改訂増補神棚の祭り方附・神道霊祭のすゝめ』矢部善三郎編（昭和12年〔一九三七〕6月、会通社）

『皇室事典』井原頼明著（昭和13年〔一九三八〕6月、冨山房）

『神道祭祀提要＝正しい神棚の祭り方＝』小林正勝著（昭和14年〔一九三九〕7月、誠道会本部）

『神拝と神まつりの作法』吉成英親著（昭和16年〔一九四一〕4月、明文社）

『新撰祭式大成　調度装束篇』金光慥爾著（昭和17年〔一九四二〕5月、明文社）

『家庭祭祀入門』小原巌雄著（昭和18年〔一九四三〕4月、神風社出版部）

『国民敬神問答』河田晴夫著（昭和18年〔一九四三〕5月、京文社）

『家庭のまつり』岡田米夫編（昭和24年〔一九四九〕11月、神社新報社）

『神社有職故実』八束清貫著（昭和26年〔一九五一〕7月、神社本庁）

『増訂神社有職故実図絵』手塚道男著（昭和28年〔一九五三〕7月、宗教文化研究所）

『冠婚葬祭事典』藤崎弘著（昭和32年〔一九五七〕6月、鶴書房）

『神道への理解』岩本德一編（昭和40年〔一九六五〕4月、浪速学院）

『日本の年中行事』塩田勝著（昭和40年〔一九六五〕6月、金園社）
『本居宣長全集』第九巻　大野晋編（昭和43年〔一九六八〕7月、筑摩書房）
『明治以降神社関係法令史料』阪本健一編（昭和43年〔一九六八〕11月、神社新報社）
『神社祭式行事作法教本』金光慥爾原著（増補改訂版／昭和47年〔一九七二〕2月、國學院大學祭式教室）
『祭式大成　男女神職作法篇』小野和輝著（昭和47年〔一九七二〕6月、和光社）
『お宮と私たち』全国神社保育団体連合会（昭和47年〔一九七二〕9月、全国神社保育団体連合会）
「かみだな　神棚」郷田（坪井）洋文稿（『神道要語集』祭祀篇二）國學院大學日本文化研究所編（昭和49年〔一九七四〕11月、神道文化会）
『家のまつり―「日本家庭祭祀」改題・増改訂版―』高原美忠著（昭和52年〔一九七七〕2月、神社新報社）
『新修平田篤胤全集』第六巻　平田篤胤全集刊行会編（昭和52年〔一九七七〕11月、名著出版）
『日本風俗史辞典』日本風俗史学会編（昭和54年〔一九七九〕2月、弘文堂）
「神棚と仏壇」平山敏治郎稿（『葬送墓制研究集成』第三巻　先祖供養）竹田聴洲編（昭和54年〔一九七九〕6月、名著出版）
『神饌　神と人との饗宴』岩井宏美・日和祐樹著（昭和56年〔一九八一〕8月、同朋舎出版）
『金毘羅庶民信仰資料集』第一巻　日本観光文化研究所編（昭和57年〔一九八二〕1月、金刀比羅宮社務所）
『図録　農民生活史事典』秋山高志他編（昭和59年〔一九八四〕7月、柏書房）

『すまいの歳時記―伝承の暮らしとしつらい―』講談社編（昭和60年〔一九八五〕7月、講談社）

『日本宗教民俗図典』1祈りと救い・『同』3四季の行事　萩原秀三郎・須藤功著（昭和60年〔一九八五〕12月、法蔵館）

『いま、知っておきたい神様　神社　祭祀』西高辻信良著（昭和61年〔一九八六〕12月、主婦の友社）

『江戸の庶民生活・行事事典』渡辺信一郎著（平成〔一九九一〕3年7月、東京堂出版）

『神社祭式同行事作法教本』長谷晴男著（平成4年〔一九九二〕6月、神社新報社）

『現代こよみ読み解き事典』岡田芳朗・阿久根末忠編著（平成5年〔一九九三〕3月、柏書房）

『暦（こよみ）入門　暦のすべて』渡邊敏夫著（平成6年〔一九九四〕3月、雄山閣出版）

『神道事典』國學院大學日本文化研究所編（平成6年〔一九九四〕7月、弘文堂）

『神葬祭大事典』加藤隆久編（平成9年〔一九九七〕11月、戎光祥出版）

『改訂新版　年中行事・儀礼事典』川口謙二・池田孝・池田政弘編（平成9年〔一九九七〕12月、東京美術）

『神道のしきたりと心得』神社本庁教学研究所監修（平成10年〔一九九八〕10月・池田書店）

『えびす信仰事典』吉井良隆編著（平成11年〔一九九九〕3月、戎光祥出版）

『神葬祭総合大事典』礼典研究会編（平成12年〔二〇〇〇〕2月、雄山閣出版）

「祖先のまつり」（『氏子のしおり』第44号）神社本庁（平成12年〔二〇〇〇〕6月、神社本庁）

『井筒』井筒編（平成15年〔二〇〇三〕3月、井筒）

あとがき

毎朝起床の後、顔を洗い口を漱《すす》いで、心身を清らかにしてから、家族一同揃って神棚を拝礼し、続いて祖霊舎（御霊舎）を拝礼してから、食卓に着いて朝食を採り、職場や学校に出かけて行く。夜にはまた家族揃って神棚や祖霊舎（御霊舎）を拝してから、お互いに就寝の挨拶をして床に入るという、日々何気ないことの繰り返しではあるけれども、一日の生活上のけじめは重要である。

「家庭の祭祀《まつり》」ともいうべき神棚や祖霊舎（御霊舎）の信仰、すなわち「敬神」・「崇祖」の信仰理念は、わが国古来からのゆかしい風儀である。しかしながら、今日の社会の現状を垣間《かいま》見る時、その麗しき信仰伝統もまことに心もとないものが感じられる。殊に、核家族化現象が普遍化している現代社会にあっては、「神棚の祭祀」のみならず「祖先の祭祀《まつり》」をも含め、これまでの日本社会に一貫して受け継がれて来た「敬神」・「崇祖」の理念は、次第に等閑視されているといわざるを得ない。このことは実に由々しい問題である。

昔から「子供は親の背中を見て育つ」といわれているが、親が自らの信念によって信仰的な実践生活を営んでいれば、その姿を後ろから見ている子供達にも、自然に正しい不動の精神が確立されるはずである。そのためにも、家庭内における正しい信仰実践が重要かつ必要であろう。

家庭における信仰実践の原点は、神棚の信仰である。神棚は一家の信仰の中心にあり、家庭内に設けられた神棚の前でなされる日々の神拝や、折々に営まれる祭祀などを総合したものが「家庭の祭祀《まつり》」であるといえよう。筆者は、正しい家庭祭祀の実践生活の中から、真の日本人としての信念や情操が培われるものと確信している。故に本書がその一助となり得れば幸いである。

本書は、先に月山神社出羽神社湯殿山神社（出羽三山神社）社報『出羽三山』誌上に、平成十一年夏季号（第五十号）から平成十五年夏季号（第五十八号）まで、前後九回、四ヶ年半に亘って連載させていただいた拙稿（『家庭の祭祀―神棚と敬神行事―』）をもとにして、一部加筆し、写真や図版の一部を差し換えるとともに新たに追加再編集したものである。

『出羽三山』誌の編集担当者の弁を窺うに、連載開始以降、非常に多勢の皆様方からさまざまな反響を頂戴いたしたやのことで、筆者としては大変有り難いことと思っていたところ、他日編集担当者からの慫慂《しょうよう》もあって整理再編集を行ない、この度改めて『家庭の祭祀事典―神棚と敬神行事―』と題する一書として刊行し得たことは、筆者にとっても望外の喜びである。

本書が成るに当って、『出羽三山』誌上からの転載を快くご承諾下された月山神社出羽神社湯殿山神社緒方久信宮司様を始め関係者各位に深甚の謝意を表するとともに、写真をご提供下された神宮司庁を始めとする諸神社や諸機関、また個人の方々、さらには校正の労をお取りいただいた吉田雅雄氏、神社参拝作法などの写真モデルをしていただいた金刀比羅宮巫女今井由香さんにも厚くお礼を申し上げたい。また株式会社国書刊行会佐藤今朝夫社長のご好意と、奥山芳広氏のひとかたならぬご配慮にも感謝申し上げる次第である。

平成十七年三月二十日　出羽三山神社神職養成所第三十九期生卒業式終了後の羽黒山斎館にて

西牟田崇生

編著者略歴

西牟田　崇生　（にしむた　たかお）

昭和23年７月25日生まれ。
昭和48年３月　國學院大學大学院文学研究科神道学専攻修士課程修了。
昭和48年４月　國學院大學文学部助手。
昭和53年４月　國學院大學神道資料展示室（神道資料館）学芸員。
昭和57年11月　出羽三山神社神職養成所特別講師（至現在）。
昭和58年４月　國學院大學文学部講師。
昭和62年５月　㈶式内社顕彰会評議員。
平成７年５月　㈶式内社顕彰会監事。
平成９年４月　東洋大学文学部講師。
平成10年４月　國學院大學助教授。
平成12年７月　金刀比羅宮教学顧問（至現在）。

（主な著書）
祝詞概説—新訂版（編著）
延喜式内社一覧（編著）
神道大系（神社編21、三島・箱根・伊豆山）（校訂）
福井神社五十年史（編著）
延喜式神名帳の研究
［平成新編］祝詞事典（編著）
黎明期の金刀比羅宮と琴陵有常
祝詞大百科事典

家庭の祭祀事典—神棚と敬神行事—

平成17年９月30日　初版発行　　ISBN978-4-336-04732-8
平成22年10月15日　三版発行

著作権者との申合せにより検印省略

編著者　西牟田崇生

発行者　佐藤今朝夫

〒174-0056　東京都板橋区志村１-13-15
発行所　株式会社　国書刊行会
TEL 03(5970)7421　FAX 03(5970)7427
http://www.kokusho.co.jp

落丁本・乱丁本はお取替いたします。印刷・明和印刷㈱　製本・㈱ブックアート